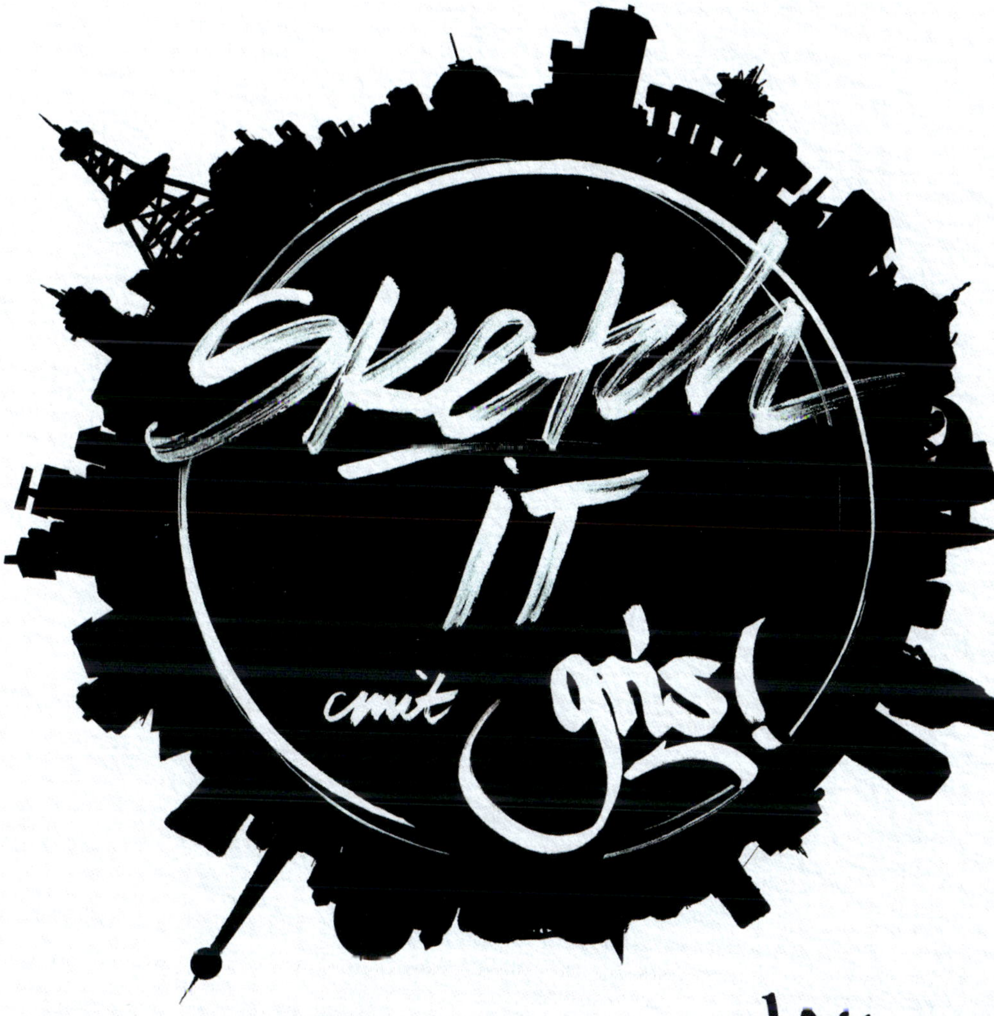

LOCKER UND SCHNELL SKIZZIEREN LERNEN

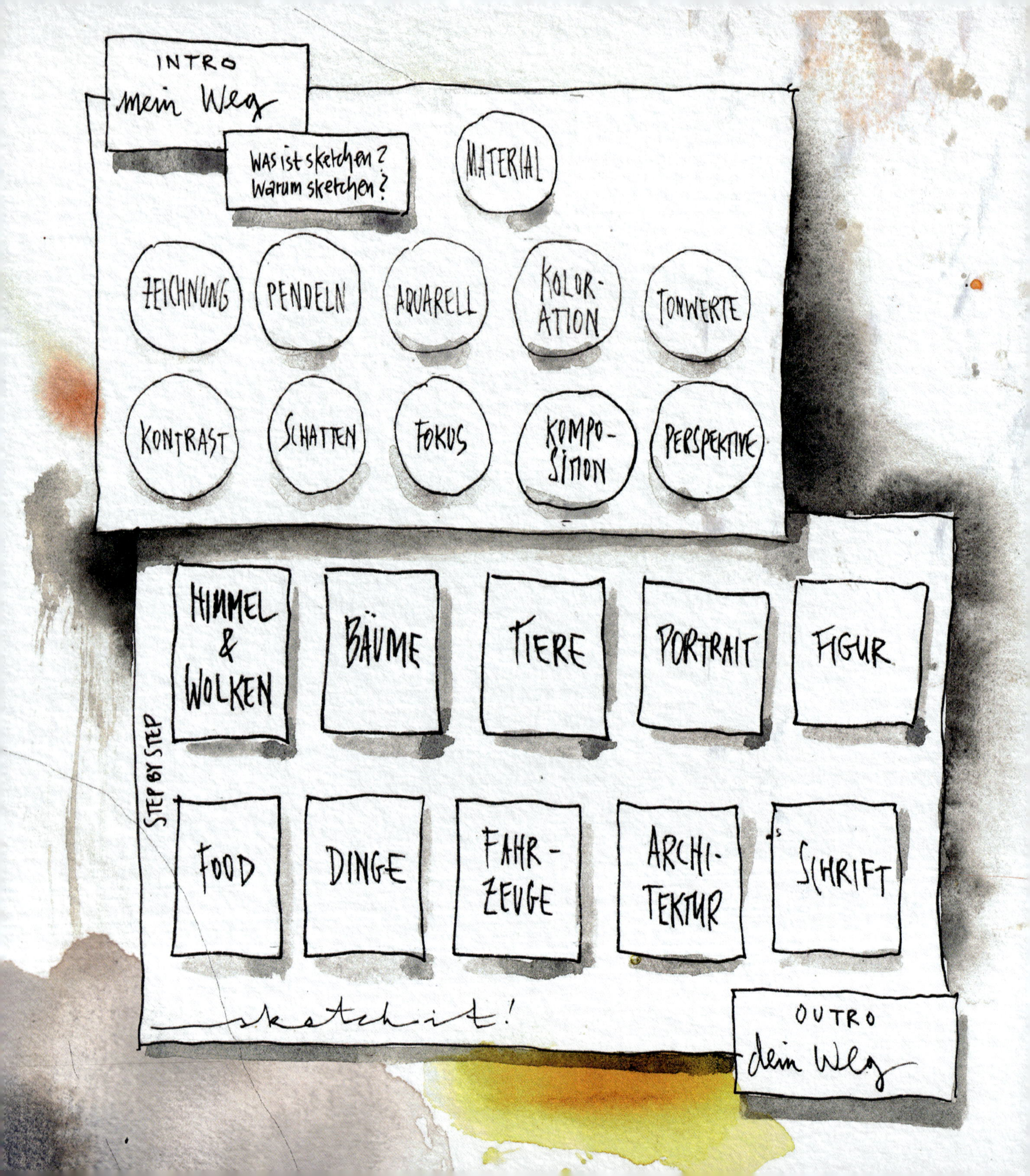
INTRO
mein Weg
Was ist sketchen?
Warum sketchen?
MATERIAL
ZEICHNUNG
PENDELN
AQUARELL
KOLOR-
ATION
TONWERTE
KONTRAST
SCHATTEN
FOKUS
KOMPO-
SITION
PERSPEKTIVE
STEP BY STEP
HIMMEL
&
WOLKEN
BÄUME
TIERE
PORTRAIT
FIGUR
FOOD
DINGE
FAHR-
ZEUGE
ARCHI-
TEKTUR
SCHRIFT
sketch it!
OUTRO
dein Weg

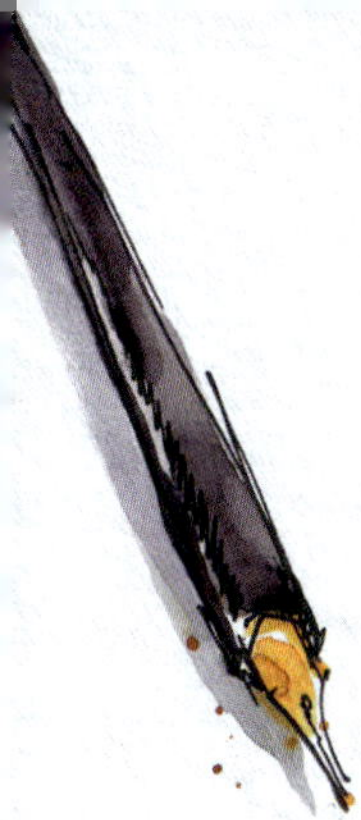

INTRO

4 Grüß dich
5 Was ist Sketchen?
5 Warum sketchen?

6 Materialien
8 Zeichnung
10 Der „lockere Strich“
12 Aquarell
24 Kolorieren
30 Tonwerte
32 Kontrast
34 Schatten
36 Fokus
38 Komposition
40 Perspektive
42 Himmel & Wolken
46 Ein Baum
50 Tiere
58 Portrait
70 Figur
80 Food
90 Dinge
98 Fahrzeuge
108 Architektur
118 Schrift

OUTRO

124 Dein Weg
125 Autor
127 Buchempfehlungen
128 Impressum

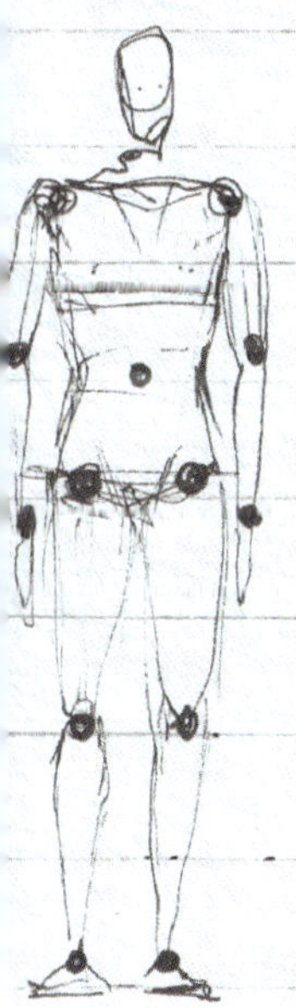

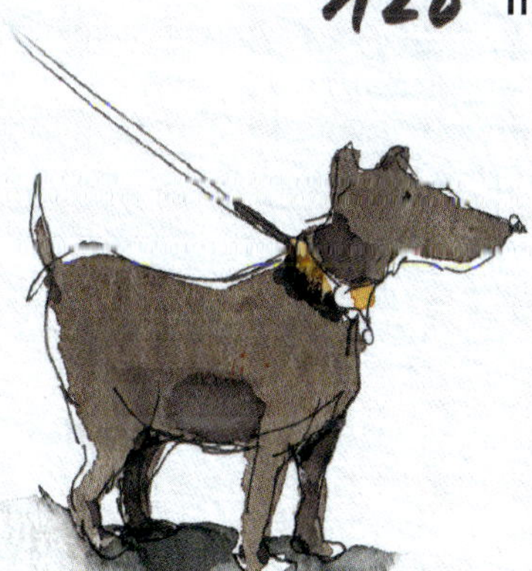

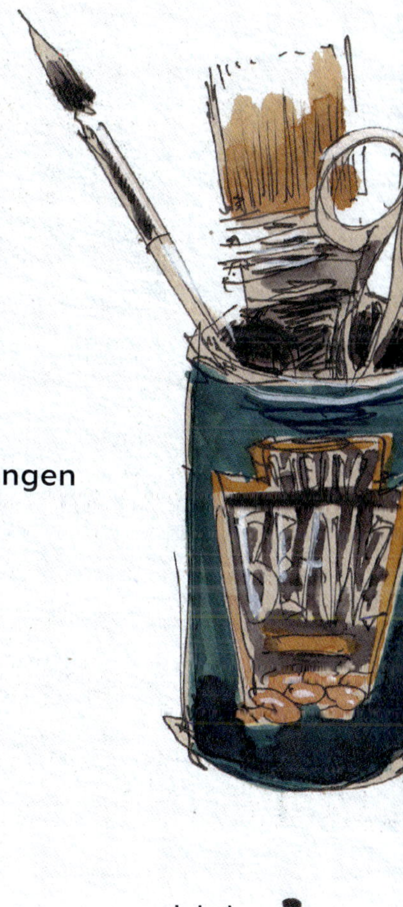

GRÜß DICH,

ich bin gris aus Berlin. Ich bin seit frühen Kindertagen ein absoluter Mal-Nerd. Waren es zuerst Wachskreiden und Fingerfarben, später Sprühdosen und Marker, triffst du mich heute nicht mehr ohne Aquarellkasten und Skizzenbuch an.

In diesem Buch schreibe ich, was ich über das Zeichnen und Kolorieren weiß. Besser gesagt, du kannst hier lesen, was ich in etlichen Workshops, auf Malreisen oder im Unterricht weitergebe. Vieles wurde bereits auf Herz und Nieren geprüft und hat sich als sinnvoll erwiesen. Der andere Teil besteht aus Inhalten, die ich extra für dieses Buch gebastelt habe.

Eigentlich habe ich Kunst auf Lehramt studiert. Aber die Kunst lief auch ohne das Lehramt ganz gut, und bald kamen erste Anfragen zu Auftragsarbeiten. Nach Ausstellungen in Berlin und anderen Städten begann ich mit meinen Workshops. So schließt sich der Kreis zu meinem Studium.

Inzwischen bin ich sehr viel auf Malreisen, zu Workshops oder Malvorführungen unterwegs, betreue Malgruppen und gebe Einzel- und Gruppenunterricht. Im Grunde mache ich genau das, was ich schon als Kind so gern gemacht habe: Ich male.

Ich wünsche dir, dass du ebenfalls so viel Spaß am Sketchen, Malen und Zeichnen findest wie ich. Es soll dir ein gutes Gefühl geben.

Vielleicht kann man es mit dem Tanzen vergleichen: Tanzen soll Spaß machen. Keiner kommt im Club zu dir und sagt, du tanzt irgendwie falsch.

Also tanz! Tanz auf dem Papier!

gris

WAS IST SKETCHEN?

Sketchen bedeutet nichts anderes als Skizzieren, also eine schnelle Visualisierung eines Motivs oder einer Szenerie. Besonders durch das „urban sketching“, das seit Jahren immer mehr Anhänger*innen findet, liest und hört man diesen Begriff deutlich öfter.

Heute gibt es „urban sketching“ und „virtual sketching“, es gibt Gruppen mit Namen wie TV-Sketches oder Bar-Sketching.

Allen diesen Strömungen gemeinsam ist eine lockere Zeichnung und Kolorierung. Das Motiv – völlig egal.

Nach meiner Vorstellung sollte eine Skizze dem Betrachtenden so wenig wie möglich anbieten, gerade genug, dass sie noch funktioniert.

Das bedeutet, dass wir eben nicht mehr alles ausformulieren, sondern andeuten, vereinfachen und zusammenfassen.

In diesem Buch zeige ich, wie das geht, wie ich es mache oder wie ich es mittlerweile Tausenden von meinen Schüler*innen nahegebracht habe.

WARUM SKETCHEN?

Diese Frage habe ich mir oft gestellt. Es kann als Gegenbewegung zur Bilderflut gesehen werden, der wir Tag für Tag ausgesetzt sind. Eine bewusste Verlangsamung als Reaktion auf das Produzieren und Konsumieren der alltäglichen Bilderflut.

Und: Es gibt eine zunehmende Bewegung hin zum kreativen Tun mit den Händen. Wir wollen etwas entstehen lassen, das im besten Fall nichts mit digitalen Einsen und Nullen zu tun hat.

Sketches punkten zudem mit starker Erinnerungskraft: eine gezeichnete Szene vom Markt in Bologna bleibt länger in Erinnerung als ein schnelles Foto. So können Sketches als Grundlage für „Tagebücher“ und Sketchbooks dienen.

Aber das Schönste am Sketchen ist das Sketchen selbst: das Suchen und Finden eines Motivs, das Beobachten, das Zeichnen und Malen, der Prozess an sich. Und mit jedem Sketch verbessern sich die eigenen Fertigkeiten, verschärft sich das Sehen. Der Strich wird lockerer und die Ergebnisse insgesamt stimmiger und spannender.

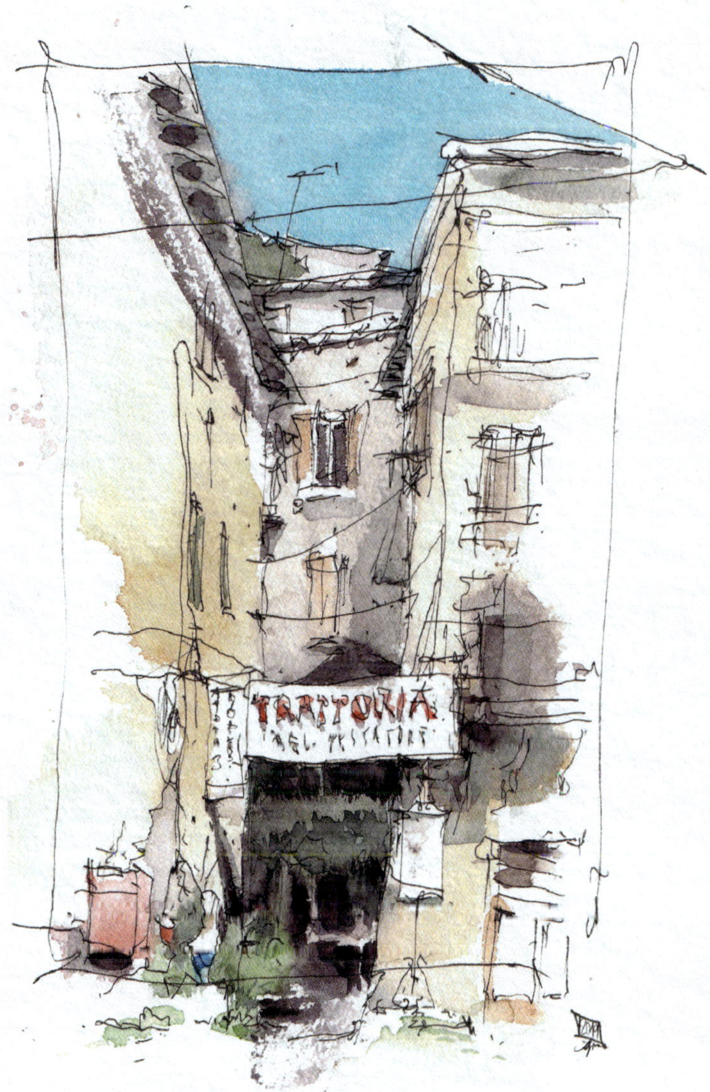

Materialien

Ich versuche mich hier kurz zu halten.
Auf diese Materialien könnte ich nicht verzichten:

Füller (oder Fineliner), Pinsel, Aquarellfarben, ein weißer, deckender Stift, Tuch, Aquarellpapier. Ich empfehle für unterwegs einen Wassertankpinsel, zu Hause einen klassischen Aquarellpinsel.

Dieses Grundsortiment lässt sich natürlich erweitern. In meiner Tasche befinden sich auch immer noch ein paar andere, farbige Stifte, oft eine Tube weiße Gouache, mal Acrylfarben oder Aquarellstifte. Ob ihr bei einem kleinen, festen Sortiment bleibt, das euch vertraut ist oder ob ihr immer wieder was Neues ausprobiert, ist eure Entscheidung.

MEINE LIEBLINGSMATERIALIEN:

1. FÜLLER MIT WASSERFESTER TINTE ODER EIN WASSERFESTER FINELINER
2. WASSERTANKPINSEL FÜR UNTERWEGS
3. SCHNARZER BUNTSTIFT ODER BLEISTIFT
4. AQUARELLFARBEN
5. WEISSER FEINER STIFT
6. WEISSE DECKENDE FARBE
7. AQUARELLPAPIER
8. ABKLEBEBAND
9. SKIZZENBUCH
10. AQUARELLPINSEL

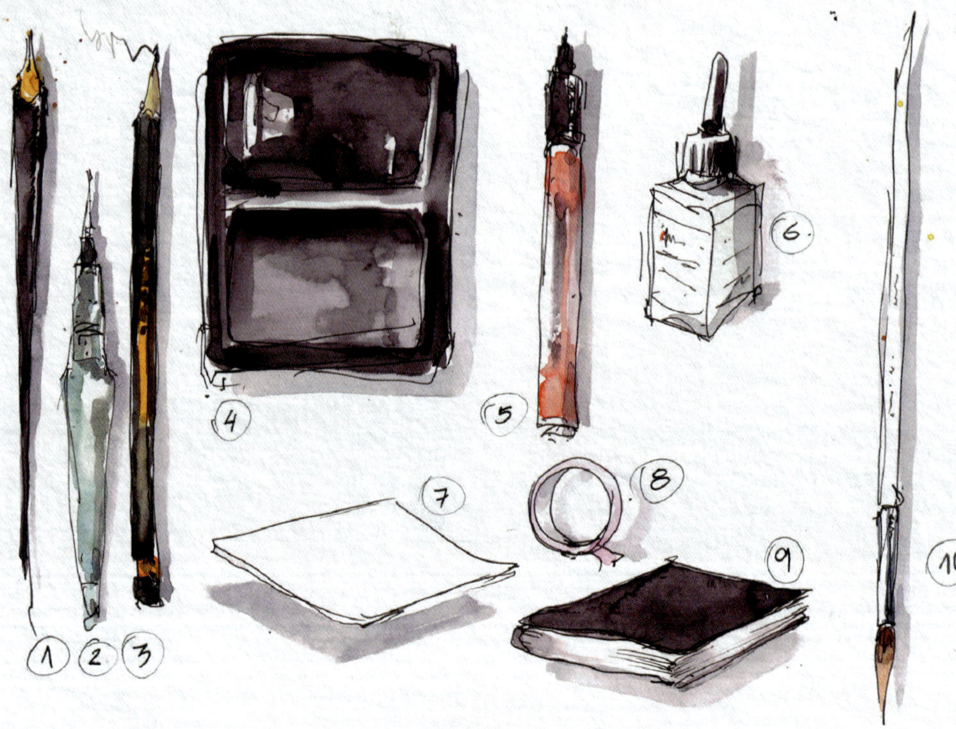

Nicht vergessen: Habt ihr genau diese Materialien in der Tasche, heißt das nicht, dass ihr automatisch solche Sketches hinbekommt. Es gibt grandiose Sketches, die mit völlig anderen Materialien entstehen.

Meine Lieblingstöne

- ZITRONGELB
- KADMIUMGELB mittel
- CHINACRIDONGOLD
- CHINACRIDON HELLROT
- ALIZARIN KARMESIN
- ULTRAMARIN feinst
- INDIGO
- HELIOCOELINBLAU
- LICHTER OCKER
- UMBRA GEBRANNT
- KOBALTTÜRKIS
- OPERNROSA
- NEUTRALTINTE
- LASURORANGE
- PERYLENGRÜN
- ULTRAMARIN franz.
- POTTERS PINK
- MAIGRÜN

leicht reduziert

- ZITRONGELB
- KADMIUMGELB mittel
- CHINACRIDONGOLD
- CHINACRIDON HELLROT
- ALIZARIN KARMESIN
- ULTRAMARIN feinst
- HELIOCOELINBLAU
- LICHTER OCKER
- UMBRA GEBRANNT
- MAIGRÜN
- PERYLENGRÜN
- NEUTRALTINTE

für Minimalisten

- ZITRONGELB
- CHINACRIDON HELLROT
- ULTRAMARIN feinst

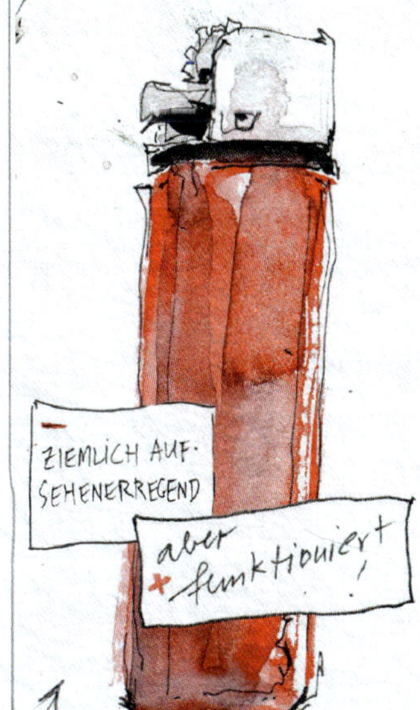

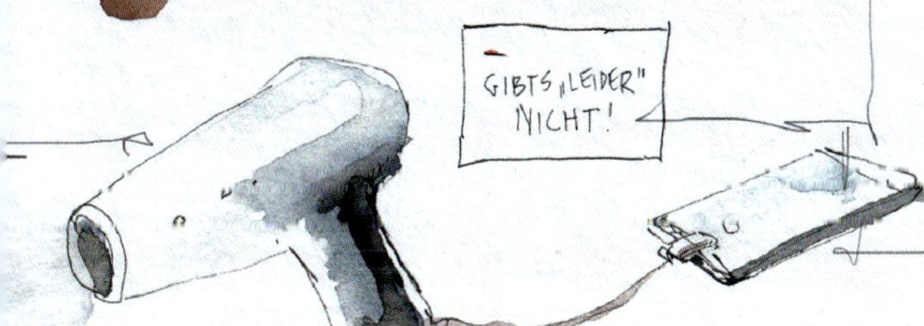

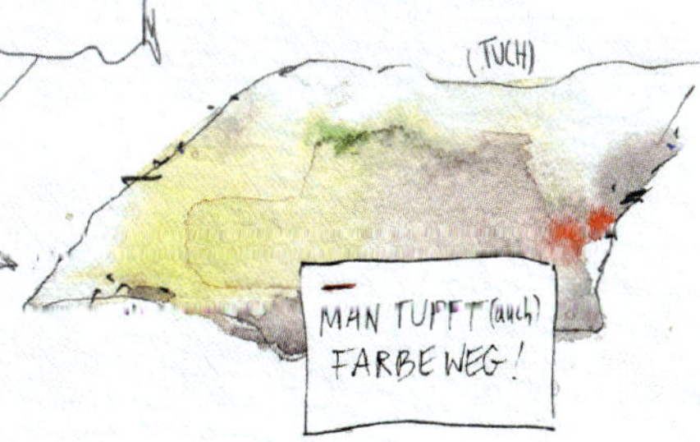

BESONDERS UNTERWEGS
SIND SKIZZENBÜCHER ZU NASS
ZUM ZUKLAPPEN.

wie TROCKNEN?

Zeichnung

Kontrolle abgeben!

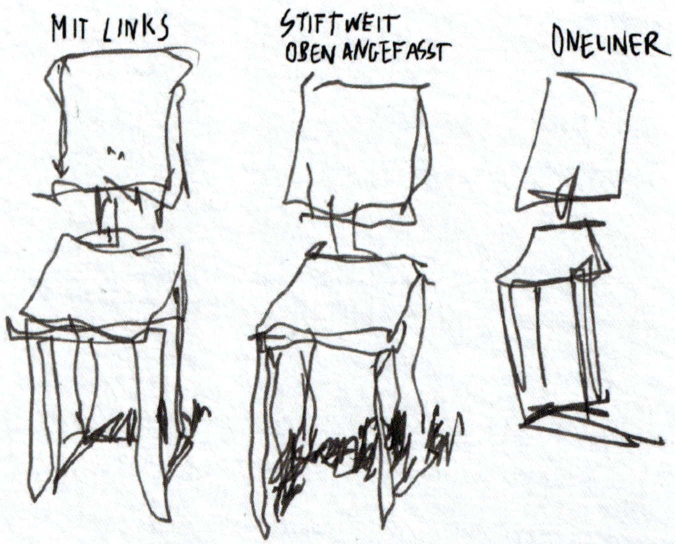

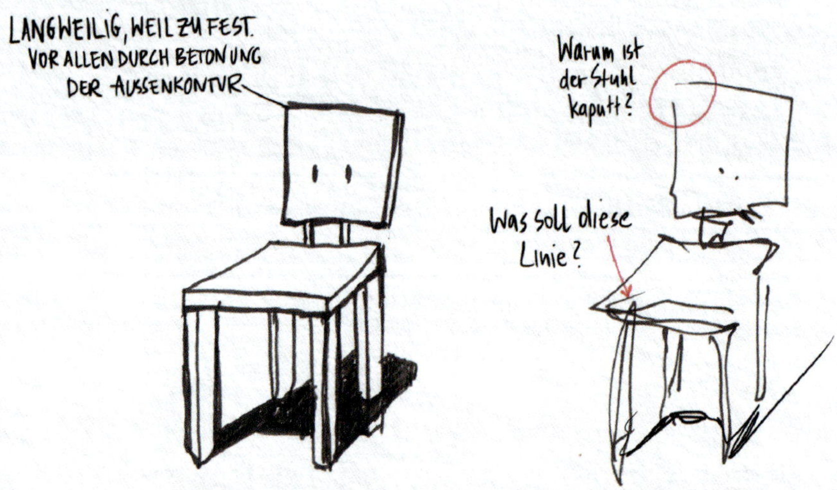

LASS DEM BETRACHTER RAUM

Ein Sketch, das hatten wir geklärt, ist eine kolorierte schnelle Zeichnung. Charakteristisch für diese Sketches ist ein „lockerer" Strich. Was bedeutet das? Ich versuche, es so unkompliziert wie möglich zu erklären.

Die meisten versuchen, einen Gegenstand so richtig und akkurat wie möglich zu zeichnen. Sie stricheln sich ängstlich an ihr Objekt heran und haben dabei alle möglichen Gesetze von Perspektive oder Licht und Schatten im Kopf. Im schlimmsten Fall werden als letzter Arbeitsgang dann vermeintlich richtige Linien, meist die Kontur, noch nachgezogen und verfestigt.

Das Ergebnis? Eine scheinbar „richtige" Kopie des Objekts. So akkurat und unlocker, dass dabei oft nur erstarrte, langweilige Zeichnungen entstehen.

Wie geht es besser? Lasst der Linie Spiel. Der Stift soll tanzen und dem, der eure Zeichnung betrachtet, die Möglichkeit geben, etwas zu entdecken.

Es gibt nicht immer nur eine richtige Linie – das soll euch das Beispiel der mit der linken Hand gezeichneten Stühle zeigen.

Beim Opa im Supermarkt (siehe Seite 10) könnt ihr erkennen, dass nicht jede Linie gezeichnet werden muss. Lasst dem Betrachtenden Raum, selber „falsche" Linien zu löschen, „zu viele" Linien zu verdichten oder nicht gezeichnete Linien zu ergänzen.

Dann passiert im Gehirn des Betrachtenden mehr als nur: Ah, ein Stuhl ... Im Gegenteil, er oder sie ist gefordert, verrichtet Gehirnarbeit, es entsteht eine Spannung. Voilà, das ist eine spannende Zeichnung!

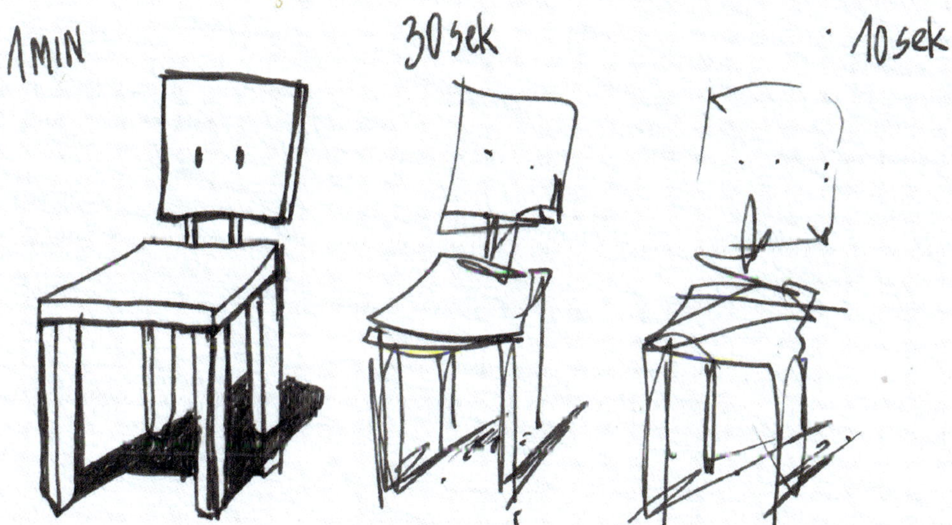

DER „LOCKERE" STRICH

Es gibt zwei Wege zum lockeren Strich: den „Real" Way und den „Fake" Way.

ZUERST *Fake Way*

Gib Kontrolle ab! Zum Beispiel: Halte deinen Stift ganz oben fest, zeichne mit deiner „falschen" Hand oder stelle dir eine Stoppuhr und zeichne dein Motiv mal in einem Bruchteil der Zeit, die du sonst brauchst.

Warum ist das der Fake Way? Weil du, sobald du mit deiner „falschen" Hand zeichnest, sofort lockerer zeichnest. In deinem Gehirn geht eine Schranke hoch. Und zwar die, die dir immer gesagt hat, dass ein Stuhl so auszusehen hat, wie du es dir vorgestellt hast. Nun wirst du sehen: Ach, es geht auch anders, und vielleicht sieht das sogar besser/spannender/lockerer aus.

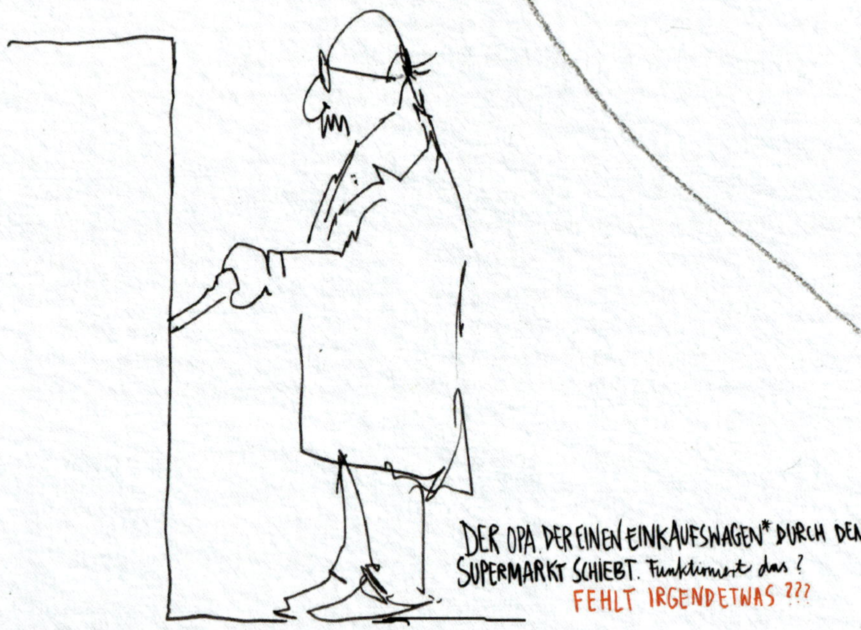

JETZT *Real Way*

Übe! Erinnerst du dich daran, wie schwierig es als Kind war, sich die Schuhe selber zuzubinden? Während man immer wieder an dieser Schleife verzweifelte, machten die Erwachsenen um einen herum das superlocker. Warum? Wegen 1000-facher Wiederholung. So funktioniert das auch bei deinem Zeichenstrich.

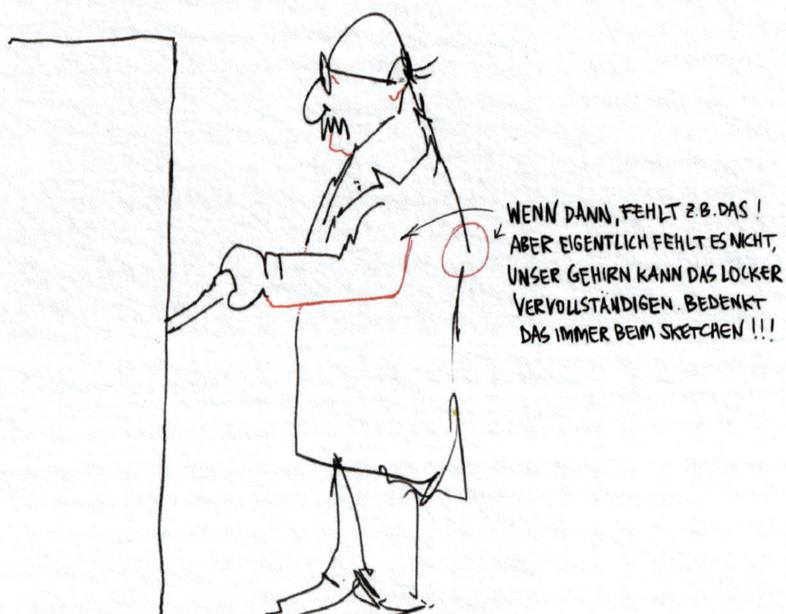

Auf deinen Weg in Richtung „lockeres Zeichnen" helfen diese beiden Sätze:

„RICHTIGE" LINIEN WEGLASSEN!
„FALSCHE" LINIEN ZULASSEN!

HIER KÖNNTE DER EINDRUCK ENSTEHEN:
„MAN MUSS EINFACH ALLES SCHNELL MALEN".
UND DAS WÄRE NICHT RICHTIG.

AUF DER EINEN SEITE GEHT ES OFFENBAR UM SPASS, UM EIN GUTES GEFÜHL BEIM ZEICHNEN. AUF DER ANDEREN SEITE GIBT ES REGELN, PROPORTIONSGESETZE UND AKADEMISCHEN FOTOREALISMUS.

WO POSITIONIERT MAN SICH?

PENDELN!

WAS?

HIER DIE ERKLÄRUNG:

Die Krone steht für Perfektion, den oder die absolute Künstler*in. Kann alles: locker, fotorealistisch und gleichzeitig noch mit den Füßen eine Oper schreiben.

Ein utopischer Zustand also, denn dies ist nie zu erreichen. Aber wir sind alle auf dem Weg dorthin. Wir beginnen bei Null und wollen nach oben, jedenfalls in diese Richtung.

Rechts vom Pfeil ist der ZEN-Bereich, hier geht es um genaues Beobachten, um geduldiges Ausmalen und Auszeichnen, um Theorie und Regeln. Auf der anderen Seite, im SKETCH-Bereich geht es um impulsives Arbeiten, um Spaß, ums Experimentieren.

Angenommen, ihr möchtet lernen, griechische Prosagedichte zu schreiben. Jeder vernünftige Mensch würde euch raten, zuerst einmal Griechisch zu lernen (ZEN-Bereich), um dann mit der Sprache Bilder bauen zu können (SKETCH-Bereich).

Aber zurück in die Welt des Zeichnens. Möchtest du beim Porträtieren von Menschen besser werden, rät dir die Grafik, zu schauen, ob es Informationen, Theorien oder Regeln zum Zeichnen des menschlichen Kopfs gibt. Ja, gibt es.

Hast du diese gelernt, schwingst du rüber in den SKETCH-Bereich und porträtierst ab jetzt Menschen besser als vorher. Doch was passiert, wenn dein Modell den Kopf leicht dreht? Dann funktionieren deine erlernten Regeln nicht mehr. Und nun?

Na, wieder rüber auf die ZEN-Seite, denn dort findest du Antworten auf die Frage, wie ein Halbprofil funktioniert. Mit dem neuen Wissen begibst du dich wieder auf die SKETCH-Seite und wirst sehen, dass es besser läuft als vorher.

Lange Rede, kurzer Sinn: Du wirst immer pendeln. Du wirst immer zwischen zu locker (meine Häuser sind schief und krumm, vielleicht sollte ich mir doch wenigstens mal die Fluchtpunktperspektive anschauen) oder zu fest (das sollte mehr Spaß machen! Ich möchte lockerer werden) unterwegs sein.

Man pendelt, immer zwischen diesen beiden Seiten, langsam aber sicher weiter nach oben in Richtung Krone. Leben ist Bewegung, und du wirst je nach Verfassung und Laune mal hier- und mal dorthin pendeln.

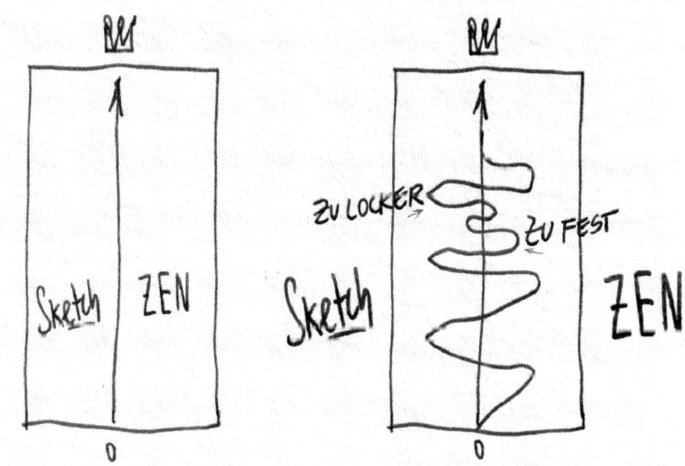

Aquarell

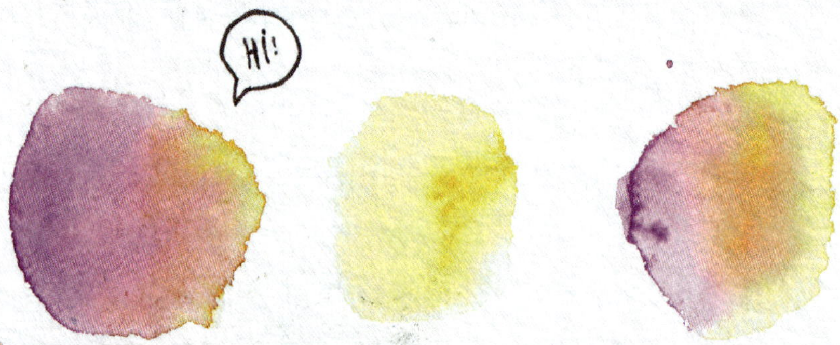

Einen Pingpongball-großen Fleck mit Wasser einfeuchten.
Min. 2 Farben nacheinander in den Fleck legen.

Der HI-FLECK. Wessen Herz beim Malen eines solchen Fleckes nicht min. 1°C wärmer wird, kann dieses Kapitel überblättern, aber niemals die Welt des Aquarells betreten. Theatralisch, aber wahr: jeder dieser Flecken ist einzigartig. Mit allen Farben dieser Welt, den dünnsten Pinseln und viel Geduld werdet ihr diesen Fleck nicht kopieren können. Lasst Euch genau auf diesen Zufall ein und lernt ihn zu lieben.

Willkommen bei meinem Steckenpferd! Aquarellmalen ist für mich eine wunderschöne Technik. Nicht nur ich finde sie klasse, auch ein Großteil der Urban Sketcher nutzt Aquarell, um Skizzen zu kolorieren. Gründe dafür sind::

- Aquarellfarben sind leicht zu transportieren
- Es ist möglich, schnell und effektvoll zu kolorieren
- Aquarell hat einen typischen Look

WICHTIG !

Wer Aquarelltechniken einsetzen möchte, sollte sich von Anfang an darüber im Klaren sein, dass hier das Korrigieren ab einem gewissen Zeitpunkt nicht mehr möglich ist. Und: Auch der Zufall spielt immer mit.

Manche nennen Aquarell deshalb auch die Katze der Malerei, weil sie immer ihren eigen Kopf behalten wird.

Auf den nächsten Seiten erfahrt ihr alles Grundlegende, um loszulegen.

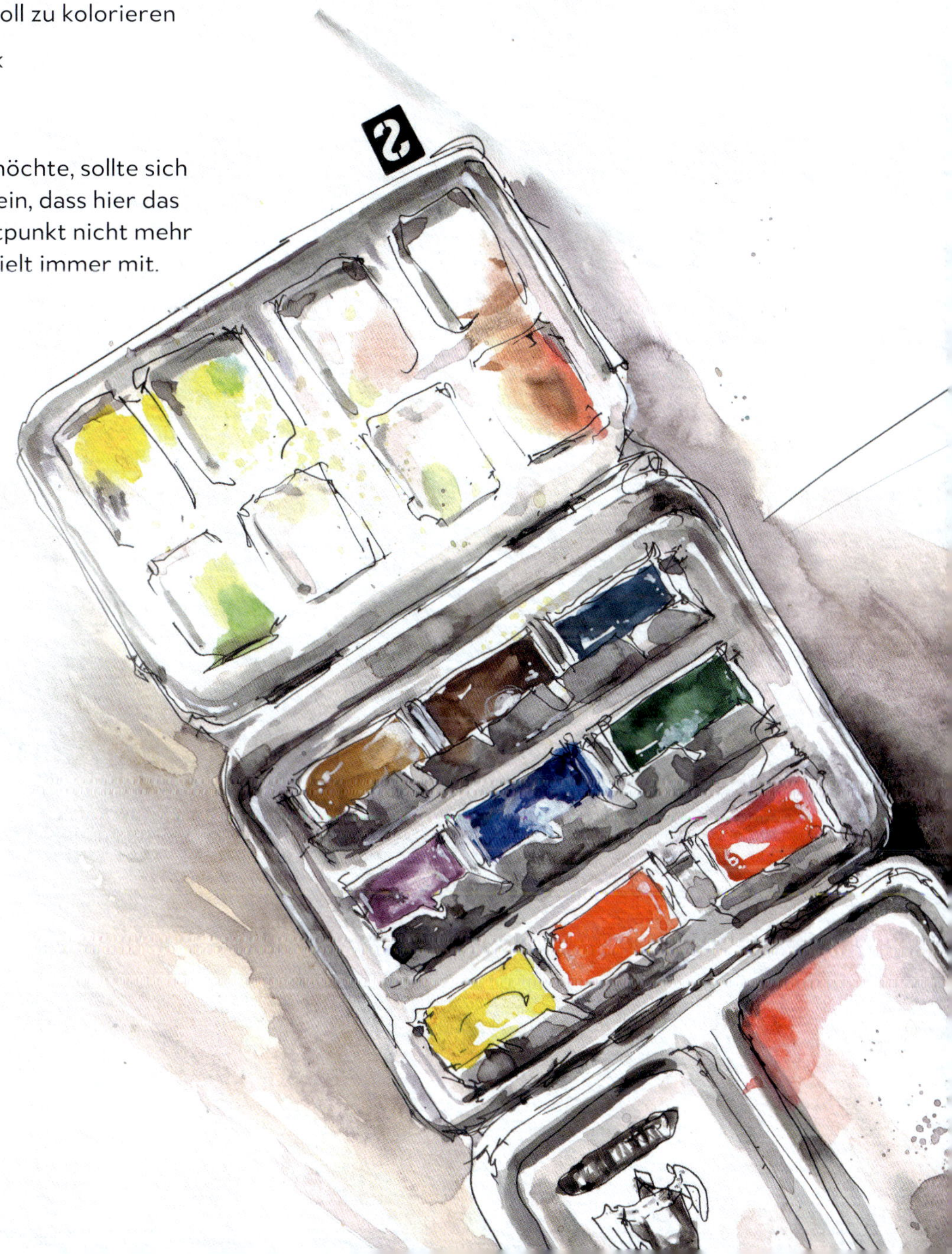

FARBEN HELLER

Aquarellfarben bekommt man heller mit WASSER, nicht mit Weiß. Je mehr Wasser, desto heller.

FARBEN HELLER MIT WASSER

FARBEN DUNKLER / SCHATTENFARBE

Schwarz ist verpönt. Als Alternative und für Grautöne bzw. Schatten mische ich ein Neutralgrau aus Ultramarin + Umbra gebrannt.

ULTRAMARIN + UMBRA GEBRANNT

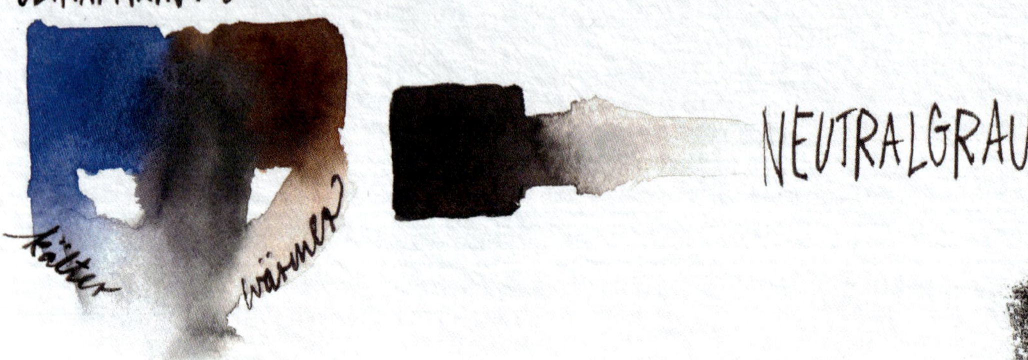

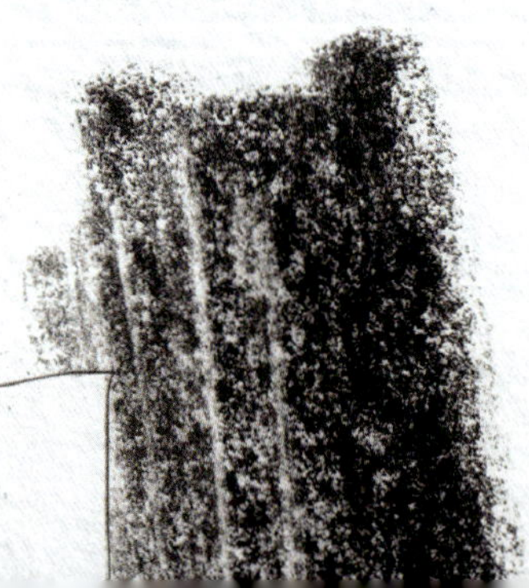

FARBEN MISCHEN

Um Farben zu mischen, habt ihr zwei Optionen:

1. AUF DER PALETTE DES KASTENS

Ausprobieren: Gebt, mit etwas Abstand voneinander, die Farben Gelb und Blau auf eure Palette. Beginnt mit Gelb, holt einen minimalen Anteil Blau dazu, mischt das Ganze gut durch und malt es aufs Papier. Beim nächsten Schritt kommt wieder ein Küsschen vom Blau auf eure neu gemischte Farbe auf der Palette.

Diesen Vorgang wiederholt ihr so oft, bis ihr beim Blau angelangt seid.

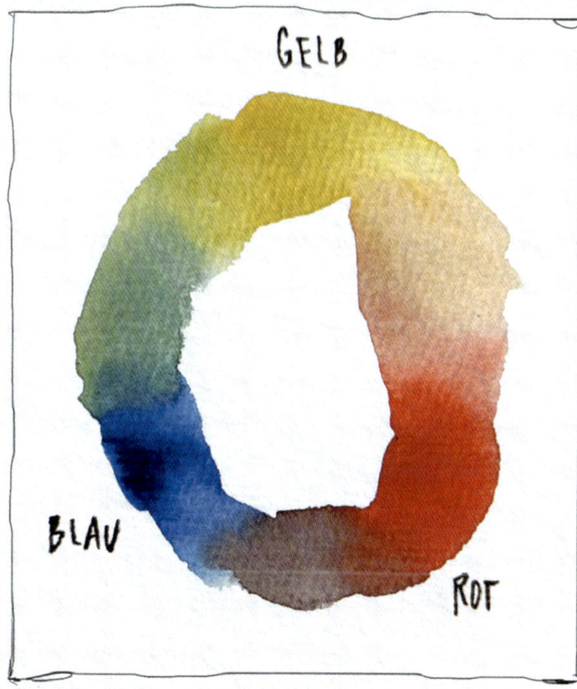

MISCHEN

Immer mit der helleren Farbe beginnen. In dem Fall Gelb. Dann immer nur ein kleines bisschen Blau dazu.

GRÜNTÖNE AUS GELB UND BLAU

HAUTTÖNE

Hauttöne könnt ihr auf viele Arten mischen. In diesem Fall aus Lichter Ocker und Alizarin Karmesin (ein kaltes Rot)

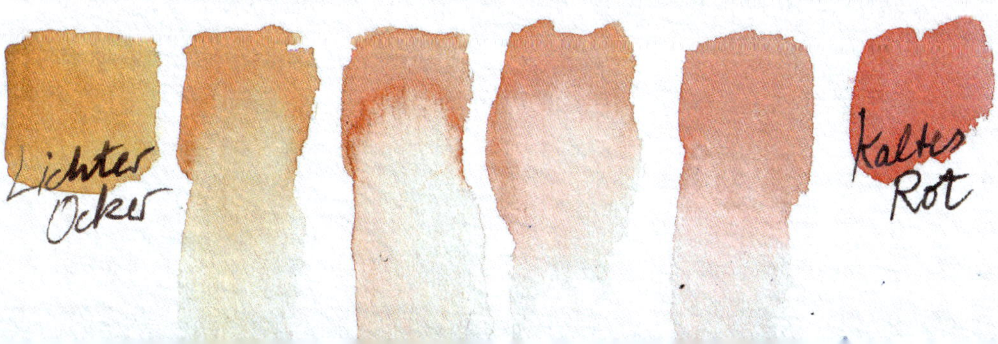

2. DURCH EINE LASUR

Um besser zu verstehen, wie die Lasur funktioniert, stellt ihr euch einfach transparente, einfarbige Folien vor. Eine gelbe und eine rote Folie. Wo beide Folien übereinanderliegen, entsteht ein Orange.

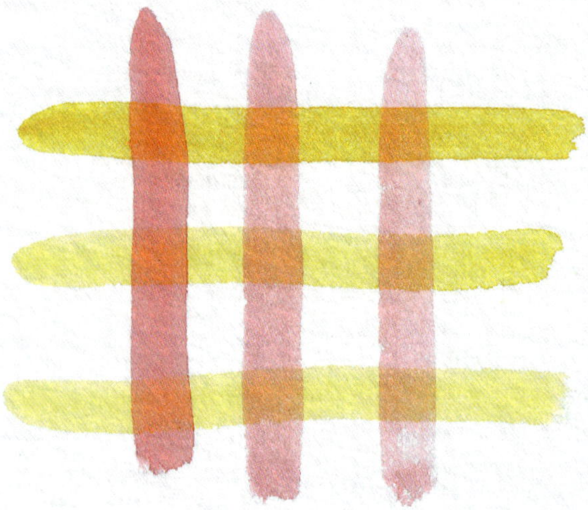

LASUR:
untere Farbschicht muss trocken sein!

3. DURCH EINE LAVIERUNG

Bei der Lavierung mischen sich die in Wasser gelösten gelben und roten Pigmente auf dem Papier und ergeben das Orange.

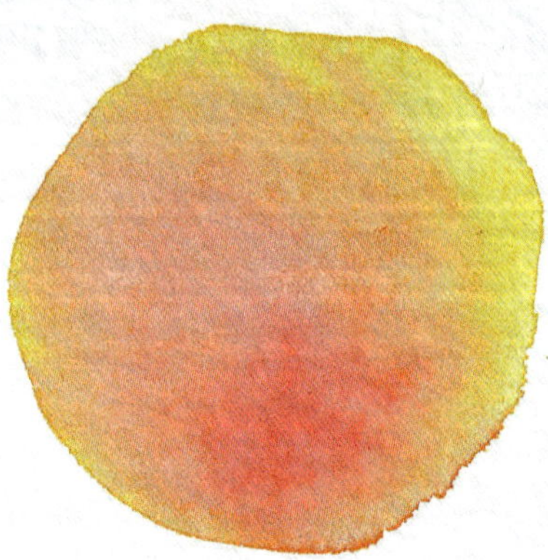

LAVIERUNG:
Lavierung ist auch immer Nass-in-Nass!

TROCKENER STRICH

jahrelang selbst stiefmütterlich behandelt, aber mittlerweile unverzichtbar. Pinsel mit Wasser und Farbe füttern, kurz abtrocknen und dann mutig übers Papier* ziehen. Das benötigt Übung, aber bald kennst du das Verhältnis von Wasser + Farbe!

* mit Struktur!

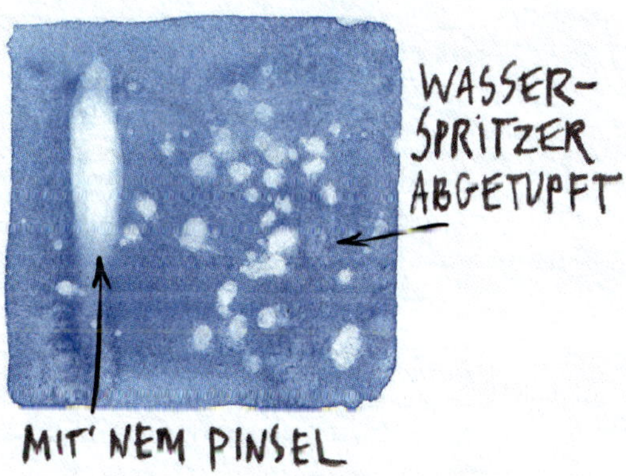

LÖSCHEN

Hier findet ihr ein paar Möglichkeiten, Farben zu Löschen, bzw sie wieder vom Papier zu Lösen.
WICHTIG: Nicht alle Farben lassen sich wieder Löschen, achtet auf den STAINING-Wert der Farbe (er verrät wie stark sich die Farbe im Papier verankert!)
Und natürlich braucht ihr auch gutes Aquarellpapier dafür!

LABORBLATT

Eine beliebte, aber auch wichtige Übung ist das Laborblatt. Teilt euch ein Blatt in etwa acht Felder auf und experimentiert mit allem, was euch zur Verfügung steht: Pinsel, Pinselrücken, Fett, Fingernagel, ...

Versucht, so viele verschiedene Strukturen wie möglich herzustellen. Schreibt euch unbedingt kurz dazu, wie ihr vorgegangen seid. Die Beispiele hier könnt ihr nachmachen, aber auch gern völlig neue Strukturen erfinden!

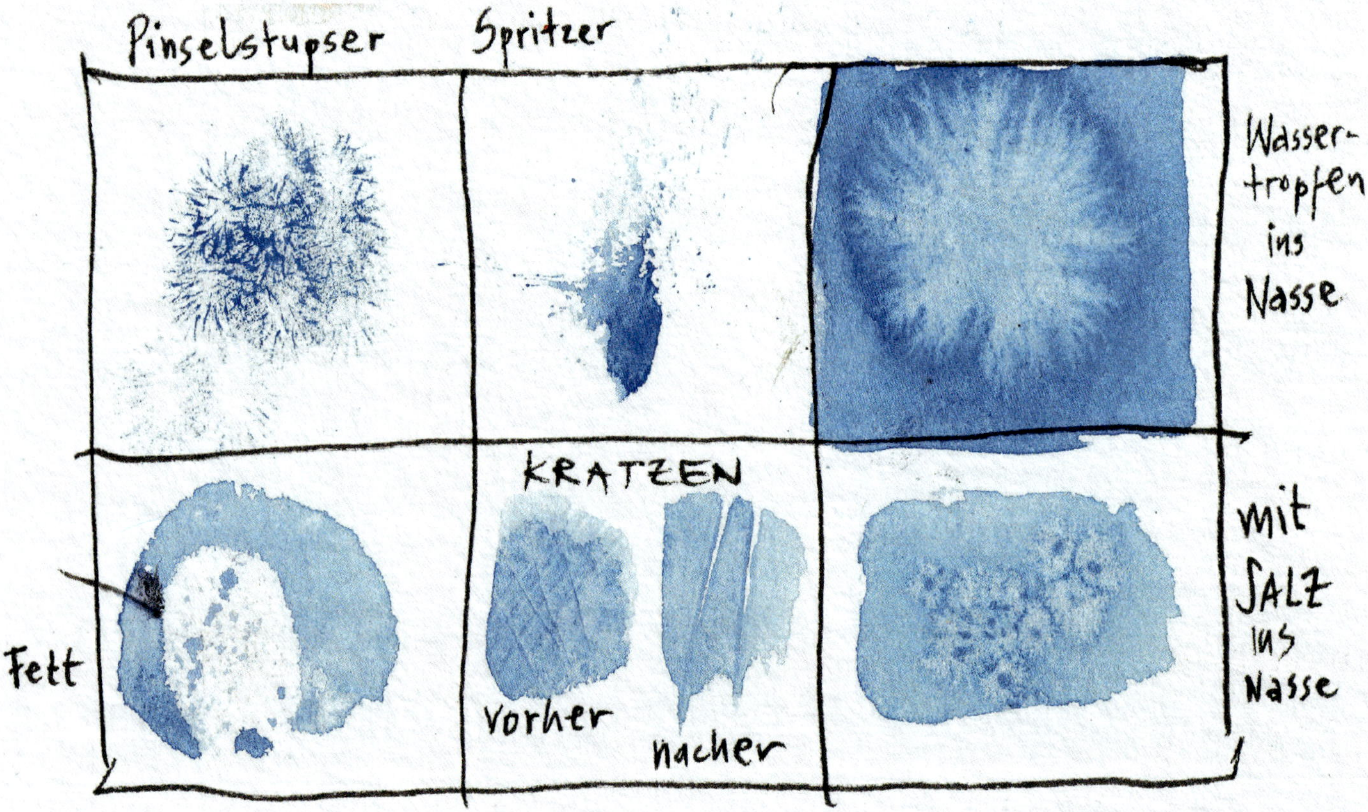

BRUSH CONTROL

Beim Aquarellmalen ist der Pinsel euer wichtigstes Werkzeug. Eure Ideen müssen am Ende aus dem Kopf durch den Pinsel aufs Papier. Oft höre ich von Teilnehmenden: Jetzt kenne ich die Regeln und Tricks, aber wenn du das malst, wirkt es ein bisschen wie Zauberei.

Ich glaube, das liegt an Brush Control – der Kontrolle über das Werkzeug. Lernt euren Pinsel kennen. Was kann er alles? Ausprobieren! Macht die kleinen Übungen dazu. Ihr könnt sie selbstverständlich auch erweitern.

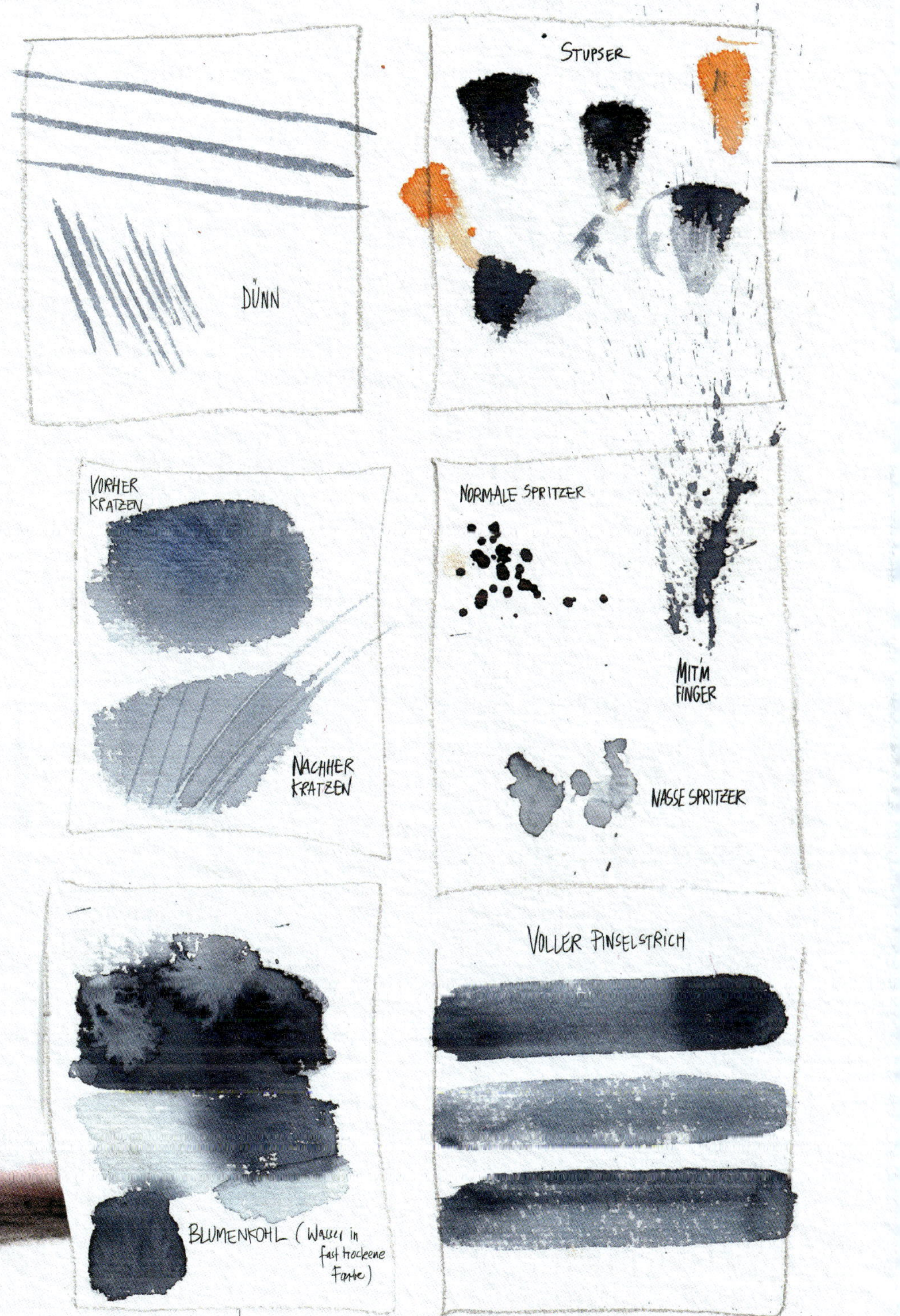

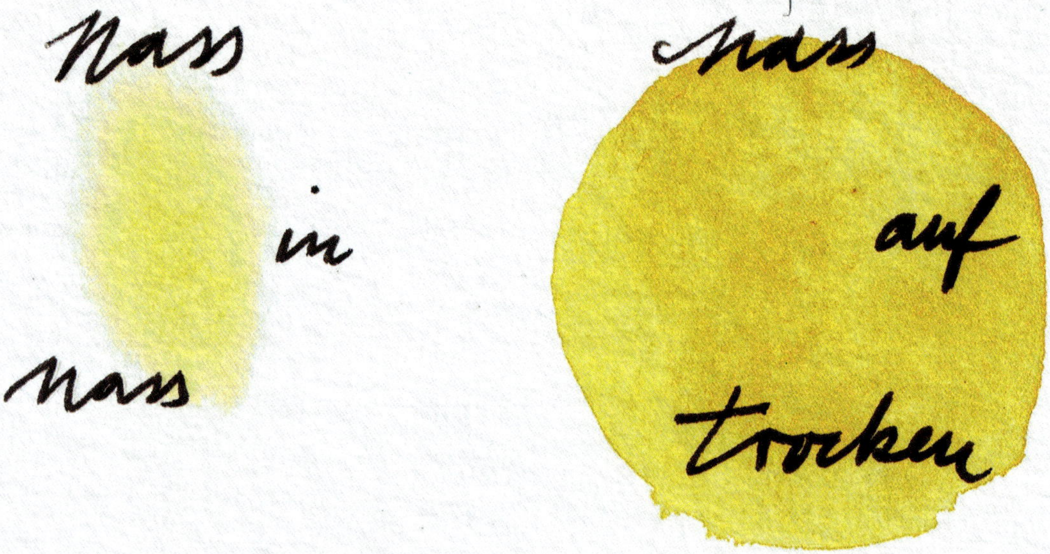

LAVIEREN & LASIEREN

NASS IN NASS & NASS AUF TROCKEN

Es gibt beim Aquarellmalen nur diese zwei Grundtechniken: Die Nass-in-nass- und die Nass-auf-trocken-Technik.

Für die Nass-in-nass-Technik, auch als Lavieren bezeichnet, sind weiche, auslaufende Kanten charakteristisch. Diese Technik bietet sich für Hintergründe, weiche Übergänge oder unscharfe Darstellungen an. Hier spielt der Zufall eine große Rolle.

Mit der Nass-auf-trocken-Technik hingegen, auch als Lasieren bezeichnet, könnt ihr sehr genau arbeiten, denn die Farbe wird genau dort auf dem Papier sein, wo ihr sie haben wollt. Mit klaren, harten Kanten. Wie immer ist es die Mischung aus beiden Techniken, die zu einem ansehnlichen Aquarell führt!

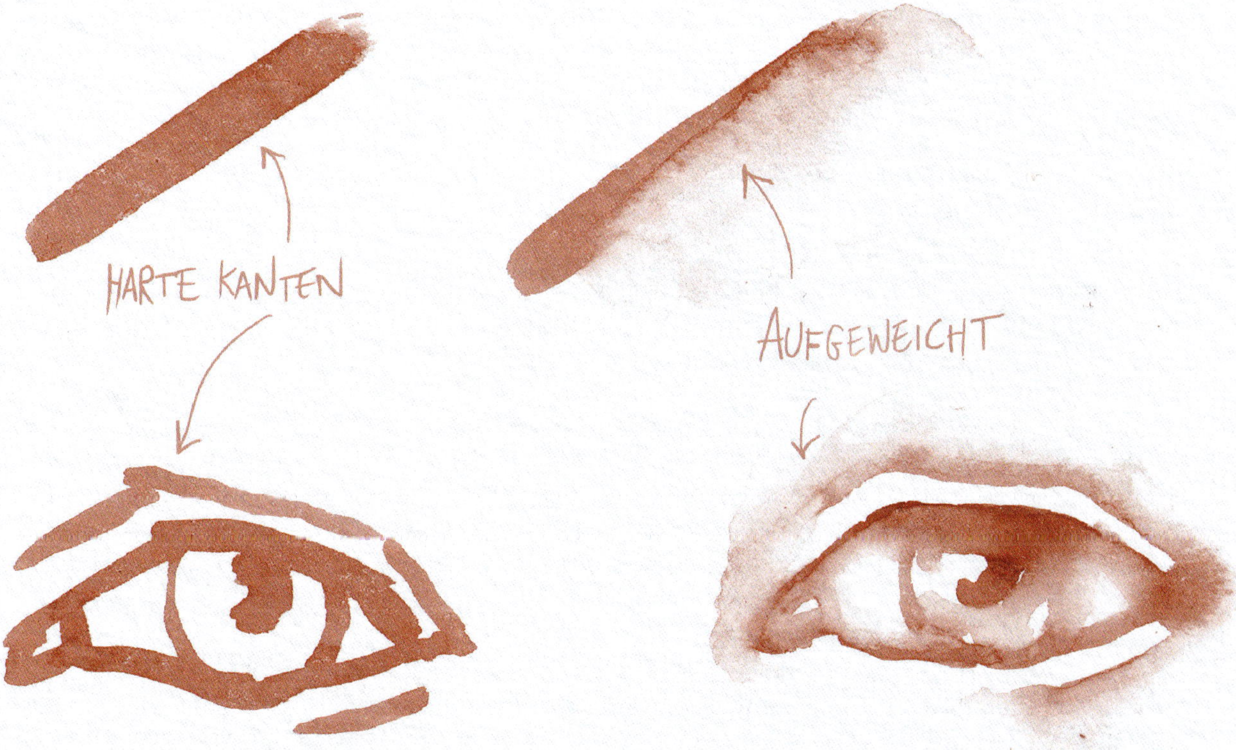

HARTE KANTEN & WEICHE KONTUR

Ihr wollt harte Kanten „aufweichen“, also sanfte Konturen oder Übergänge schaffen? Das geht entweder direkt beim ersten Farbauftrag oder – mit gutem Papier und geeigneter Farbe – im Nachhinein. Geht mit dem gut ausgespülten, nassen Pinsel in die Farbe und löst sie ab oder verzieht sie.

Ich mache das so: Um mehr Kontrolle zu haben, male ich einen Fleck Farbe auf den trockenen Untergrund – das kann der weiße Papierhintergrund oder eine darunterliegende Farbe sein. Erst dann entscheide ich, ob und wo ich diesen aufweiche.

HI!

Grundschule

FARBEN HELLER MIT WASSER

GRÜNTÖNE AUS BLAU UND GELB

HAUTTÖNE AUS

Kaltes Rot

Lichter Ocker

trockener Strich

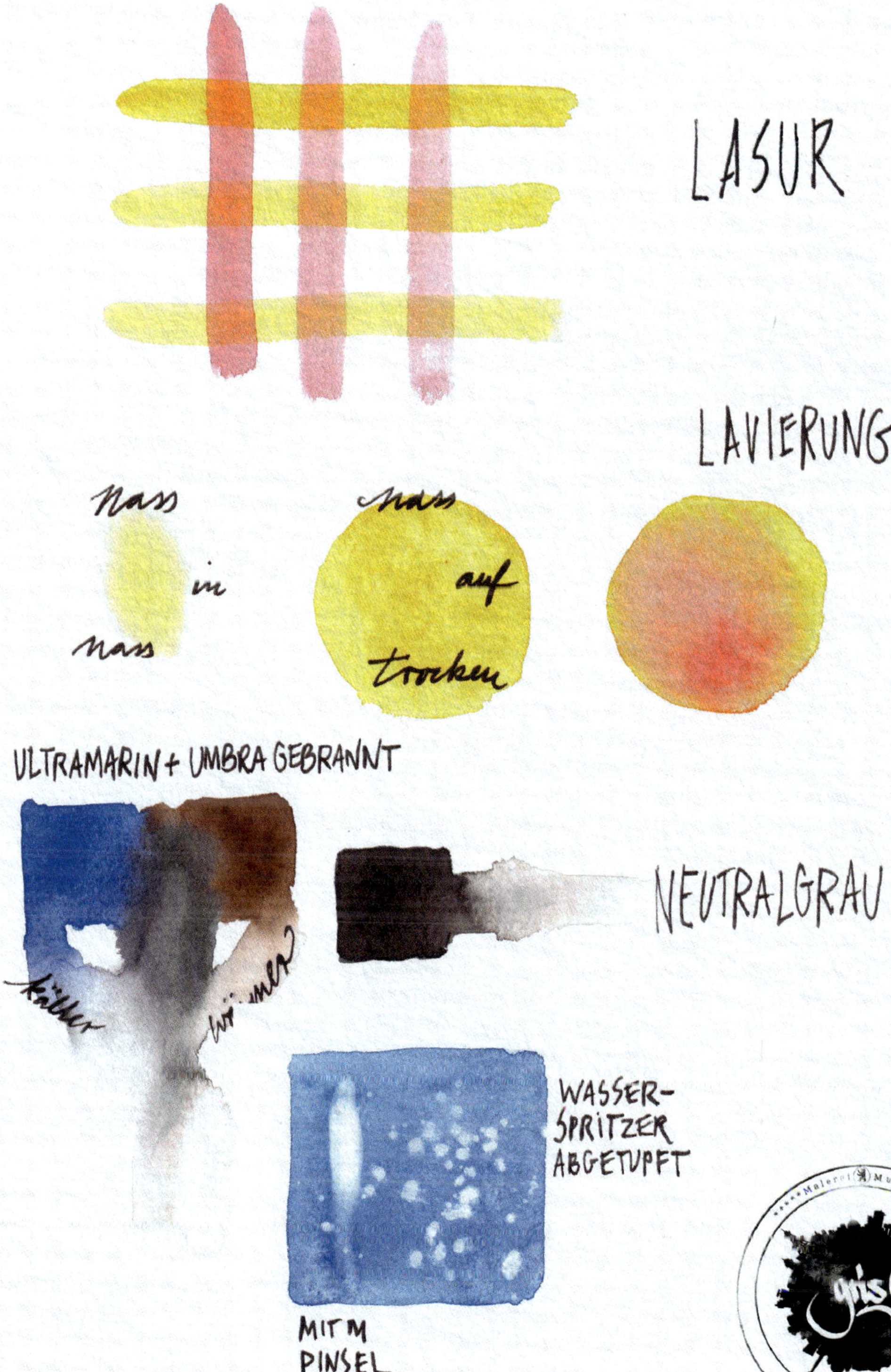
LASUR
LAVIERUNG
nass in nass
nass auf trocken
ULTRAMARIN + UMBRA GEBRANNT
kälter
wärmer
NEUTRALGRAU
WASSER-
SPRITZER
ABGETUPFT
MIT'M
PINSEL

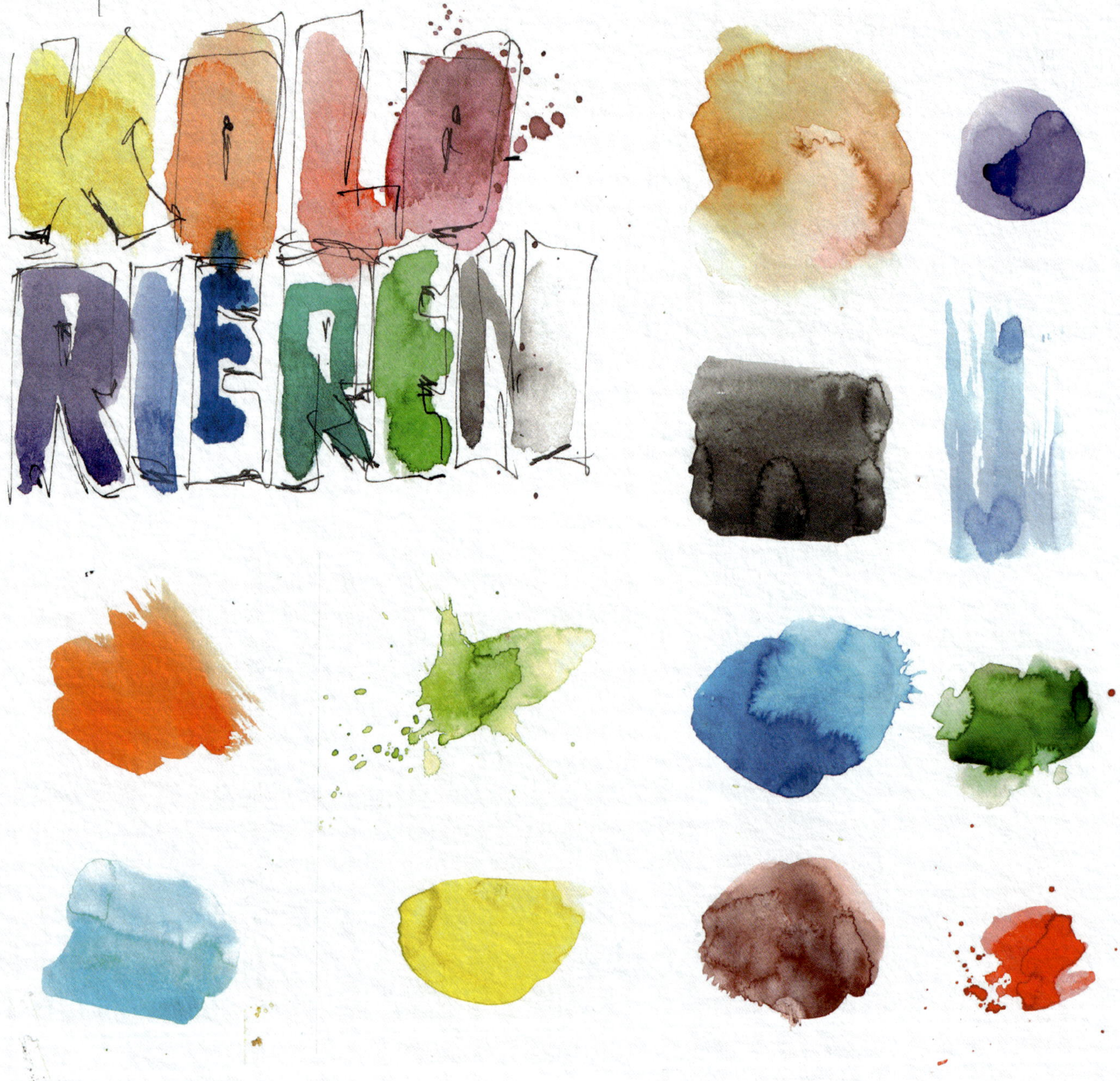

Jetzt verlassen wir die traditionelle Aquarellmalerei mit all ihren Regeln und schauen, wie wir Aquarell zum Kolorieren der Zeichnung nutzen können.

In einem Sketch reicht das Andeuten bekanntlich aus. Sowohl bei der Zeichnung als auch beim Kolorieren. Manchmal genügt ein einziger Farbfleck, beispielsweise ein gelber Fleck auf einer gezeichneten Zitrone.

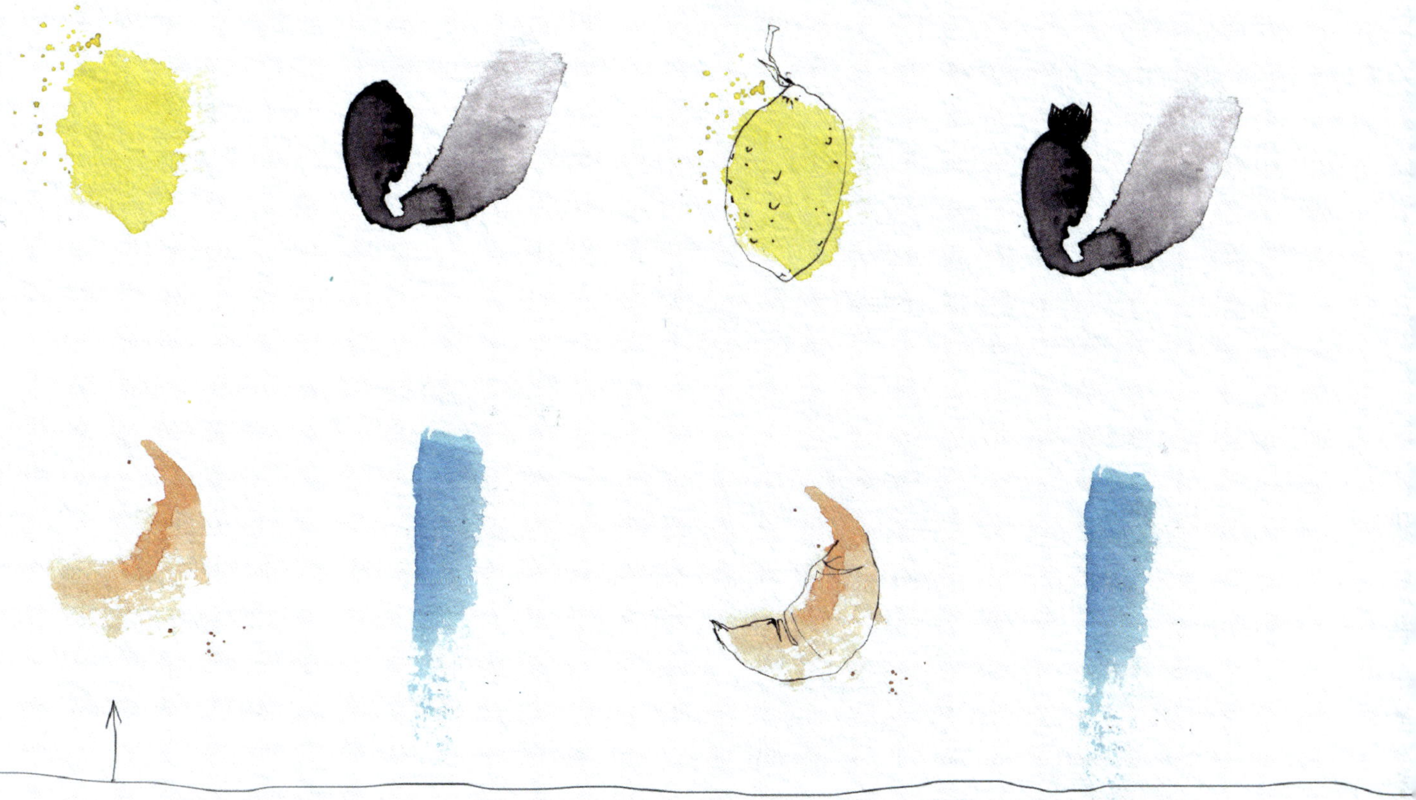

EINE SAUGUTE ÜBUNG

Macht es selbst oder bittet jemanden, euch ein paar Aquarellfarbflecke auf Papier zu klecksen. Wichtig: Er oder sie darf dabei an nichts Gegenständliches denken – einfach einen Fleck Farbe in ein von dir vorbereitetes Feld setzen.

Nimm die Flecken nach dem Trocknen genau unter die Lupe und schau mal, ob du etwas darin erkennen kannst. Du kannst das Blatt auch drehen.

Hast du im Fleck etwas entdeckt, nimm einen Stift und zeichne, was fehlt, dazu, um deine Idee für jeden erkennbar zu machen. Gib dem fertigen Fleck einen Titel.

Was siehst du jetzt? Vermutlich Sketches, die du so nie gemacht hättest. Bedenke das, wenn du das nächste Mal kolorierst: Wenn deine Zeichnung da ist, reicht manchmal ein einziger Farbfleck, um sie zu kolorieren.

In meinen Beispielen siehst du, was ich meine. Der vierte Fleck ist für dich. Was könnte das werden?

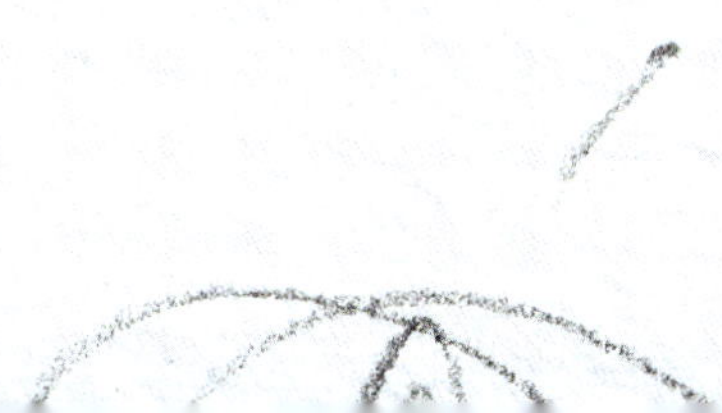

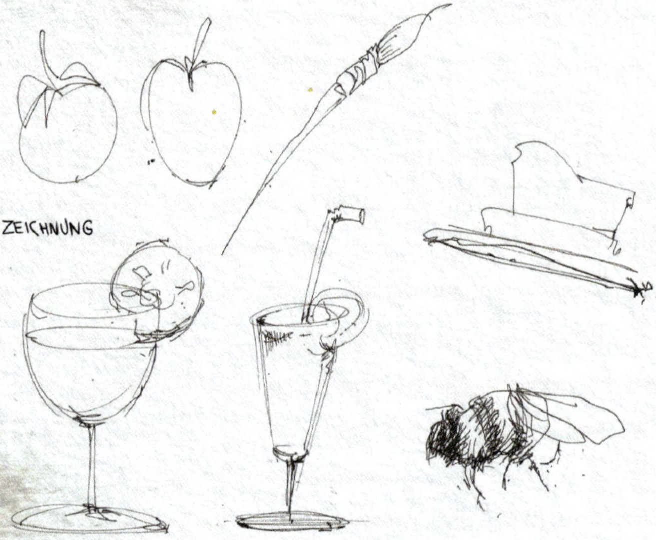

ZUERST DIE ZEICHNUNG

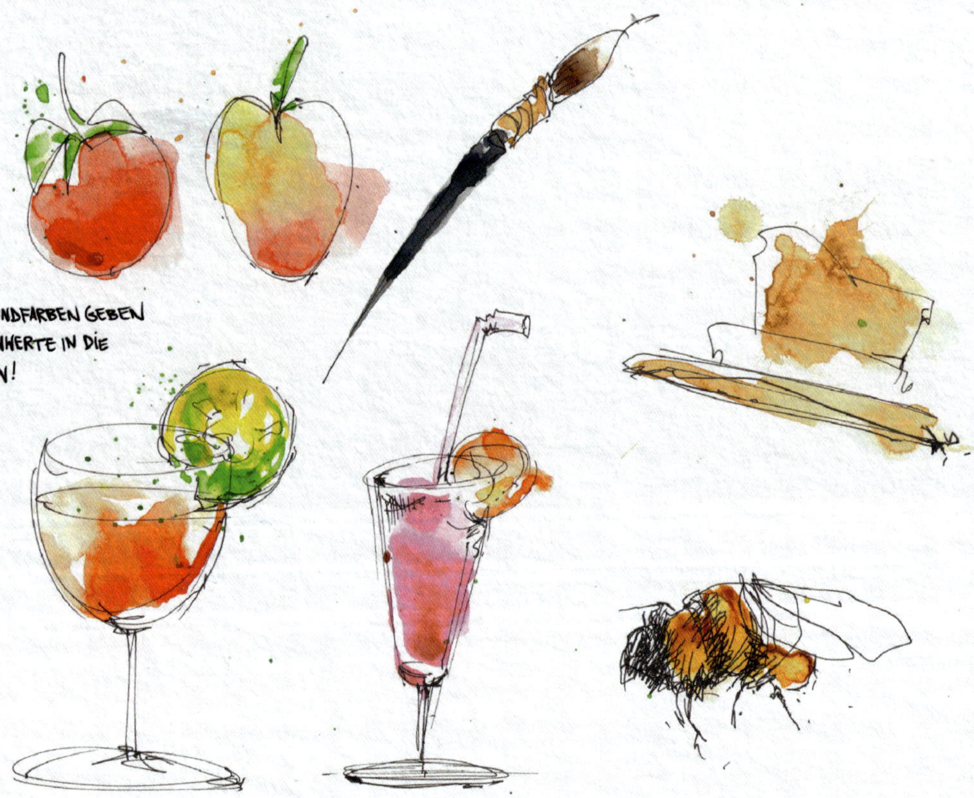

DANN DEN OBJEKTEN IHRE GRUNDFARBEN GEBEN
RUHIG SCHON DUNKLERE TONWERTE IN DIE
NASSEN FLÄCHEN LEGEN!

JETZT MIT SCHATTENFARBE DIE OBJEKT- UND SCHLAGSCHATTEN MALEN

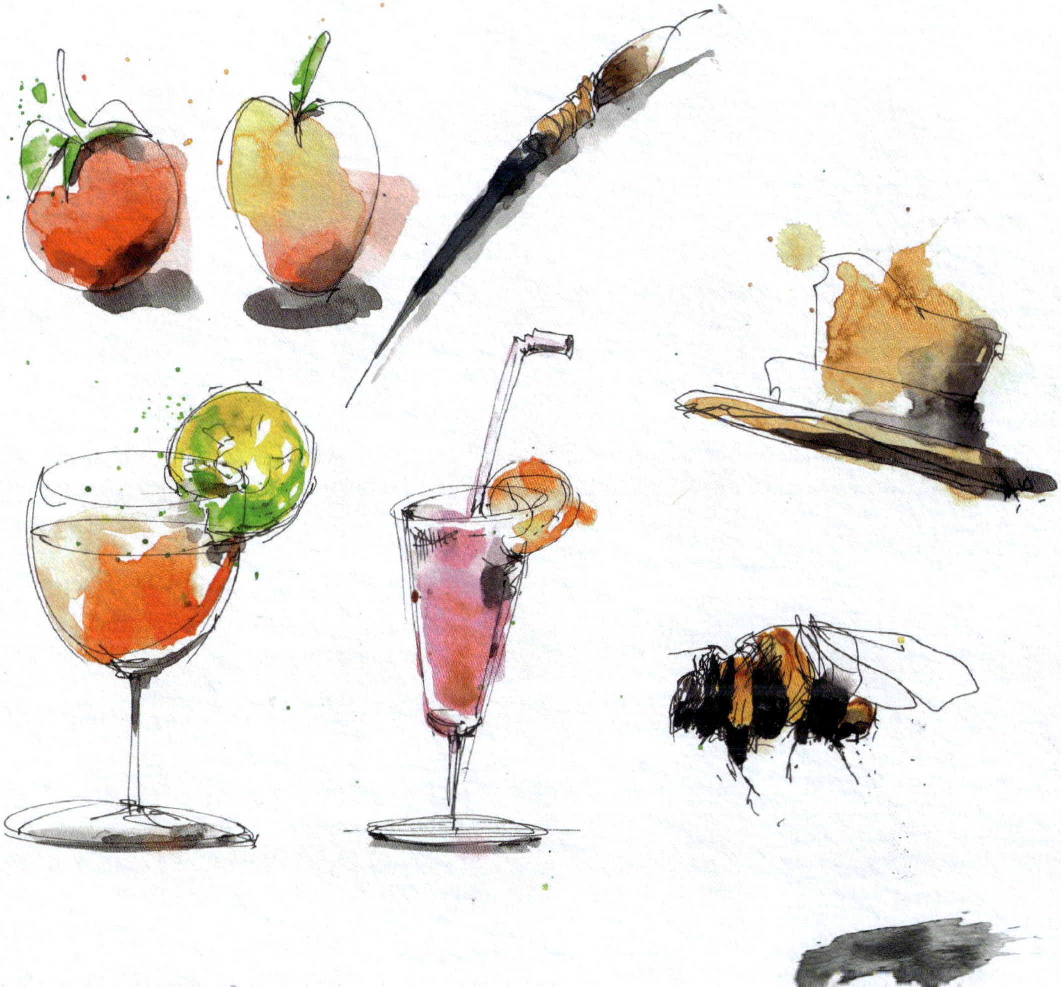

ZEICHNEN & KOLORIEREN

Ihr braucht für den Sketch eines Hutes nicht fünf verschiedene Hutfarben. Zeichnet den Hut und knallt einen Fleck Ocker drauf, eventuell eine Schattenfarbe dazu, fertig!

Und, ganz wichtig: Beim Kolorieren nie alles ausmalen und gern ab und zu über die gezeichnete Linie hinausgehen!

KORRIGIEREN UND STÖREN

Hier noch ein wichtiger Punkt, wenn Farbe auf Zeichnung trifft: Mit Farbe könnt ihr eure eventuell zu wild geratene Zeichnung korrigieren oder eine unlockere Zeichnung bewusst stören.

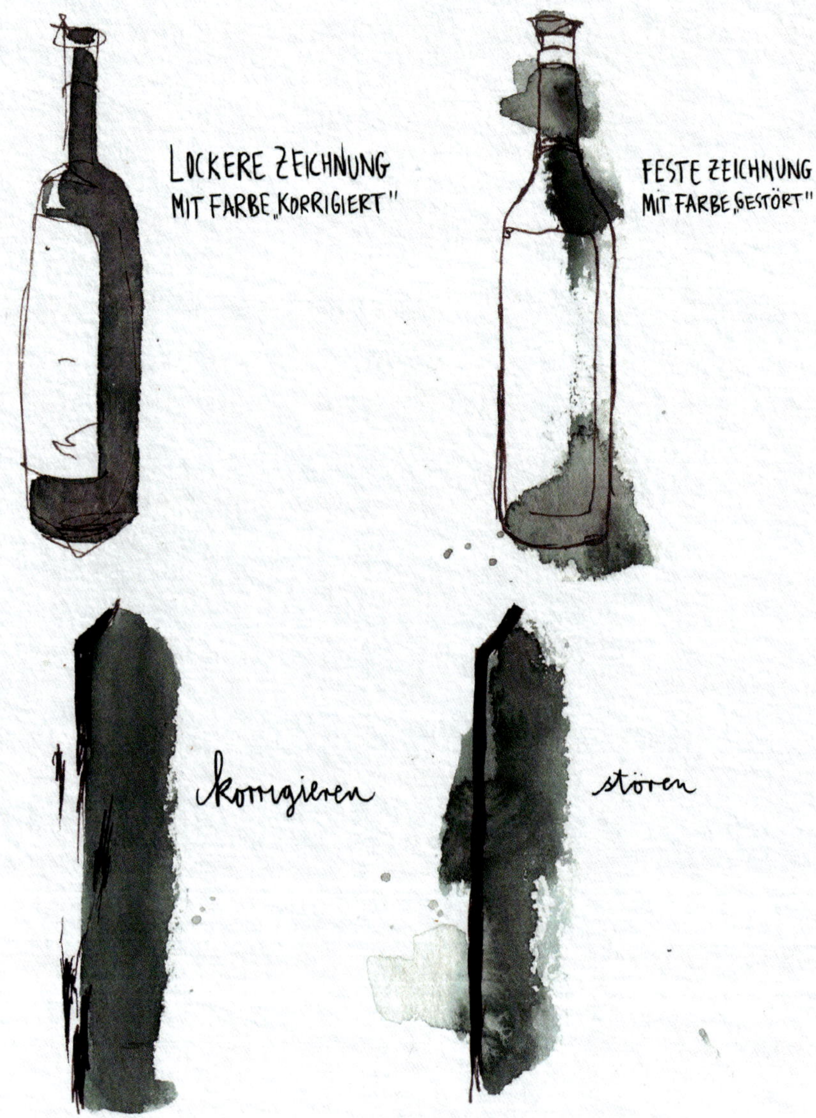

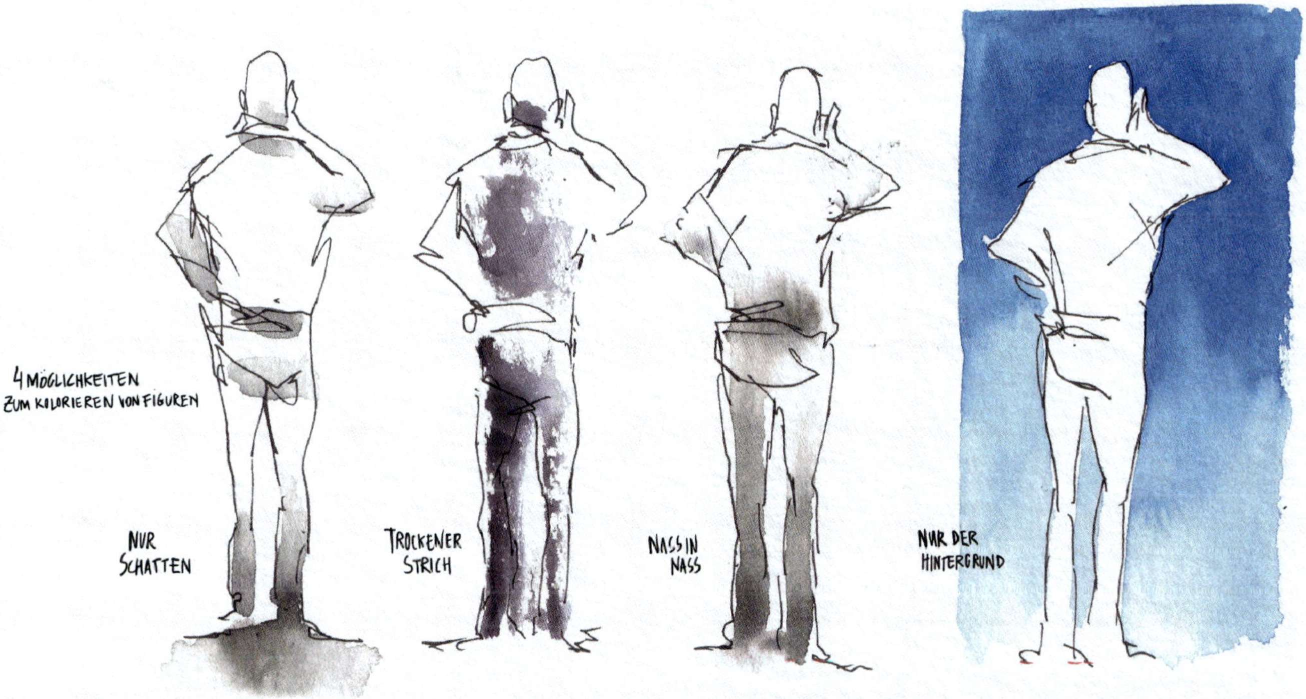

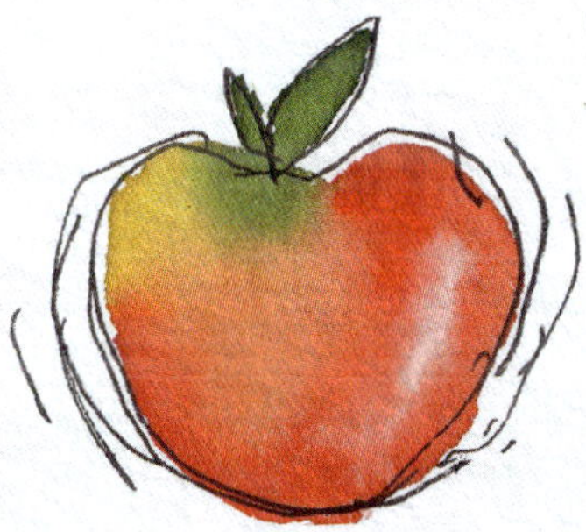

HAT MAN ZU VIELE ODER ZUVIELE FALSCHE LINIEN KANN MAN DIESE BEIM KOLORIEREN UNTER DUNKLEN PIGMENTEN „VERSTECKEN"

SO:

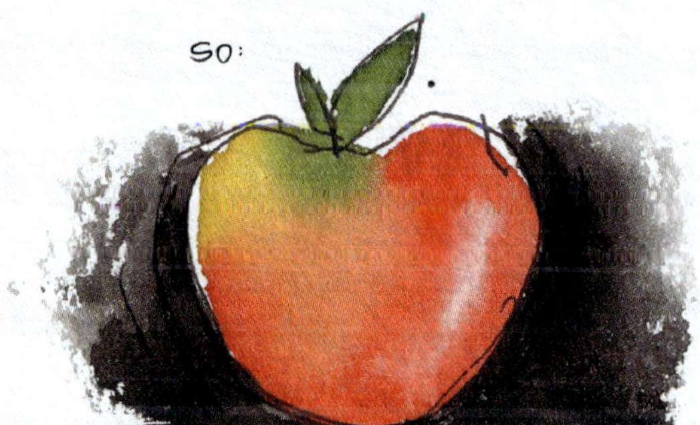

DABEI GILT: Je akkurater die Zeichnung ist, desto mehr Spielraum habt ihr beim wilden Kolorieren.

Je akkurater die Farbflächen liegen, desto mehr Spielraum habt ihr bei der Zeichnung.

tonwerte.

VOM SCHWARZ ZUM WEISS, VON FARBE ZU NICHT-FARBE: FINDET EURE BESTE MÖGLICHKEIT TONWERTE WIEDERZUGEBEN.

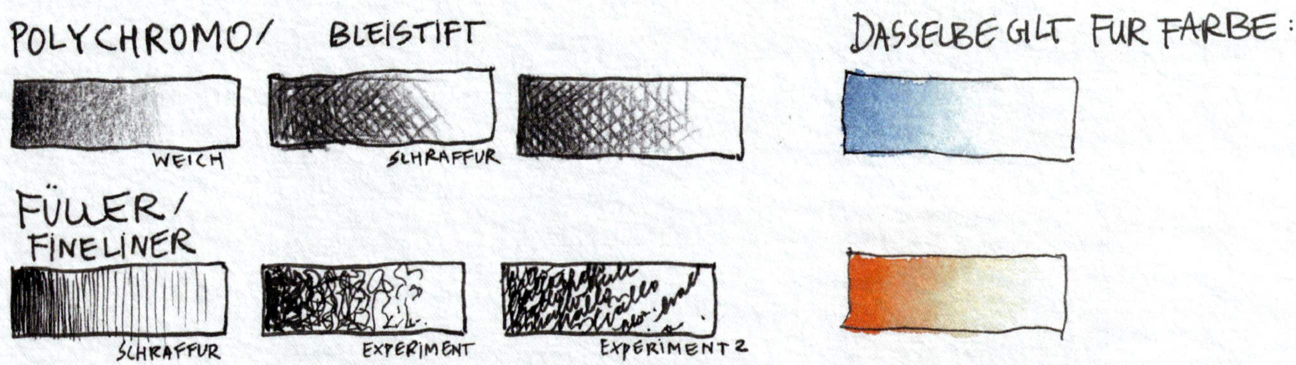

Je länger ich über das Zeichnen und Malen in den letzten Jahren nachgedacht habe, desto wichtiger wurden Tonwerte für mich. Tonwerte beschreiben die Helligkeit oder Dunkelheit eines Bildes, einer Farbe.

Mittlerweile kontrolliere ich die Tonwerte sehr bewusst, ich analysiere sie in der Vorlage und prüfe sie in meinem Bild. Wo sind die dunkelsten Flächen im Bild, wo liegen die hellsten? Was ist mit den Tonwerten dazwischen?

Kneisten

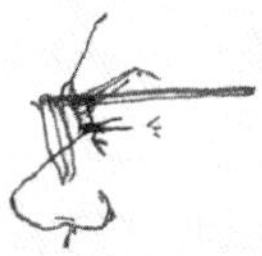

MOTIV ANKNEISTEN!
EIGENES BILD ANKNEISTEN!

MIT DIESEM BLICK SCHMEISST DU QUASI GANZ VIELE TONWERTE RAUS, DIE DICH VIELLEICHT ÜBERFORDERT HÄTTEN.

Ein sauguter Trick, der dir das Erkennen der Tonwerte leichter macht, ist das Kneisten. Damit meine ich das Zusammenkneifen der Augen, bis sich Ober- und Unterlid fast berühren.

Dadurch nimmt das Auge nicht mehr alle Tonwerte wahr: Alles leicht Helle wird heller, alles leicht Dunkle erscheint dunkler. Du entfernst quasi etliche Tonwerte aus deinem Blick und bekommst dafür eine Vereinfachung des Motivs.

Diesen Trick wende ich beim Schauen auf das Motiv, aber auch beim Prüfen meines Bildes an.

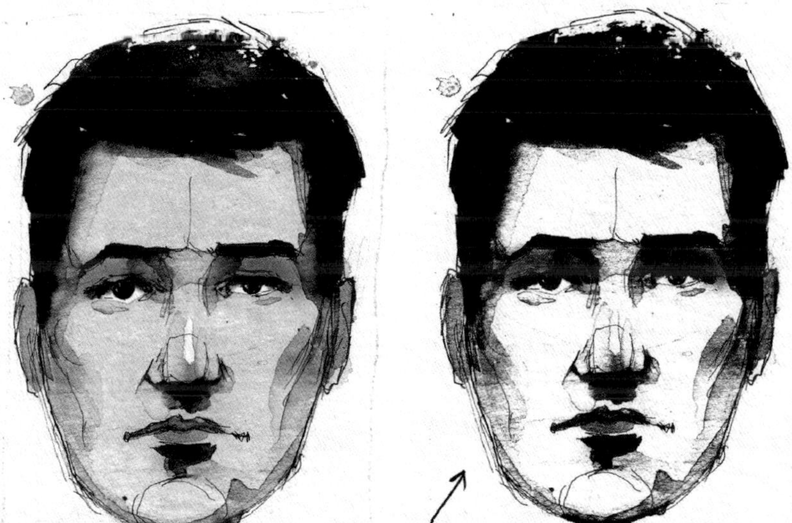

HIER WURDE DER HAUTTON WEGGEKNEISTET UND MAN ERKENNT DIE DUNKELHEITEN DEUTLICHER

Tonwerte sind neben Linienführung, Farbe und Komposition eine der wichtigsten Informationen in einem Bild. Es lohnt sich also, sie genauer zu betrachten und zu analysieren. So mache ich beispielsweise oft eine kleine Tonwertskizze vor dem tatsächlichen Bild.

KON TRAST

Ja, ja, die Kontraste … Fast inflationär oft haben schon meine Kunstlehrer von Kontrasten gesprochen. Ich nenne euch hier einige Kontraste, die mir wichtig sind und auf die ich achte.

HELL-DUNKEL-KONTRAST

Ich denke, das ist der wichtigste Kontrast. Er entscheidet grundlegend zwischen sehen und nicht sehen. Ich checke immer jedes Motiv nach den Dunkelheiten. Hierbei hilft mir das so genannte Kneisten (ich erkläre es auf Seite 31).

WARM-KALT-KONTRAST

Seid euch bewusst über die Wirkung und die Temperatur einer Farbe. Möchtet ihr beispielsweise einen Akzent in eurem Bild setzen, könnt ihr eine warme und eine kalte Farbe aufeinandertreffen lassen.

Oder ihr trennt Vorder- und Hintergrund durch kalte und warme Farben. Besonders bei Schatten kann man schön mit diesem Kontrast spielen. Ein warmes Orange bekommt zum Beispiel einen kühlen Schatten in Preußischblau.

QUALITÄTSKONTRAST

Wie viel Arbeit/Energie stecke ich in eine bestimmte Fläche im Bild? Spielt mit den Unterschieden, setzt zum Beispiel eine nur flüchtig ausgemalte neben eine detailliert ausgearbeitete Fläche.

Diesen Kontrast nenne ich auch immer beim Thema Fokus, weil er sich dort so schön anwenden lässt: Gib deinem Fokus im Bild die meiste Aufmerksamkeit. Alles, was den Fokusbereich verlässt, wird qualitativ schwächer, also weniger koloriert, weniger gezeichnet.

Holt kontrasttechnisch immer alles raus, was geht: Zeichnet ihr zum Beispiel schwarze Linien, seid euch bewusst, dass auch innerhalb der Linie Kontraste möglich sind. Also dünn vs. dick, geschwungen vs. zackig, strichelig/ängstlich vs. schwungvoll/mutig. Also, immer bewusst machen: Kontraste sind in jedem einzelnen Arbeitsschritt möglich.

Auf der folgenden Seite seht ihr 12 Kontraste – ohne Namen. Ich hoffe, dass ihr euch beim Raten noch intensiver mit dem Kontrast auseinandersetzt.

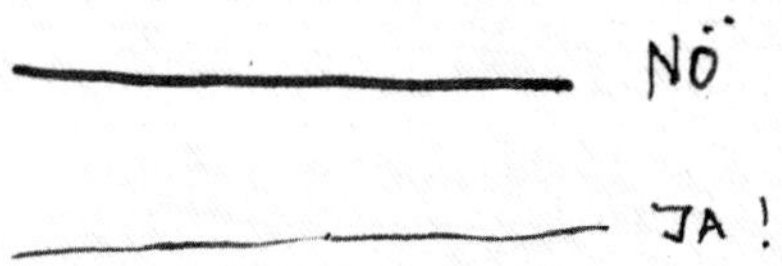

Kontrast auch schon in den Strich!

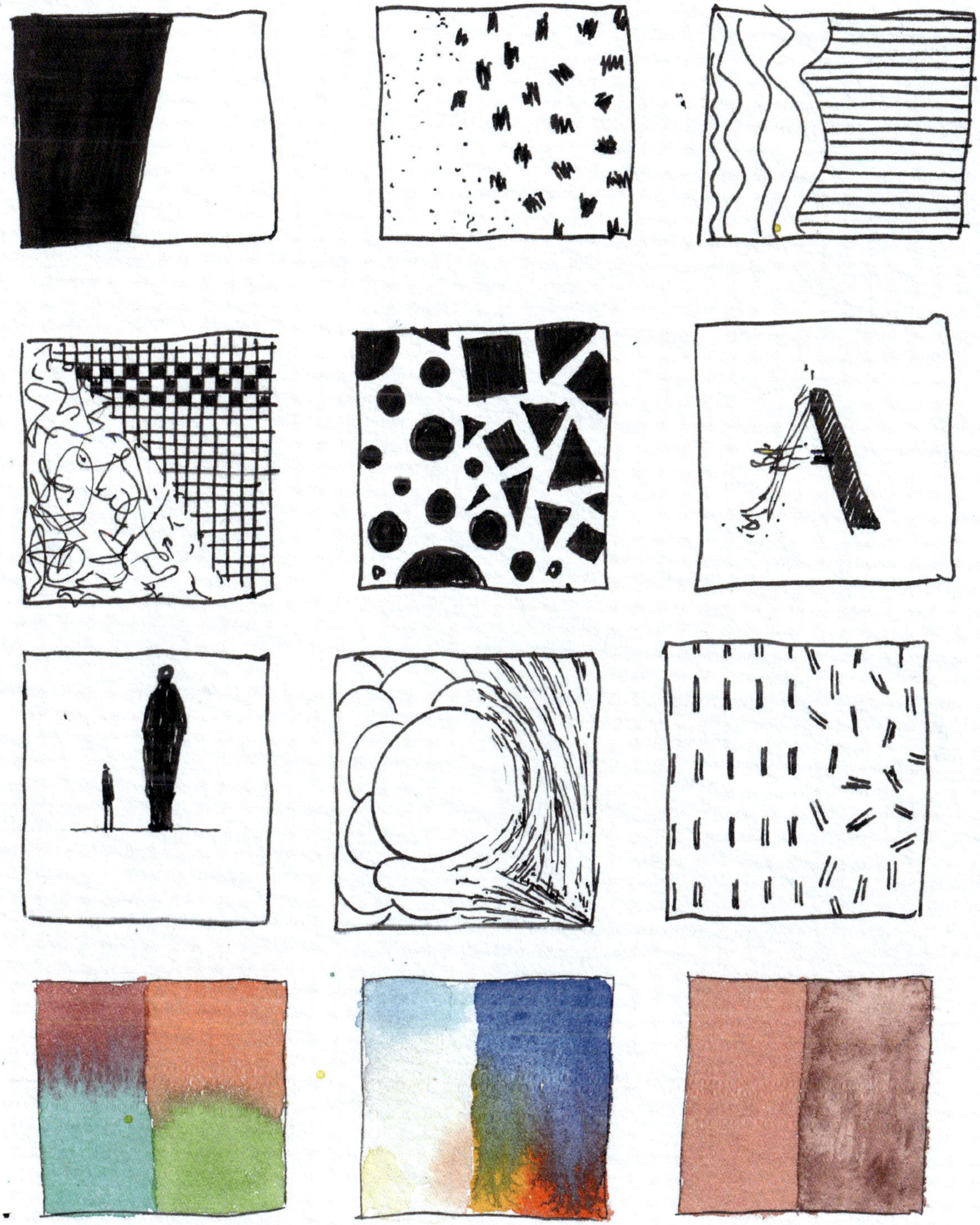

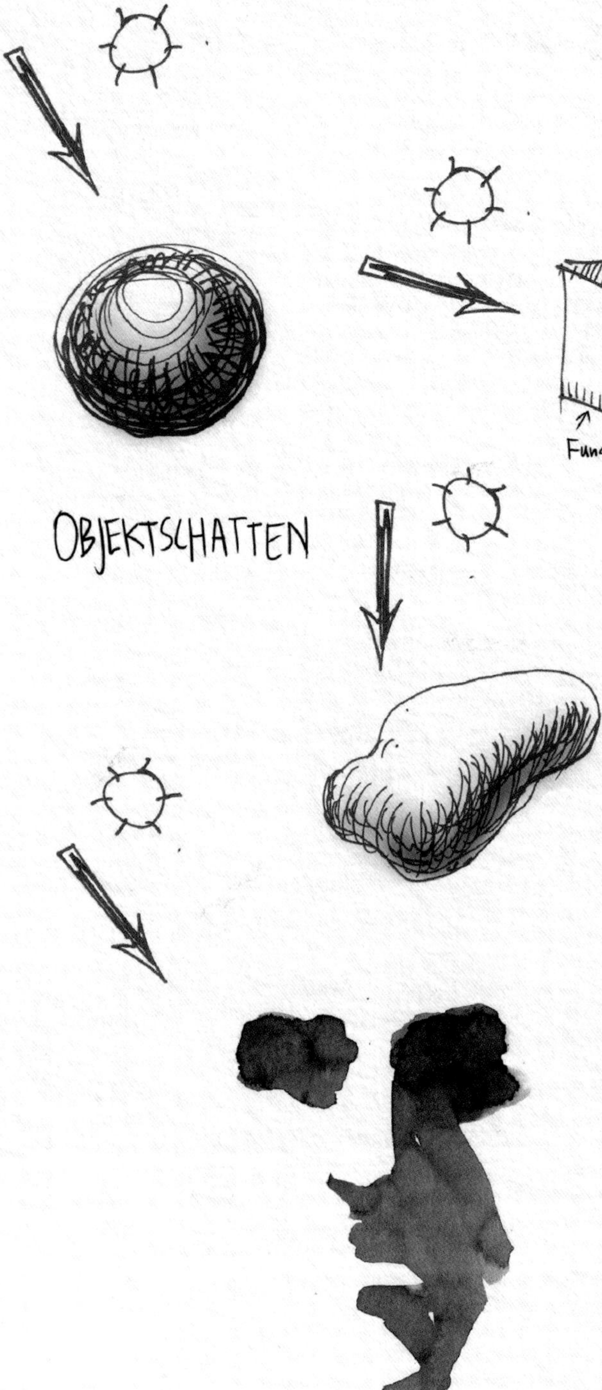

SCHATTEN

Licht und Schatten sind beim Zeichnen, Malen und Sketchen ein wichtiges Thema.

Grundsätzlich unterscheiden wir:

- den Objektschatten, das ist der Schatten, in dem ein von einer Lichtquelle angestrahltes Objekt liegt,

- den Schlagschatten, das ist der Schatten, den das von einer Lichtquelle angestrahlte Objekt wirft.

Schaut euch meine Zeichnungen dazu an. Beobachtet die Schatten in euren Vorlagen genau: Je mehr ihr sie betont, desto dramatischer und stärker wirkt euer Sketch.

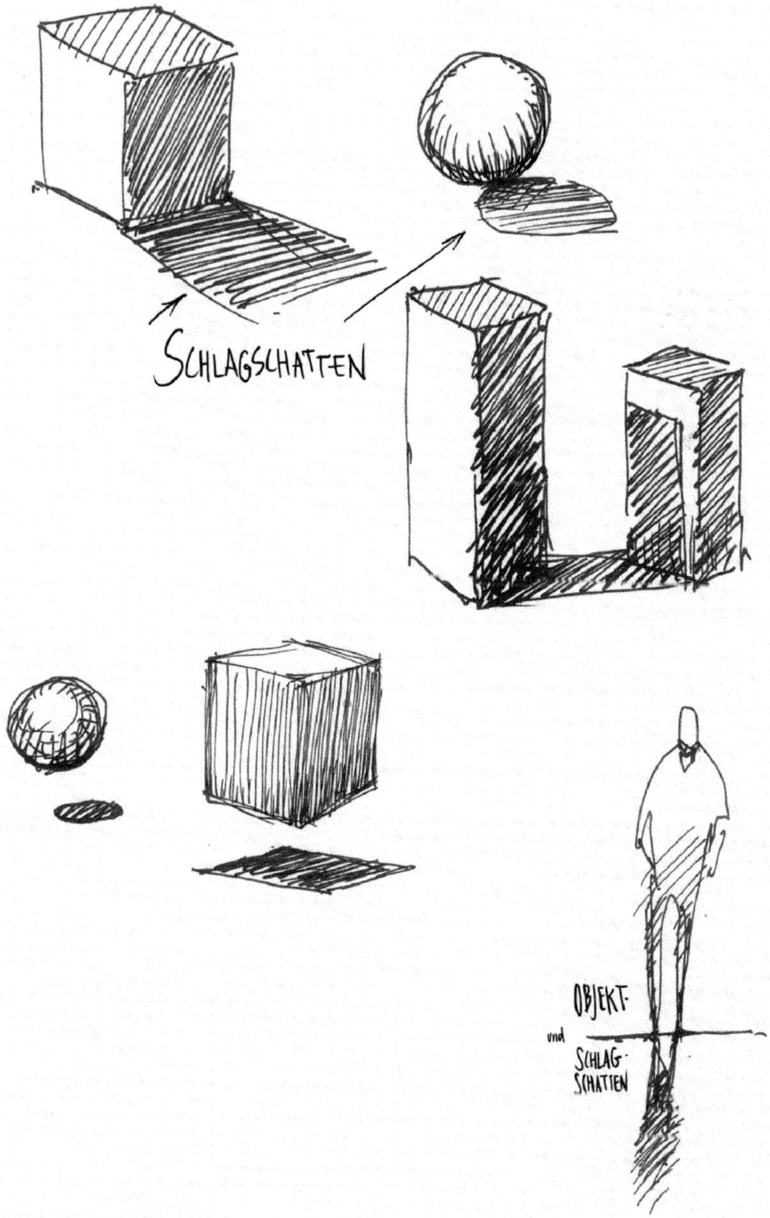

Die Lage des Schlagschattens bestimmt auch die Lage des Objekts. Ist ein Objekt nicht mit seinem Schatten verbunden, scheint es zu schweben.

Ihr könnt Schlagschatten durch homogene Farbflächen darstellen. Spannend ist aber auch ein Übergang: Der Schatten ist am Objekt ein wenig dunkler und wird von dort ausgehend heller. So einen Farbübergang könnt ihr sehr gut mit der Nass-in-nass-Technik erzielen oder durch das Anlösen der trockenen Farbe mit einem nassen Pinsel (siehe Seite 21). Es geht aber auch mit einem trockenen Strich.

FOKUS

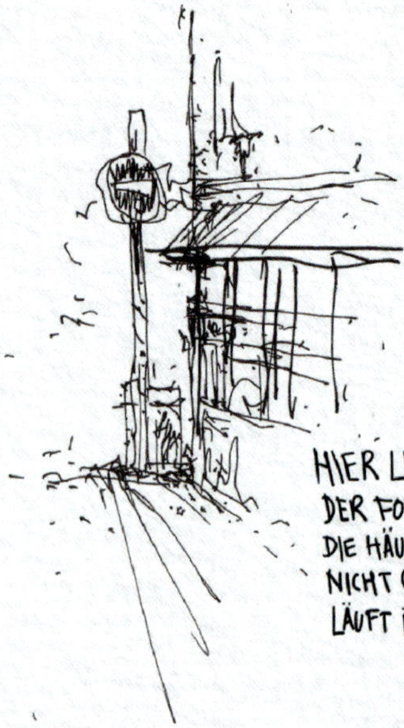

HIER LIEGT SCHON BEI DER ZEICHNUNG DER FOKUS NUR AUF DER STRAßENECKE. DIE HÄUSER IM HINTERGRUND SIND GAR NICHT GEZEICHNET, AUCH DER VORDERGRUND LÄUFT INS WEISS AUS.

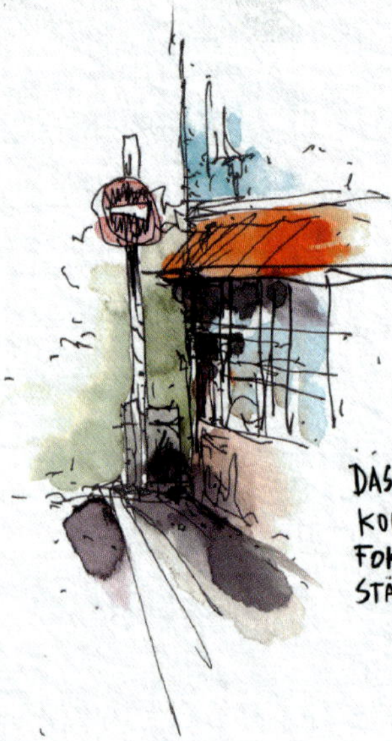

DAS VERSTÄRKE ICH HIER MIT DER KOLORATION: DIE FARBEN SIND IM FOKUS SATTER, DIE KONTRASTE STÄRKER.

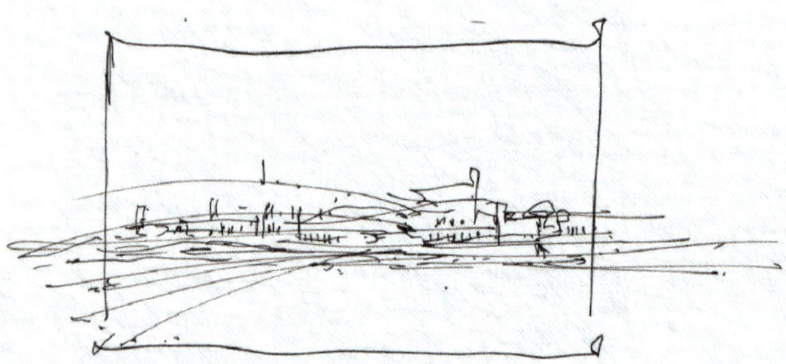

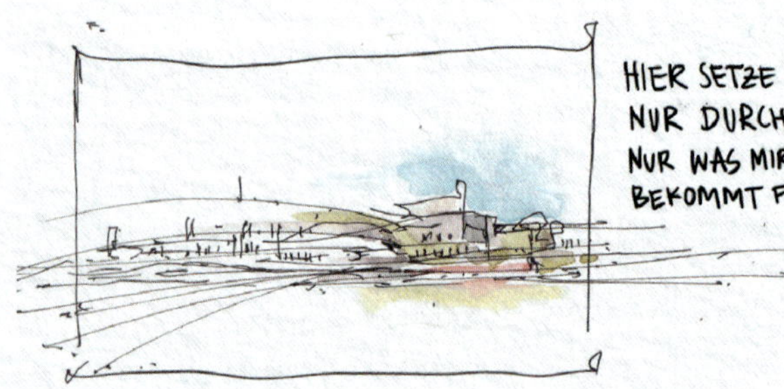

HIER SETZE ICH DEN FOKUS NUR DURCH DIE KOLORATION. NUR WAS MIR WICHTIG IST BEKOMMT FARBE.

Der Fokus ist die Stelle im Bild, die dir am wichtigsten ist.

Es ist ratsam, vor dem Zeichnen darüber nachzudenken. Schenkt ihr allen Details im Bild dieselbe Aufmerksamkeit und Liebe, entstehen schnell Wimmelbilder.

Den Fokus könnt ihr zeichnerisch festlegen und auch über das Kolorieren steuern.

Ihr könnt zum Üben des Fokussierens mal Folgendes ausprobieren: Stellt euch vor ein Motiv, zum Beispiel ein Haus. Schaut auf euer Papier und dann aufs Haus. Ihr könnt nur eine Stelle wirklich wahrnehmen – sobald euer Blick wandert, verlasst ihr euren Fokus!

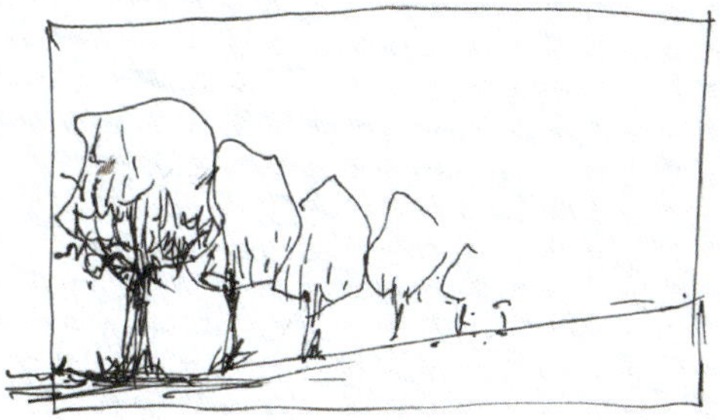

DER VORDERE BAUM IST IM FOKUS,
ER HAT AM MEISTEN DETAIL & KONTRAST.
DIE BÄUME DAHINTER VERLIEREN
ZUNEHMEND DARAN.

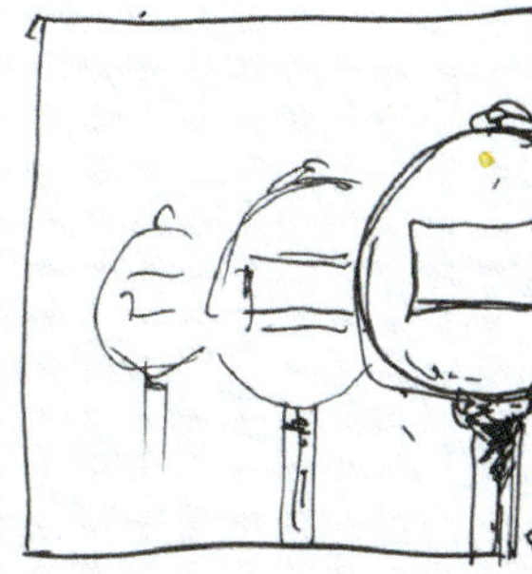

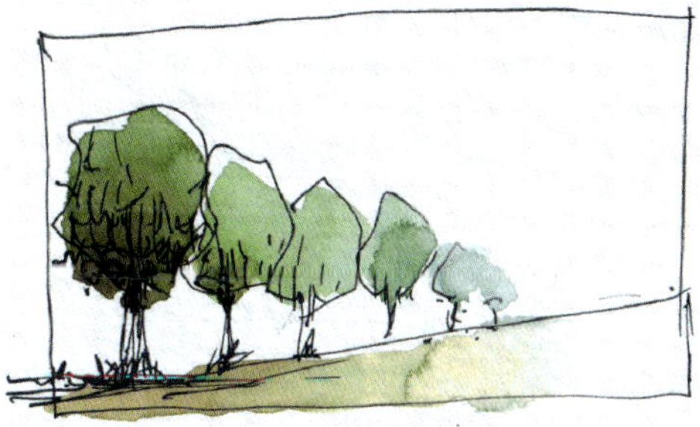

HIER WIRD DER FOKUS DURCH
FARBPERSPEKTIVE VERSTÄRKT.
D.H. ALLES, WAS WEITER WEG IST, WIRD
FARBLOSER, KONTRASTÄRMER,
UNSCHÄRFER UND BLAUER (BZW HIMMELFARBEN)
ALLES, WAS NÄHER KOMMT, MACHT DAS GEGENTEIL:
ES WIRD SATTER UND WÄRMER.

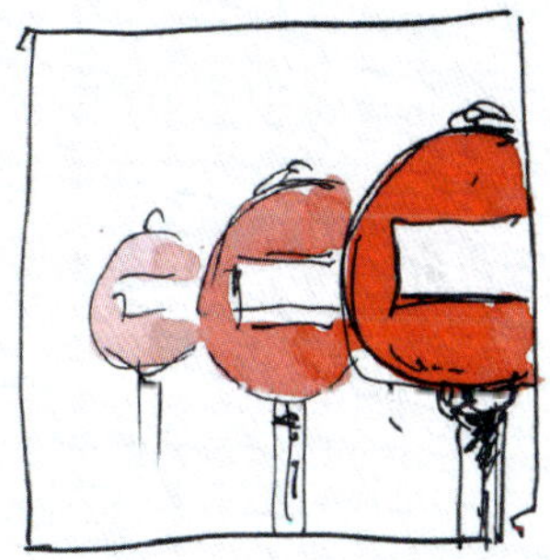

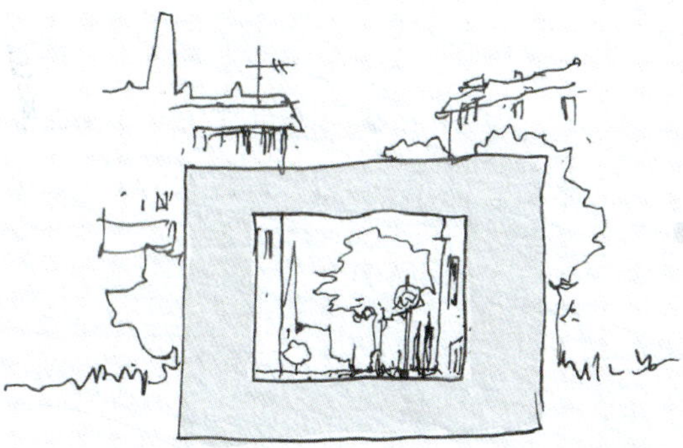

BASTEL DIR ZUR ERLEICHTERUNG
DOCH EINEN MOTIV~~SUCHER~~FINDER.
DER HILFT ERSTENS BEI DER
KOMPOSITION UND AUCH BEI
EVTL. FLUCHTLINIEN. GUCK!

RECHTECK AUS PAPPE AUSSCHNEIDEN
ODER EINEN LEEREN DIA RAHMEN BENUTZEN!

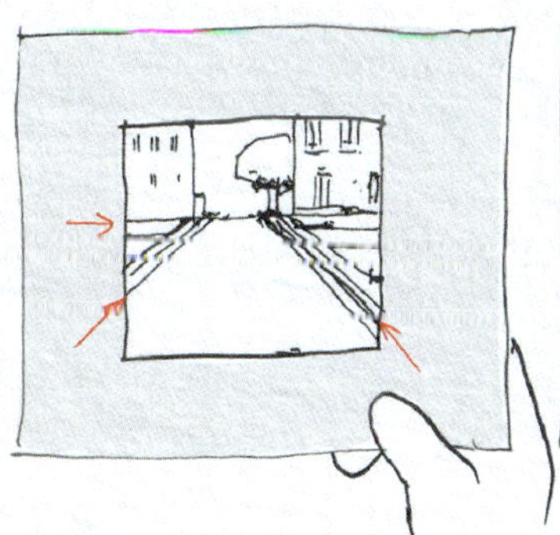

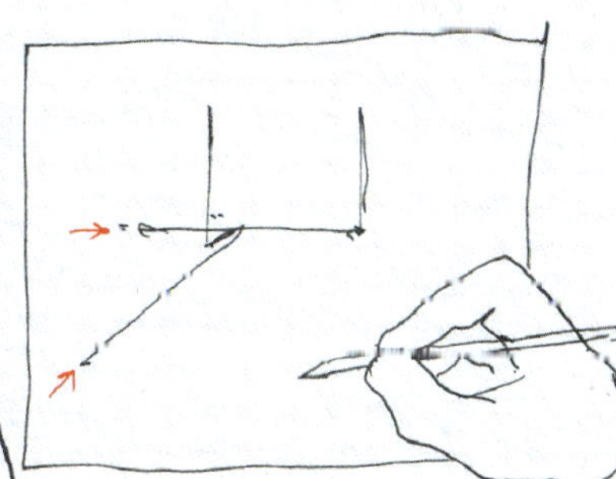

KOMPOSITION

Ein nicht ganz einfaches Thema für mich, denn die Wirkung der Komposition wird doch oft vom Gefühl bestimmt. Meinen Teilnehmer*innen gebe ich in Bezug auf die Komposition erst einmal einen wichtigen, ersten Tipp: Alles ist unten dunkler! Diese Aussage beziehe ich auf eine „normale" Lichtsituation, bei der das Licht von oben kommt, wie Sonnenlicht oder klassische Deckenlampen.

Das heißt übersetzt: Eine Nase ist unten dunkler, ein Kopf und auch die gesamte Figur. Aber eben auch die Komposition als Ganzes. Hat also der ganze Bildaufbau unten ein dunkleres „Fundament", funktioniert das Bild erst einmal besser.

Das sage ich mit Vorsicht, denn man findet viele gute, spannende Bilder ohne dunkles Fundament.

Deshalb funktioniert die Regel: Alles ist unten dunkler auch in der Gesamtkomposition, vor allem FÜR DEN ANFANG. Wer noch nichts über Komposition weiß, dem hilft diese Regel, aber ihr werdet euch mit zunehmender Sicherheit über diese Regel hinwegsetzen und eigene Möglichkeiten finden. Und so soll es auch sein.

Und noch ein Tipp: Solltet ihr beim Sketchen unschlüssig sein, wo zum Beispiel ein Schriftzug stehen soll, dann nehmt eine Stiftkappe oder etwas anders, das die Größe des geplanten Schriftzugs hat und legt sie auf den Sketch. Nun könnt ihr durch Herumschieben die Wirkung untersuchen. Passt der Schriftzug an die geplante Stelle?

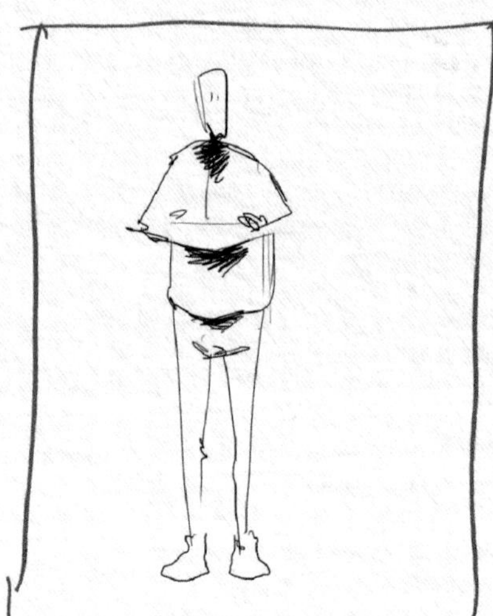

ANGENOMMEN, DAS IST DEIN SKETCH. DIE DUNKELSTEN TONWERTE SIND EHER IN DER MITTE DES BILDES.

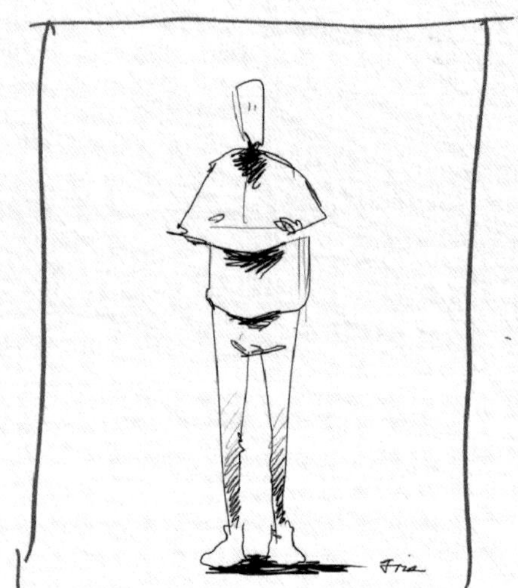

HOL DIE DUNKELSTEN TONWERTE NACH UNTEN!

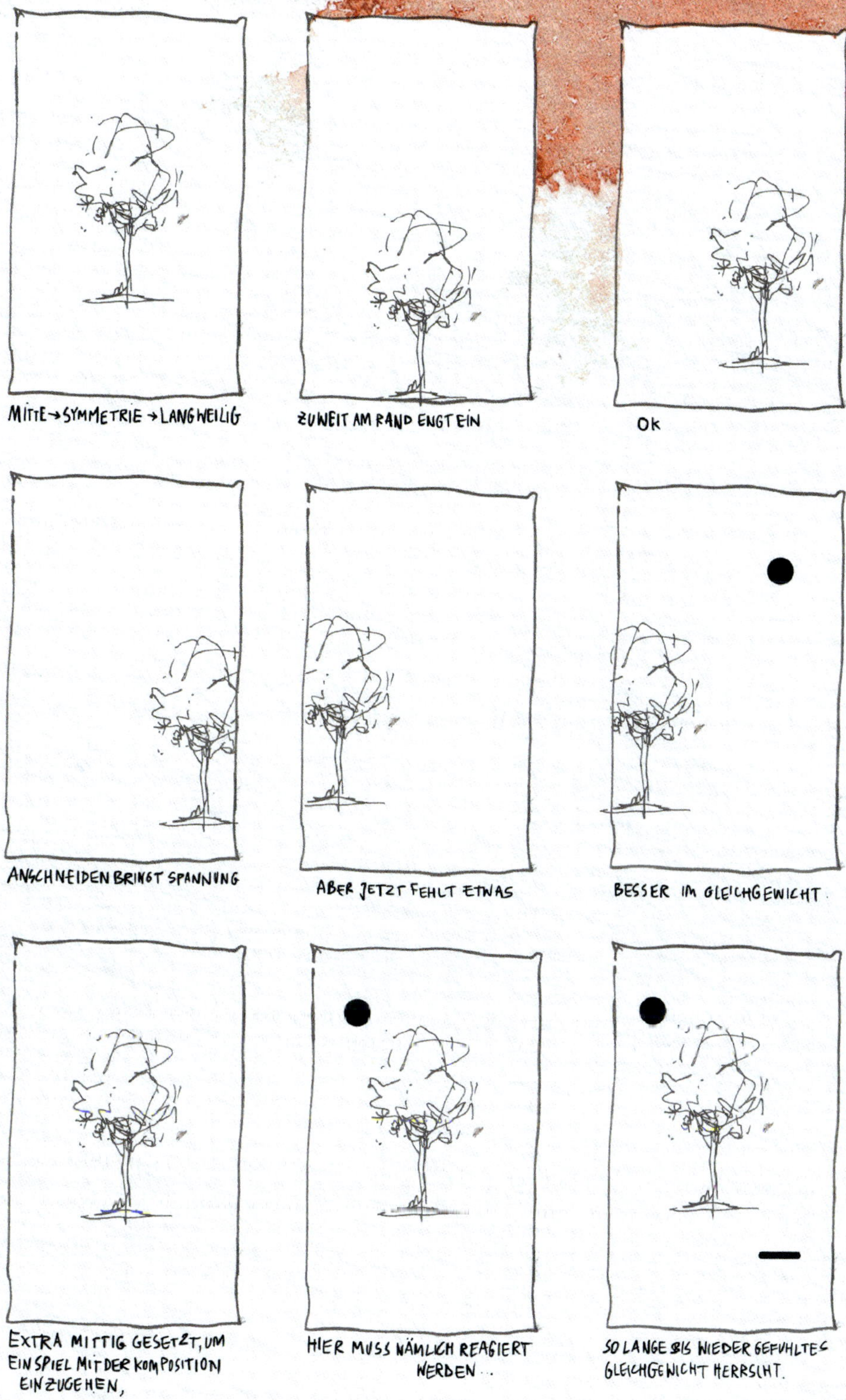
MITTE → SYMMETRIE → LANGWEILIG
ZU WEIT AM RAND ENGT EIN
OK
ANSCHNEIDEN BRINGT SPANNUNG
ABER JETZT FEHLT ETWAS
BESSER IM GLEICHGEWICHT
EXTRA MITTIG GESETZT, UM EIN SPIEL MIT DER KOMPOSITION EINZUGEHEN,
HIER MUSS NAMLICH REAGIERT WERDEN ...
SO LANGE BIS WIEDER GEFUHLTES GLEICHGEWICHT HERRSCHT.

PERSPEKTIVE

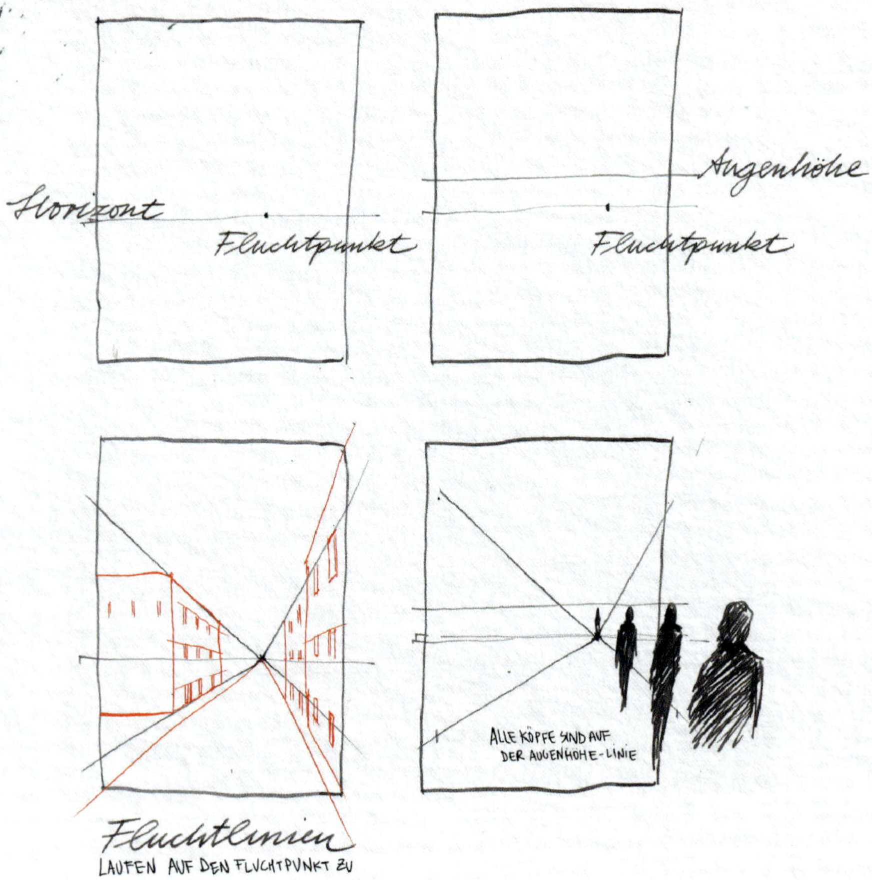

Willkommen im ungeliebten Kapitel der Perspektive. Ich geb's zu, Perspektive ist Mathematik und deshalb nicht mein Ding. Aber ich möchte mir ungern den Spaß am Zeichnen nehmen lassen. Also bleibt mir nichts anderes übrig, als mal zu schauen, welche Aspekte der Perspektive sinnvoll in meine Zeichnungen einfließen sollten.

Wenigstens die Fluchtpunktperspektive verstehen und umsetzen:

- Auf einer ebenen Fläche treffen sich alle Linien, die sich von dir entfernen, im Fluchtpunkt. Der Fluchtpunkt liegt immer auf dem Horizont.
- Auch wichtig für deine Figuren im Sketch: die Augenhöhe.
- Auf einer ebenen Fläche befinden sich alle Köpfe auf der Augenhöhe, egal, ob die Person einen oder hundert Meter entfernt ist.

Oft hilft es schon, Dinge, die weit weg sind, klein darzustellen und Dinge, die sich näher befinden, größer. So zeichne ich zum Beispiel Pflastersteine, die in meinem Sketch weiter hinten liegen, deutlich kleiner als diejenigen weiter vorne.

So viel fürs Erste. Wer noch weiter eintauchen möchte, dem empfehle ich ein Buch über Perspektive :)

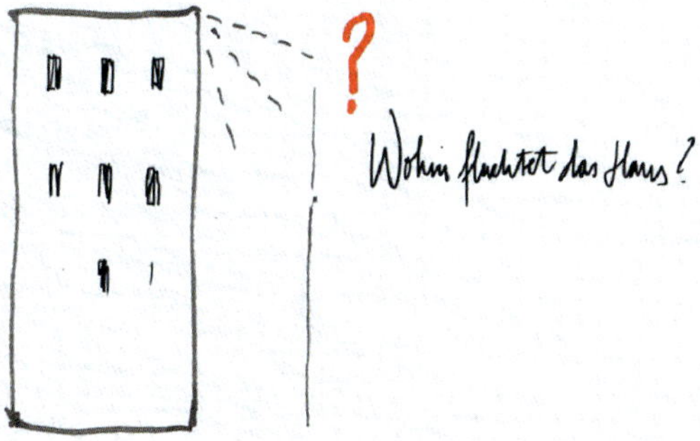

Hier kommen noch drei Straßentricks zum Lösen perspektivischer Probleme. Du brauchst dafür: einen kaputten Zollstock, eine gedachte analoge Uhr und einen Stift.

3 TIPPS

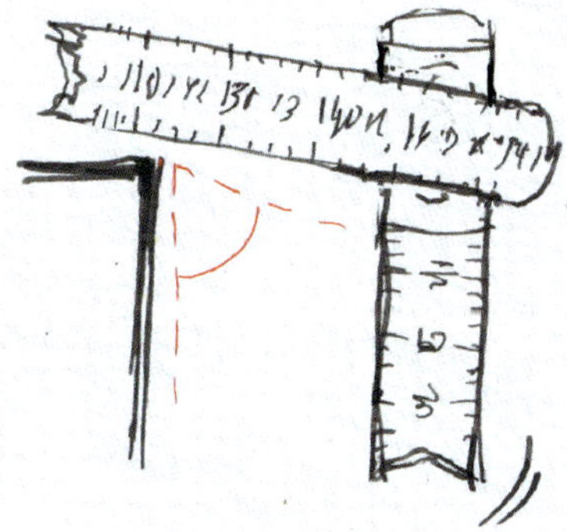

MIT EINEM ABGEBROCHENEN ZOLLSTOCK DEN WINKEL MESSEN UND ÜBERTRAGEN!

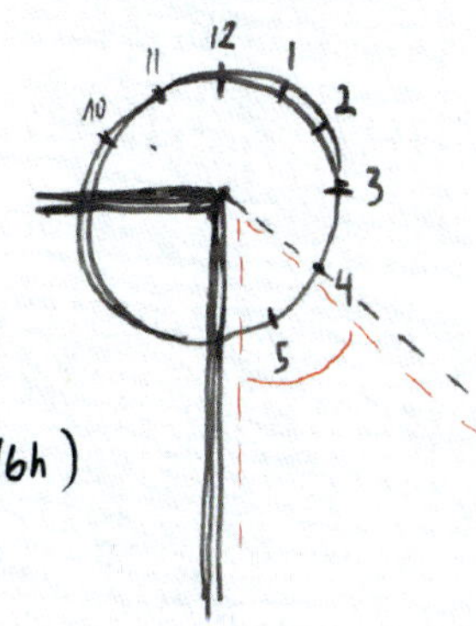

DIE UHR BZW EIN GEDACHTES ZIFFERNBLATT ALS ORIENTIERUNG NUTZEN (HAUS FLUCHTET RICHTUNG 16h)

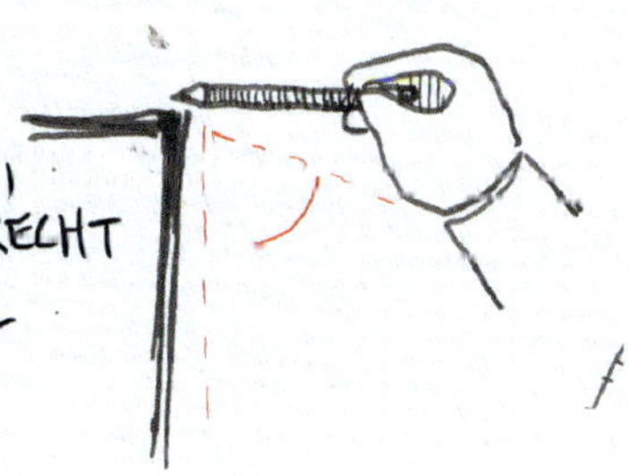

DEN STIFT ALS WASSERWAAGE NUTZEN, DIREKT ZWISCHEN AUGE UND MOTIV SENKRECHT HALTEN UND DAVON ABGEHENDE WINKEL MESSEN UND ÜBERTRAGEN

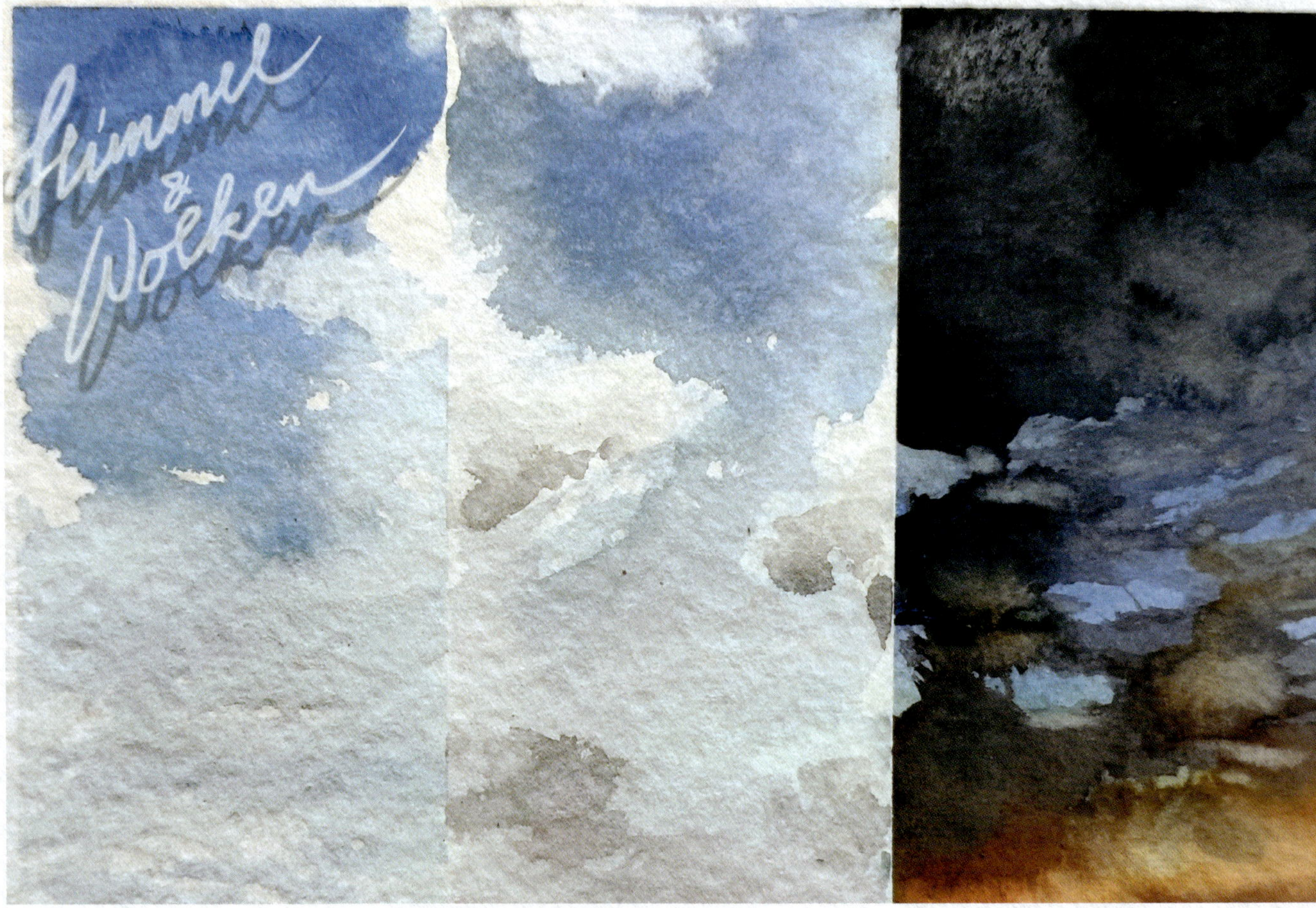

Himmel & Wolken

Der Himmel und vielleicht ein paar Wolken sind ein beliebter Hintergrund.

Auch hier gilt, sich zu entscheiden: Wie wichtig ist euch der Himmel auf eurem Bild? Es gibt „Himmelmaler“, die jahrzehntelang ausschließlich am Motiv Himmel arbeiten. Das ist nicht falsch, nur liegt hier der Fokus anders.

Sketcher und vor allen Urban Sketcher konzentrieren sich meistens auf andere Dinge als auf Himmel und Wolken. Die besonders Pfiffigen unter ihnen haben sich längst ein Schema erarbeitet, um den Himmel flott und reduziert zu visualisieren. Schaut euch die nächsten Seiten an, dort zeige ich ein paar Beispiele, wie man Himmel und Wolken in einen Sketch einbaut.

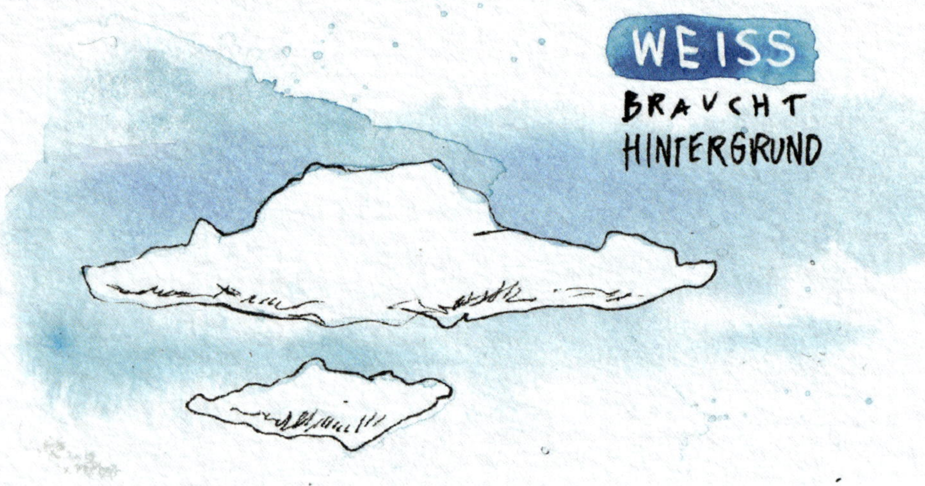

Gleich die erste Schwierigkeit: Wie zeichne ich einen Himmel oder Wolken?

Die Antwort: Gar nicht. Hier legen wir den Stift beiseite und nutzen die Aquarellfarben. Die können das besser.

In der ersten Abbildung seht ihr trotzdem den Versuch, wenigstens die Wolken zu zeichnen. Kann man zwar machen, aber ich zeige euch, dass Aquarellfarben die schlauere Lösung sind. Sie sind wie gemacht für einen schnellen Himmel.

Ich zeichne einen Rahmen vor und deute eine Skyline an. Die gesamte Skyline wird dunkel ausgemalt, ohne andere Tonwerte. Das ergibt eine Art Stadtsilhouette im Vordergrund. Ich finde, mit so einer Skyline wirken Himmelstudien stärker.

Ihr könnt die Skyline natürlich auch ganz anders gestalten. Das sollte nicht allzu lange dauern, denn ihr seht, je mehr solcher Studien gemacht werden, desto besser.

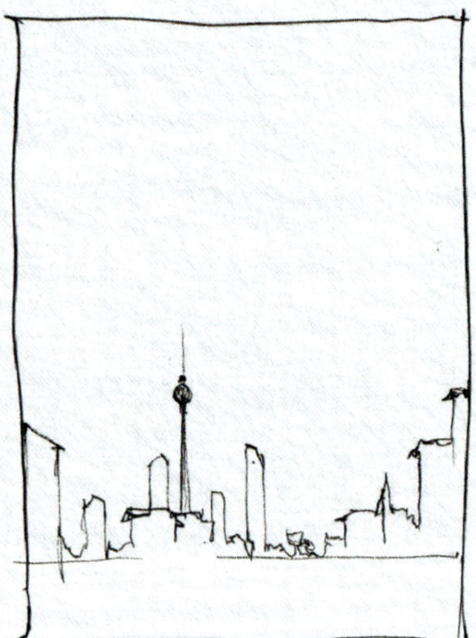

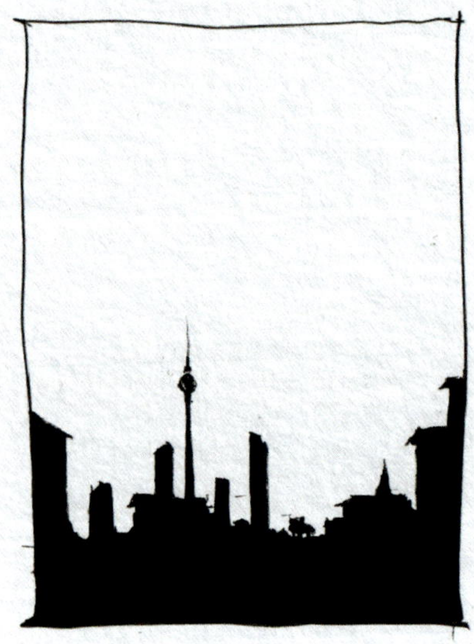

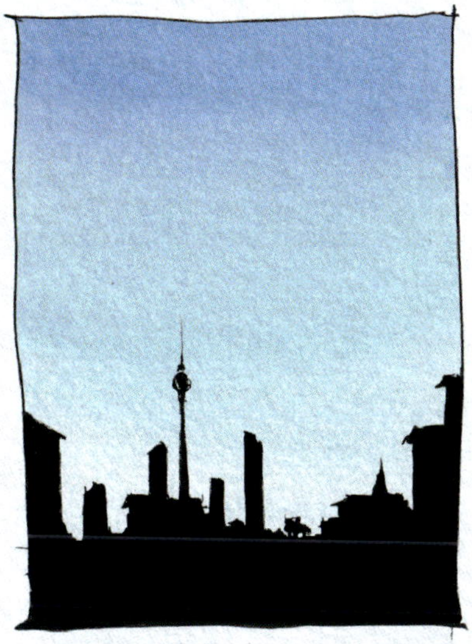

HIMMEL 1

Die einfachste ..
Version ist ein Übergang
von Ultramarin (oben)
zu fast weiß (unten
am Horizont)

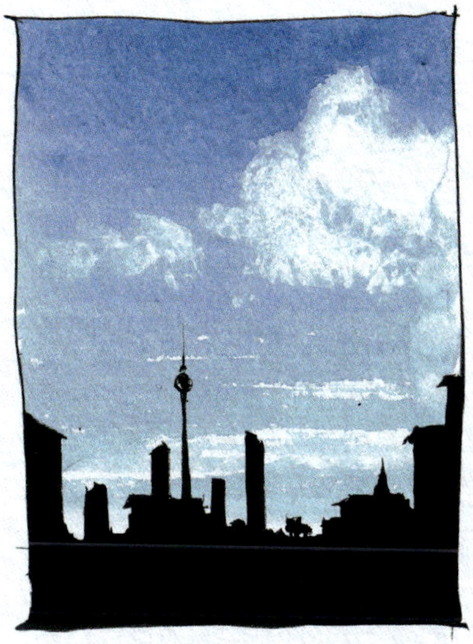

HIMMEL 2

Wie der erste
aber nach unten
hin mit trockenem
Strich. Zudem
oben mit Tuch
getupfte Wolken

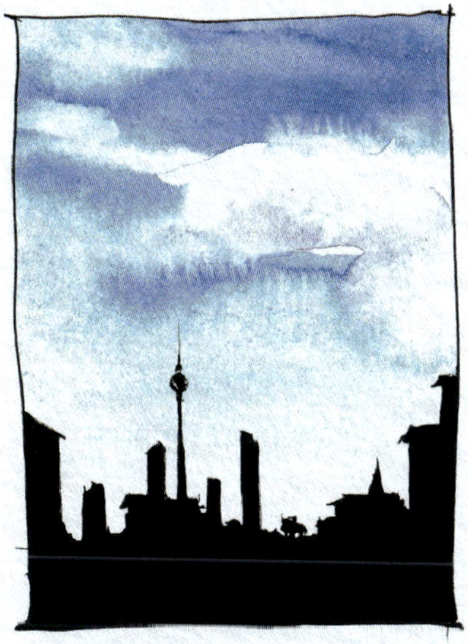

HIMMEL 3

Nass in nass
mit Ultramarin
und einem zarten
Grau. In die feuchte
Farbe Wassertropfen.

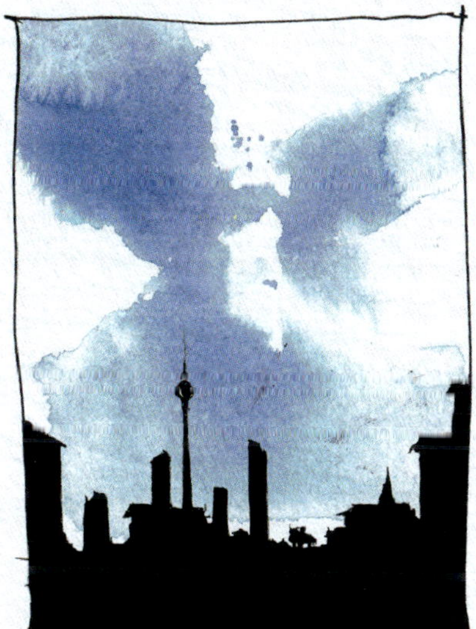

HIMMEL 4

Wolken aussparen.
Nur Ultramarin in
vorher befeuchtete
Stellen schmeissen.

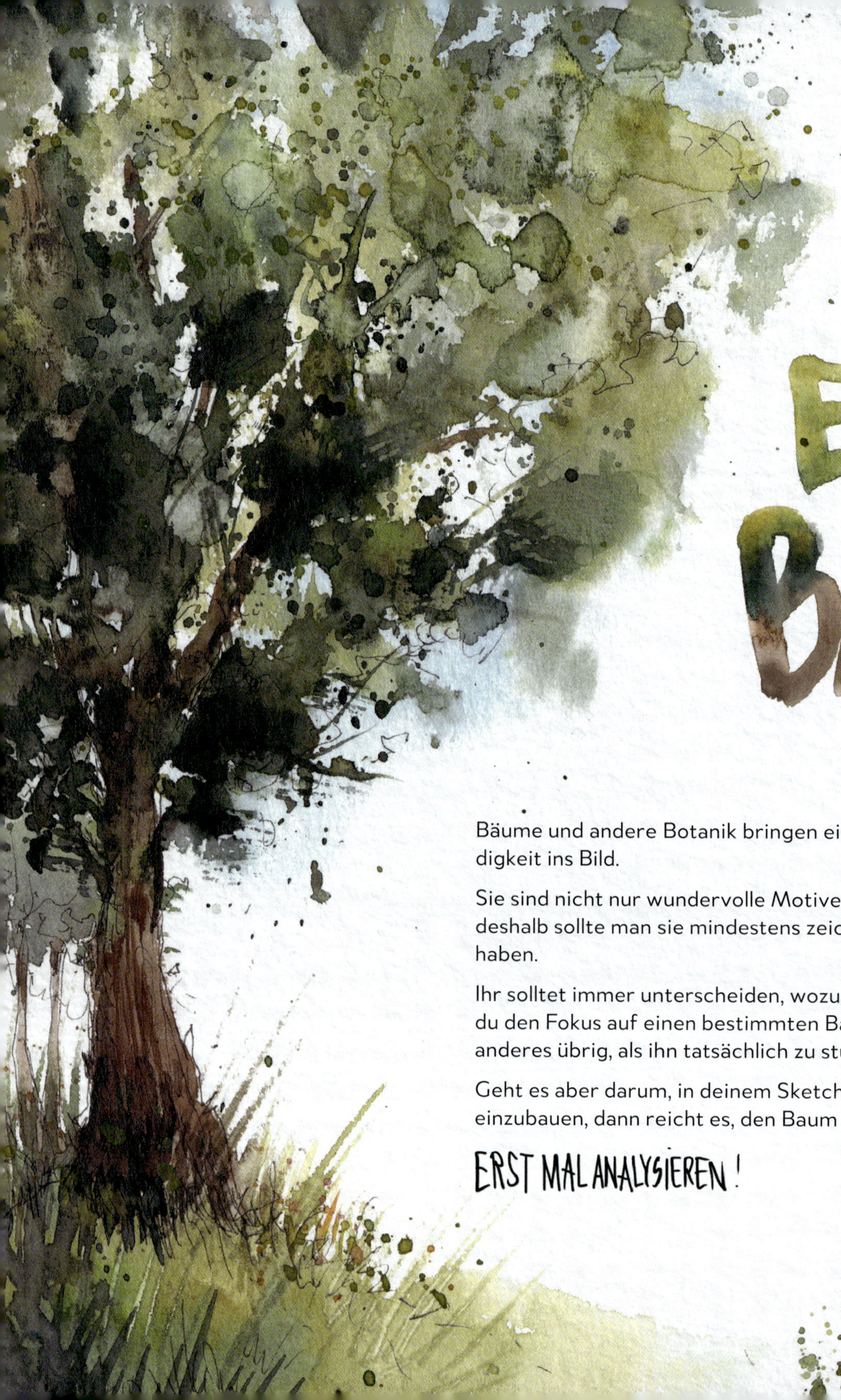

EIN BAUM

Bäume und andere Botanik bringen eine gewisse Wärme und Lebendigkeit ins Bild.

Sie sind nicht nur wundervolle Motive, sondern lebendige Wesen – deshalb sollte man sie mindestens zeichnerisch immer auf dem Kieker haben.

Ihr solltet immer unterscheiden, wozu ihr den Baum braucht. Möchtest du den Fokus auf einen bestimmten Baum legen, dann bleibt dir nichts anderes übrig, als ihn tatsächlich zu studieren und abzuzeichnen.

Geht es aber darum, in deinem Sketch einen oder mehrere Bäume einzubauen, dann reicht es, den Baum schematisch darzustellen.

ERST MAL ANALYSIEREN!

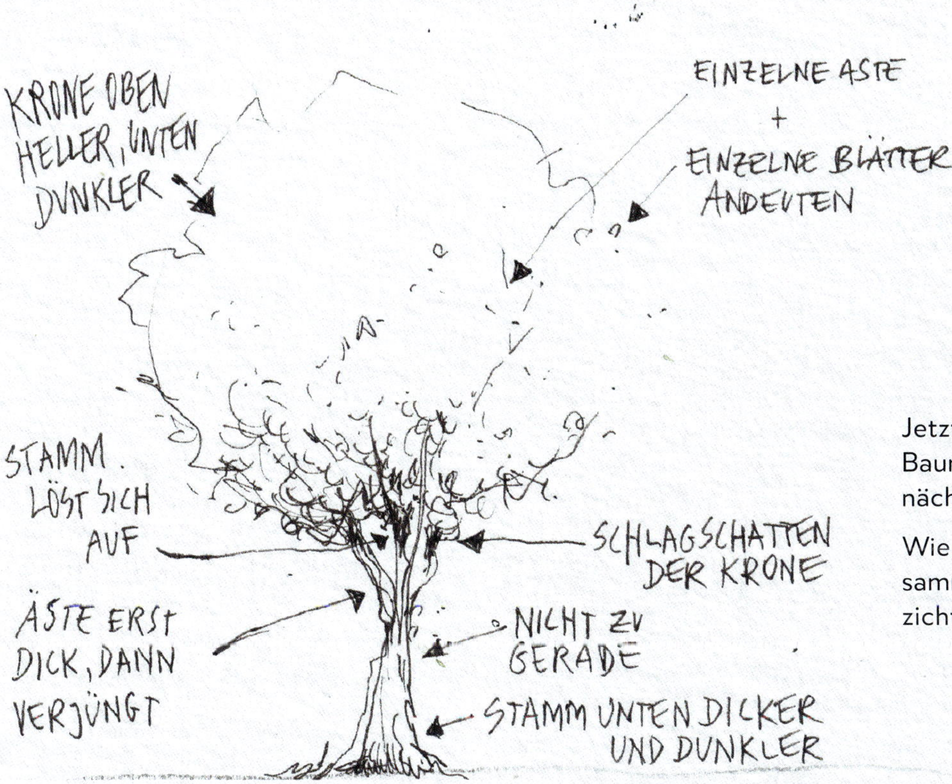

Jetzt weißt du also, was den Baum zum Baum macht. Der nächste Schritt ist: vereinfachen!

Wie fasse ich die Details zusammen, auf was kann ich verzichten?

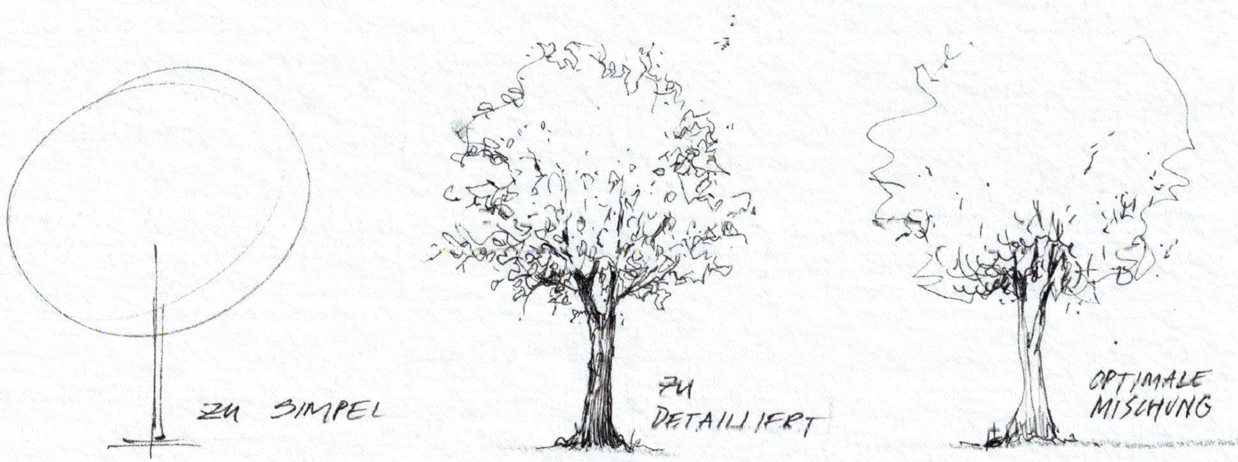

Es gibt Unmengen verschiedenster Arten von Bäumen, So viele, dass ich hier leider nicht für jede Gleditschie oder Gemeine Esche ein Step-by-step-Beispiel parat habe. Aber ich habe einen Ratschlag für euch:

Beobachtet Bäume genau! Welche Form hat die Krone, welche Oberfläche hat der Stamm? Wo und in welche Richtung wachsen die Äste? Wie unterscheiden sich die Blätter des eines Baumes von anderen?

Ich habe schon ganze Skizzenbücher voll mit Baumstudien gesehen und kann euch sagen, das wird a) nie langweilig und b) ist ein Baum zum Zeichnen recht schnell zu finden.

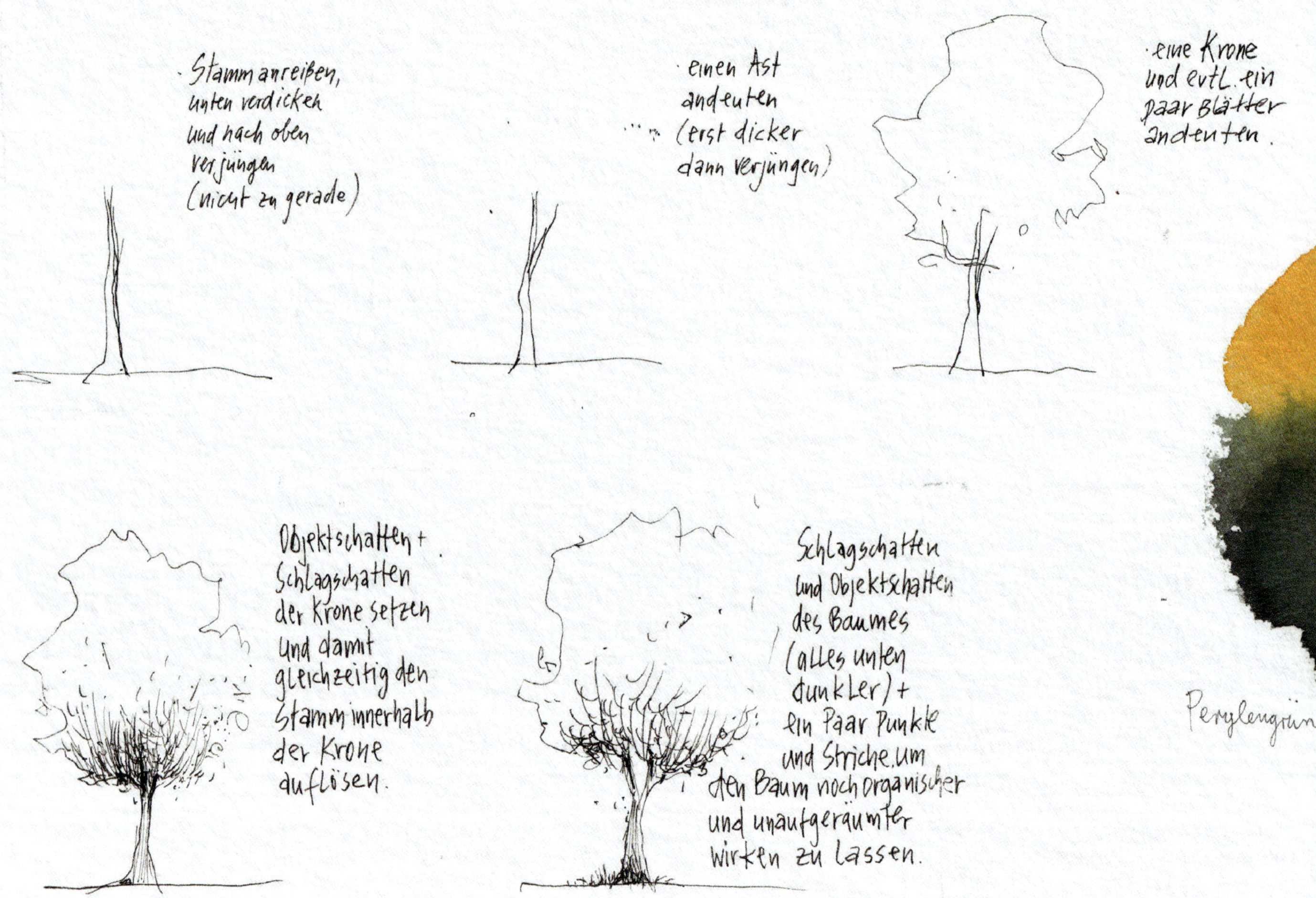

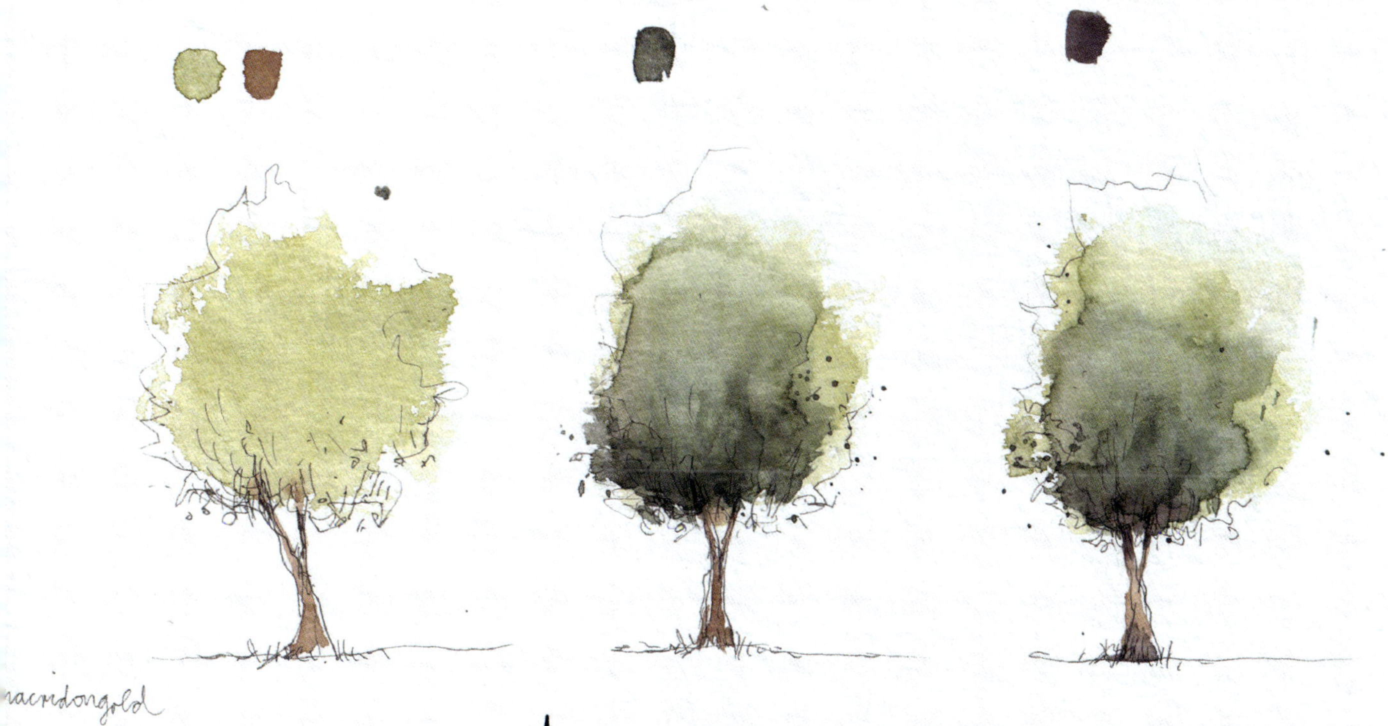

AUF ZUR FARBE!

Zuerst ein minimalistischer Versuch: nur ein Grün und ein Braun.

Dann die zweite Farbebene: Mit dunklerem Grün betone ich den Objektschatten der Krone.

Schattenebene: mit einer Schattenfarbe betone ich den Schlagschatten der Krone auf dem Baumstamm und den Objektschatten des Baumes.

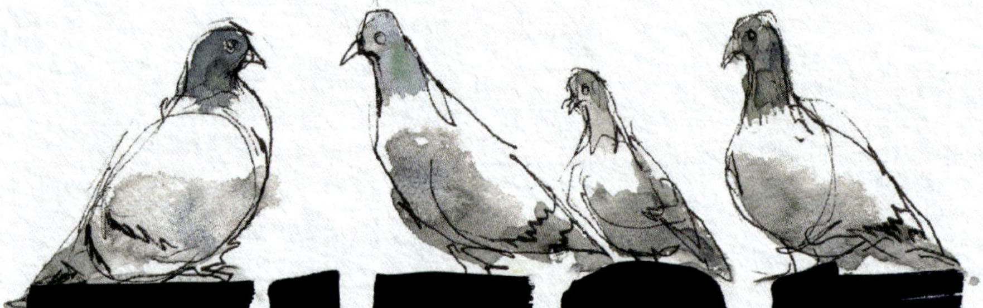

TIERE

Auch die Tierwelt soll ein Kapitel bekommen, immerhin gehören Tiere dazu – auf dem Land mehr als in der Stadt. Sie prägen deshalb auch unser Bild von Land und Stadt. In der Stadt sind es vor allem Hunde und Tauben, die man im Alltag oft sieht. Deshalb habe ich für beide eine Step-by-step-Anleitung erstellt.

Besonders die Hunde zu zeichnen, macht viel Spaß und ich kann euch verraten, dass viele Menschen darauf anspringen, jedenfalls ist mir das besonders aufgefallen. Da mag mitspielen, dass der Hund der klassische Begleiter des Menschen ist.

Obwohl die Tauben weniger gern gesehen sind, wollte ich ihnen trotzdem einen Platz im Buch geben. Ich glaube, sie sind zu Unrecht so unbeliebt.

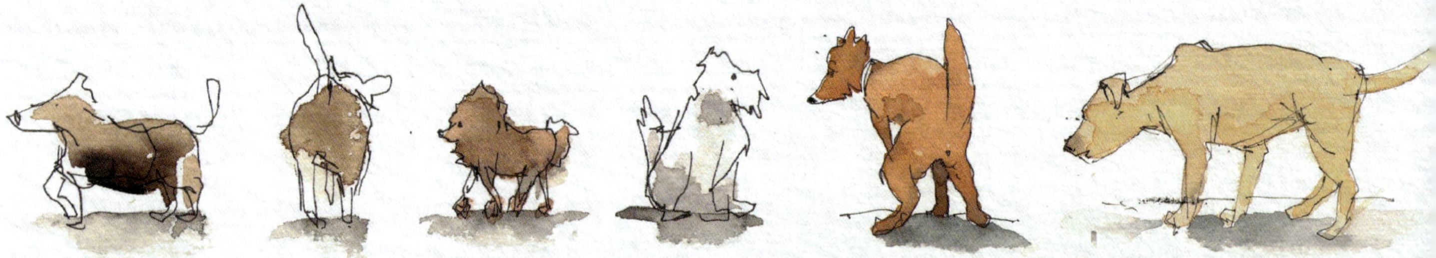

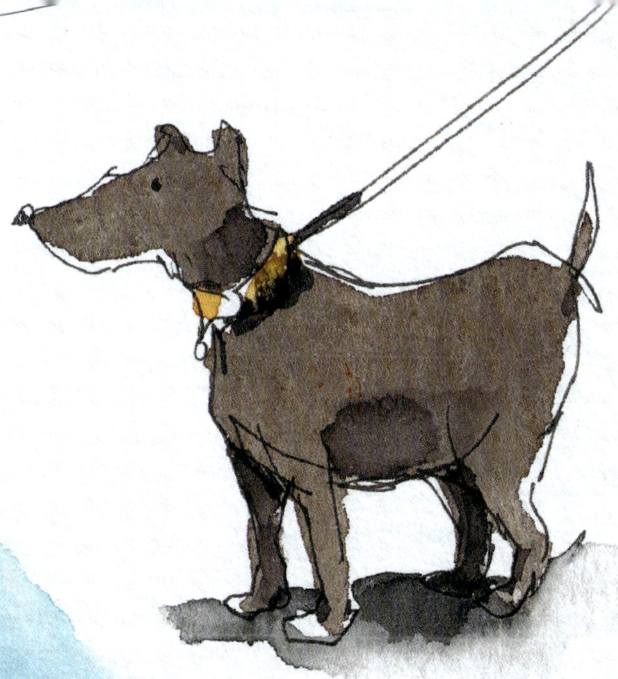

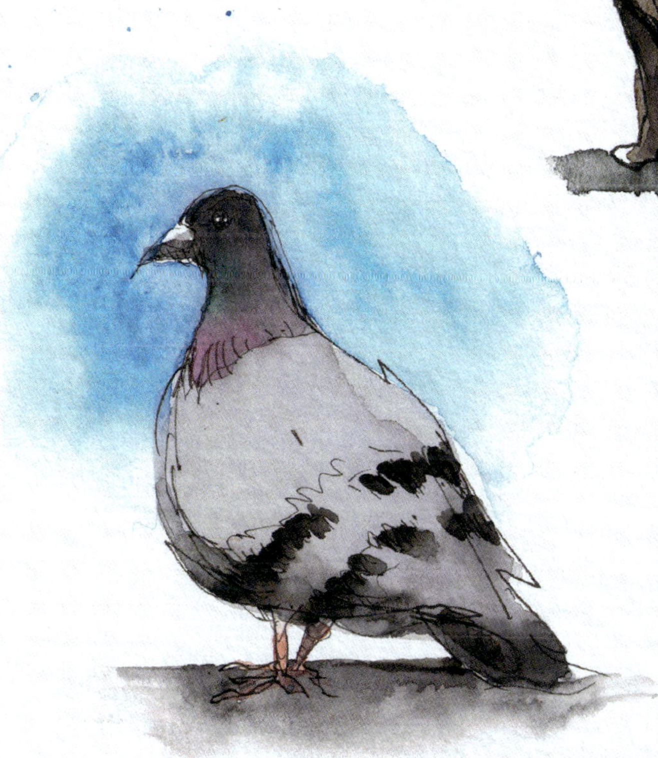

Die Tierwelt ist ein weites Feld für sich. Wenn ich ein bestimmtes Tier auf Abruf zeichnen will, brauche ich immer eine Vorlage. Die Anatomie des Menschen habe ich inzwischen über die Jahre einigermaßen drauf, aber wie eine Hummel, ein Lurch oder ein Ameisenbär „gebaut“ sind, weiß ich nicht „aus'm Kopf“, da muss ich nachschauen.

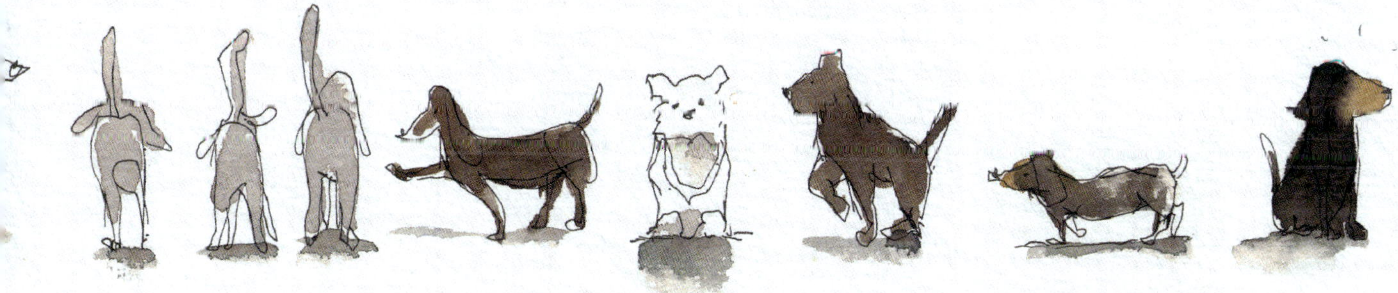

HUND STEP BY STEP

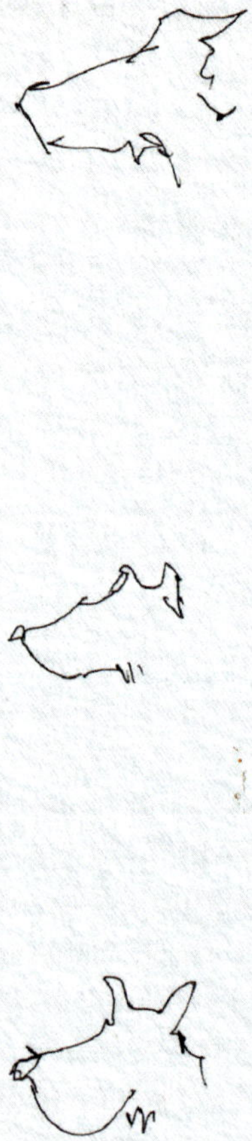

ICH FANGE AN
MIT DEM KOPF
UND DER
SCHNAUZENFORM

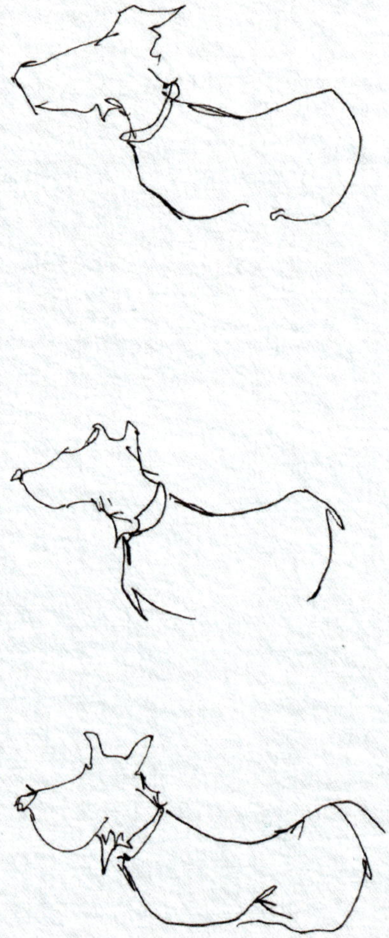

DANN DAS
HALSBAND UND
DIE GROBE
KÖRPERFORM

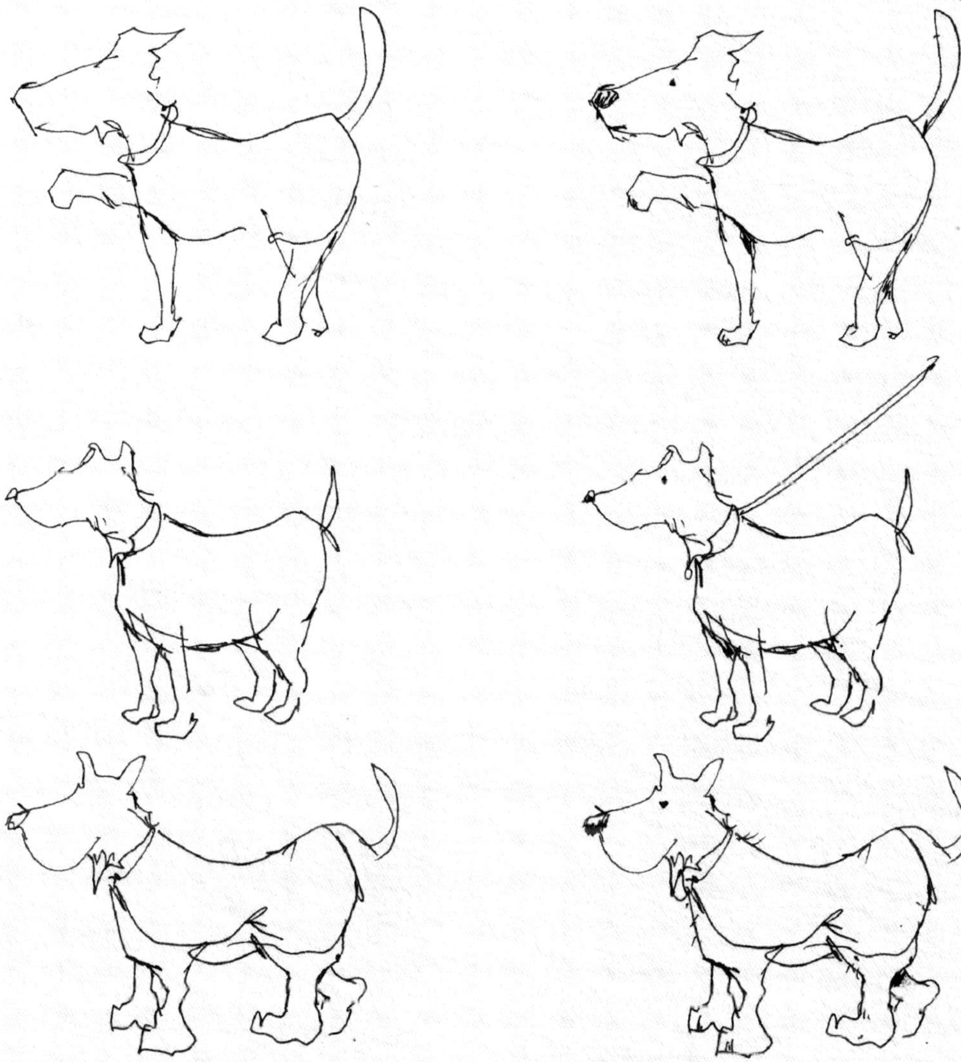

JETZT BEINE
(HEISSTS LÄUFE?)
UND PFOTEN

DETAILS (WENIG!)
UND DUNKELHEITEN
IN SCHATTENBEREICHEN

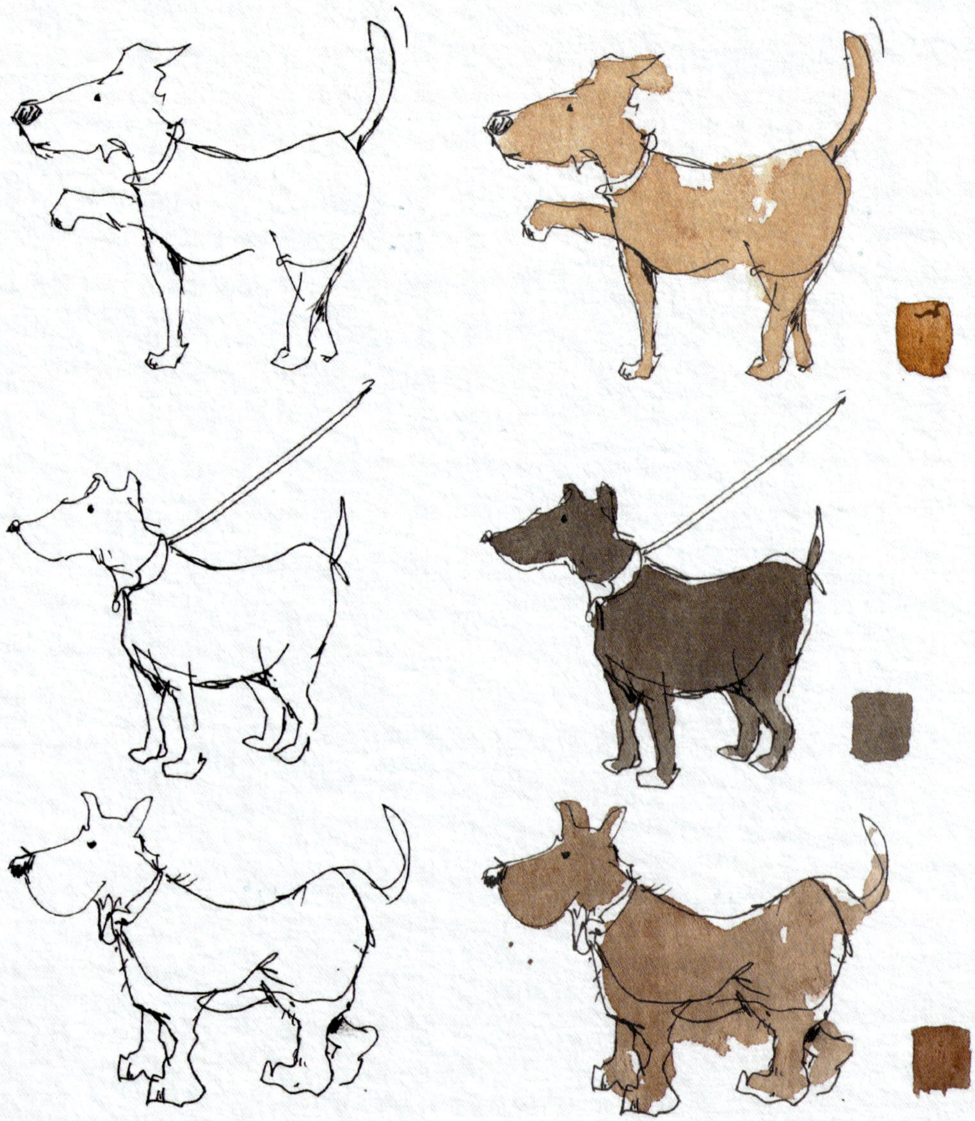

ERSTE FARBIGE
GRUNDIERUNG

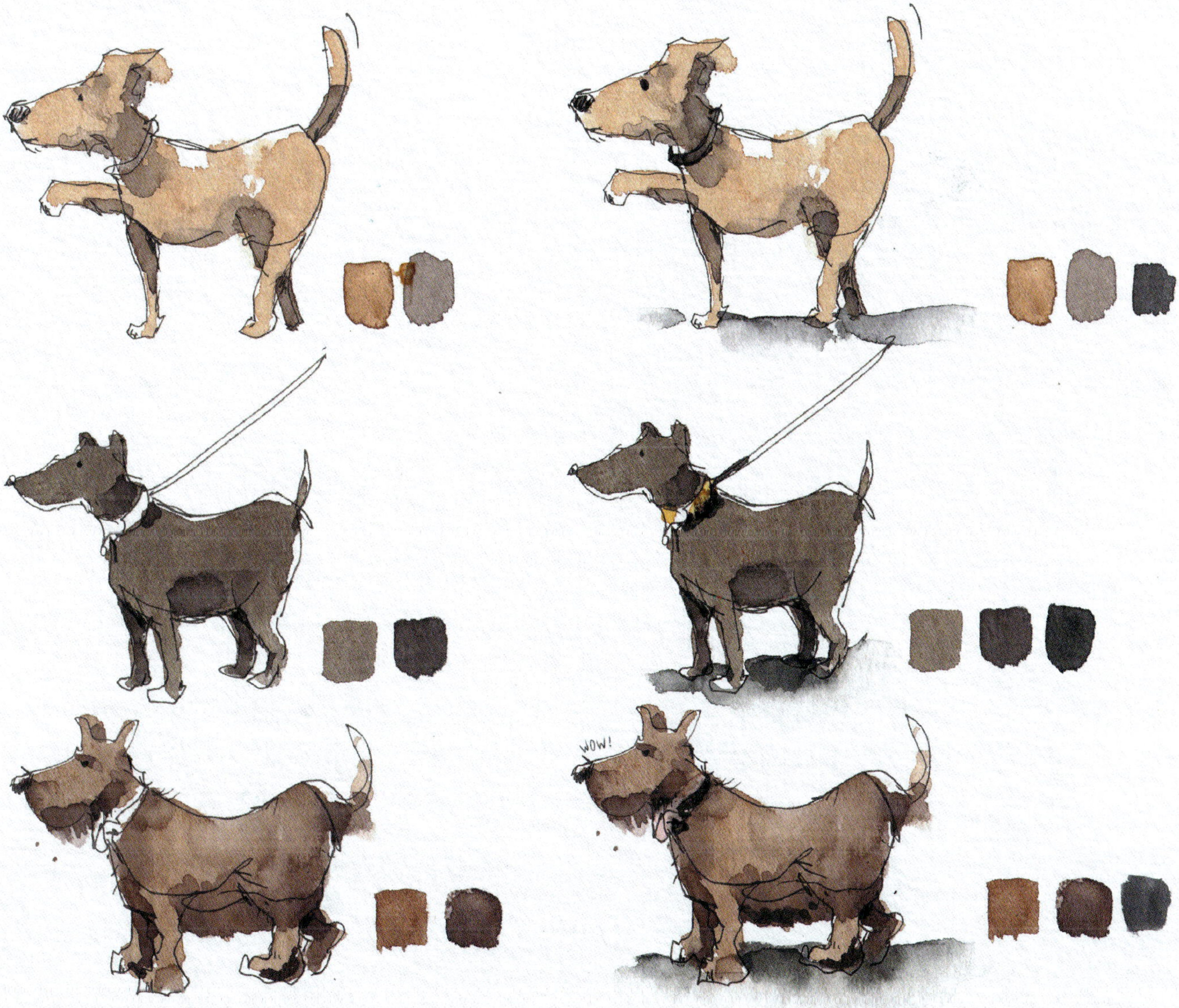

ERSTE RUNDE
SCHATTEN MIT
SCHATTENFARBE,
DIE DER HUNDE-
FARBE ANGEGLICHEN
IST.

ZWEITE, DUNKLERE
SCHATTENRUNDE
UND EVENTUELLE
FARBIGE DETAILS.
UND SCHLAGSCHATTEN.

TAUBE STEP BY STEP

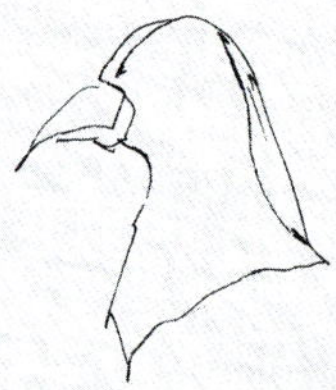

ZUERST DER TAUBENKOPF

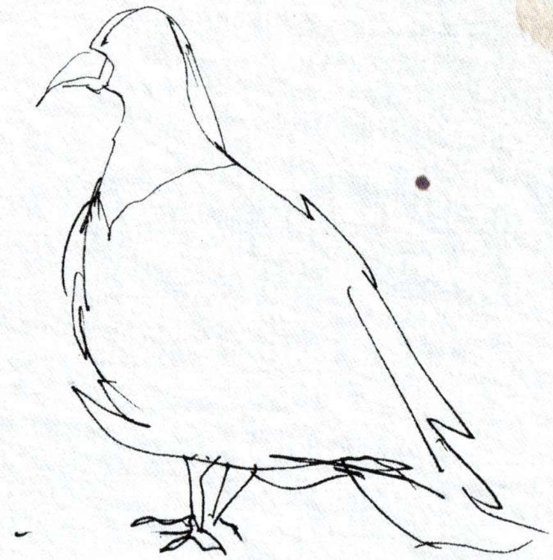

NUN DER REST DER TAUBE, GROBE KÖRPERFORM.

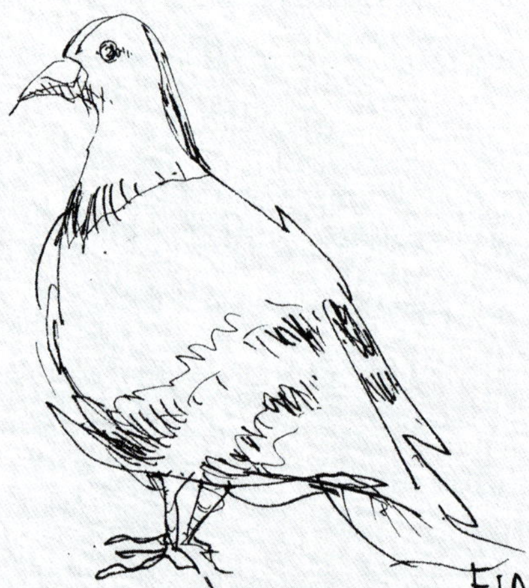

EIN WENIG DETAILS UND DUNKELHEITEN IM SCHATTENBEREICH UND IM GEFIEDERMUSTER

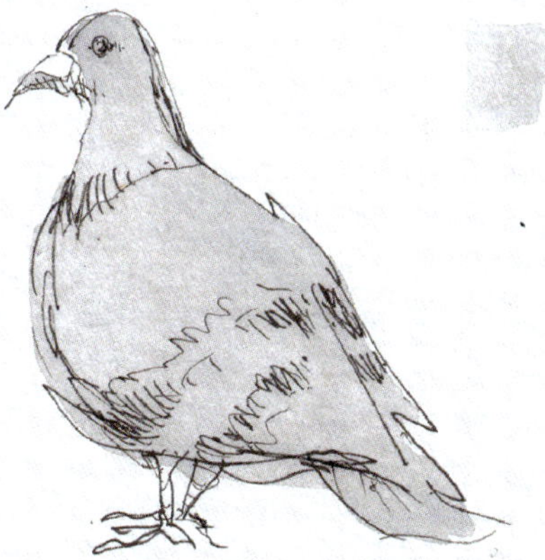

TAUBENGRUNDIERUNG
MIT HELLEM GRAU

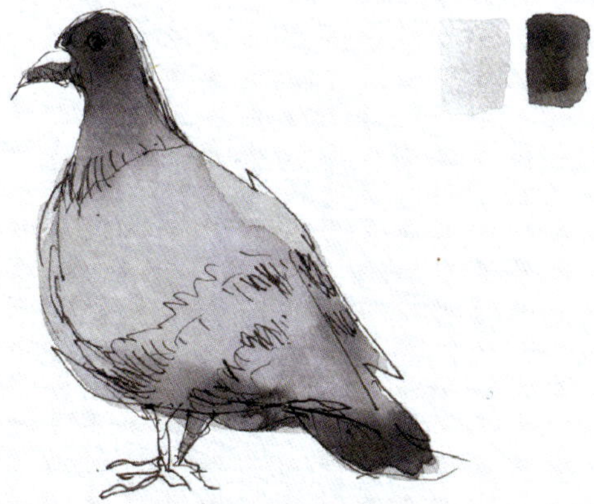

DUNKELGRAU (fast
schwarz) IN DEN
KOPF, AN DEN SCHWANZ
UND IM SCHATTENBEREICH (nass in nass!)

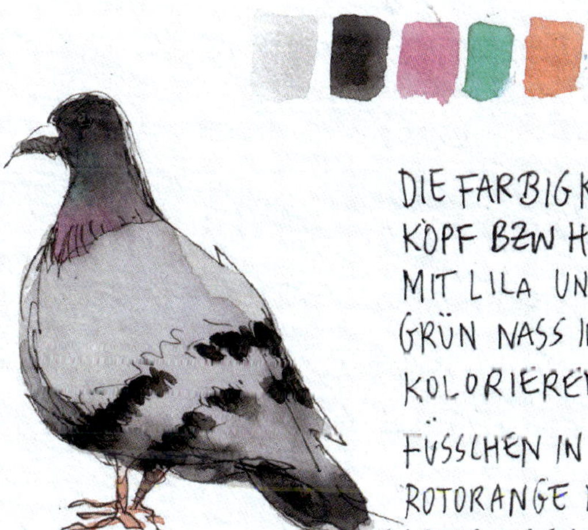

DIE FARBIGKEIT AM
KOPF BZW HALS
MIT LILA UND KALTEM
GRÜN NASS IN NASS
KOLORIEREN.

FÜSSCHEN IN LEICHTEM
ROTORANGE NICHT
VERGESSEN!

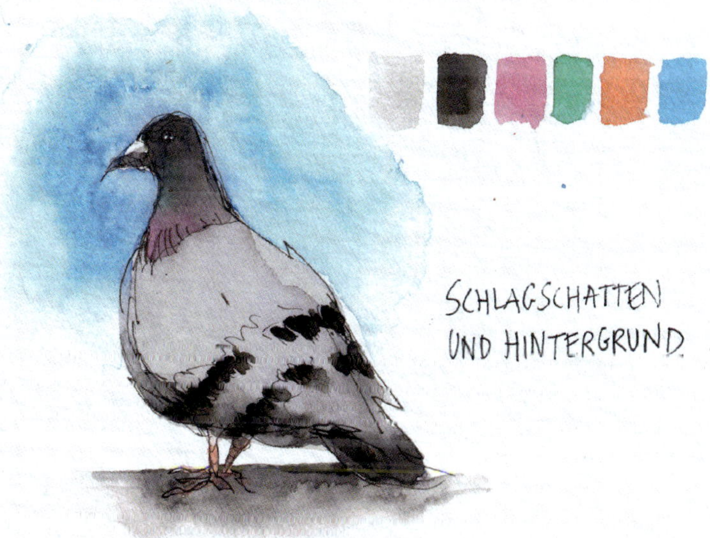

SCHLAGSCHATTEN
UND HINTERGRUND

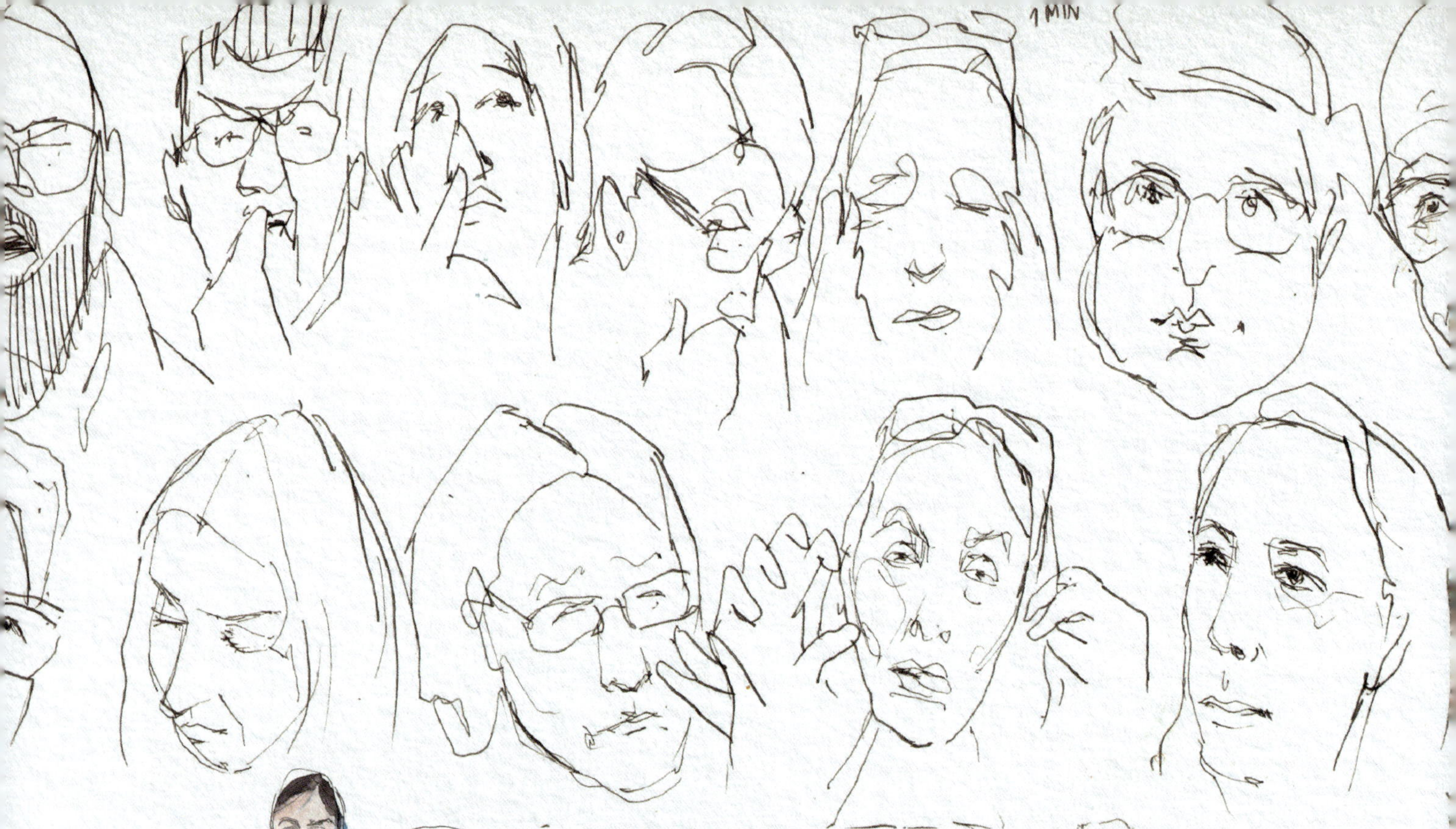

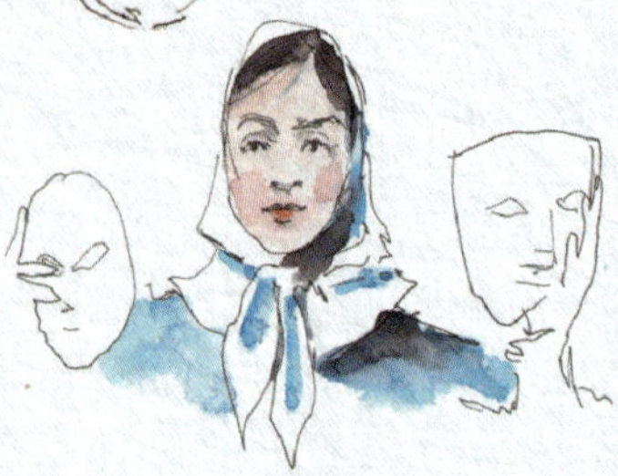

Portrait

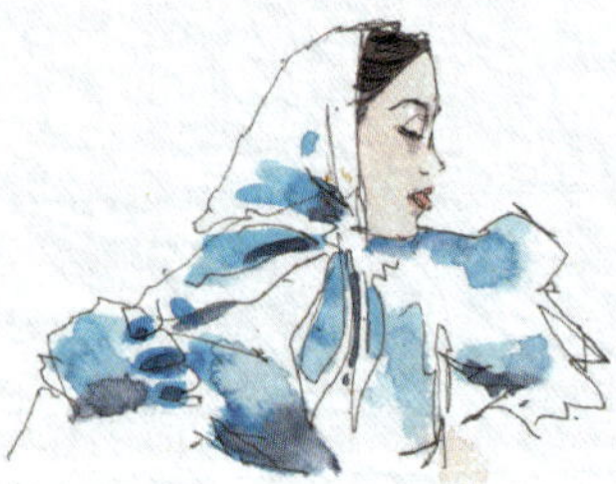

Natürlich werden vor unserer Sketcherlinse auch Menschen auftauchen. Möchtet ihr einen oder mehrere detaillierter festhalten, bewegt ihr euch schon im Bereich des Portraits.

Ich möchte euch hier einen Weg, besser gesagt: meinen Weg zeigen, wie ihr schnell Gesichter zeichnen und kolorieren könnt.

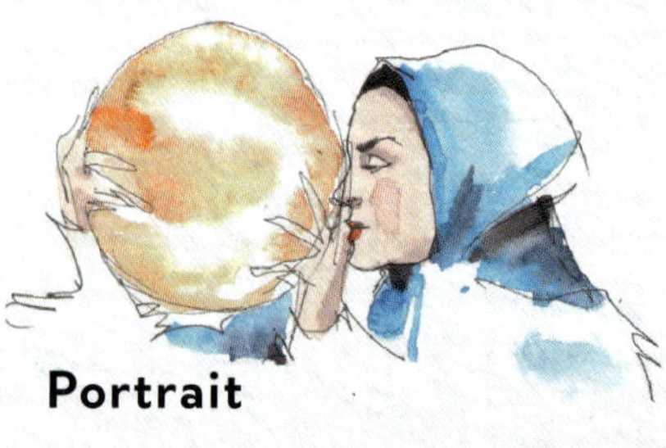

In der Literatur oder im Netz findet man unglaublich viele Modelle und Anleitungen zu diesem Thema. Viele sind nicht wirklich gut und zu kompliziert. Ich habe in den letzten Jahren ein Modell entwickelt, das gut funktioniert.

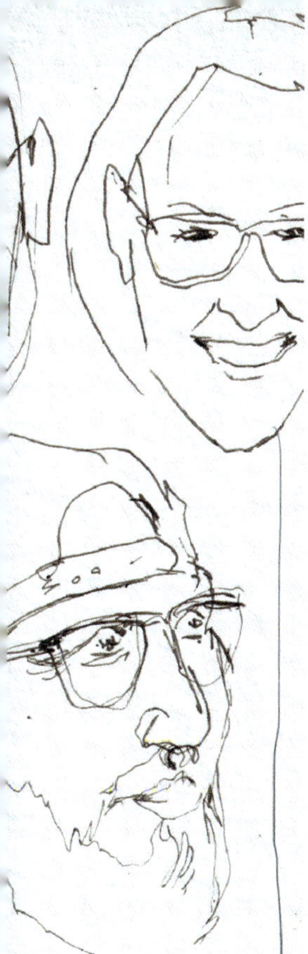

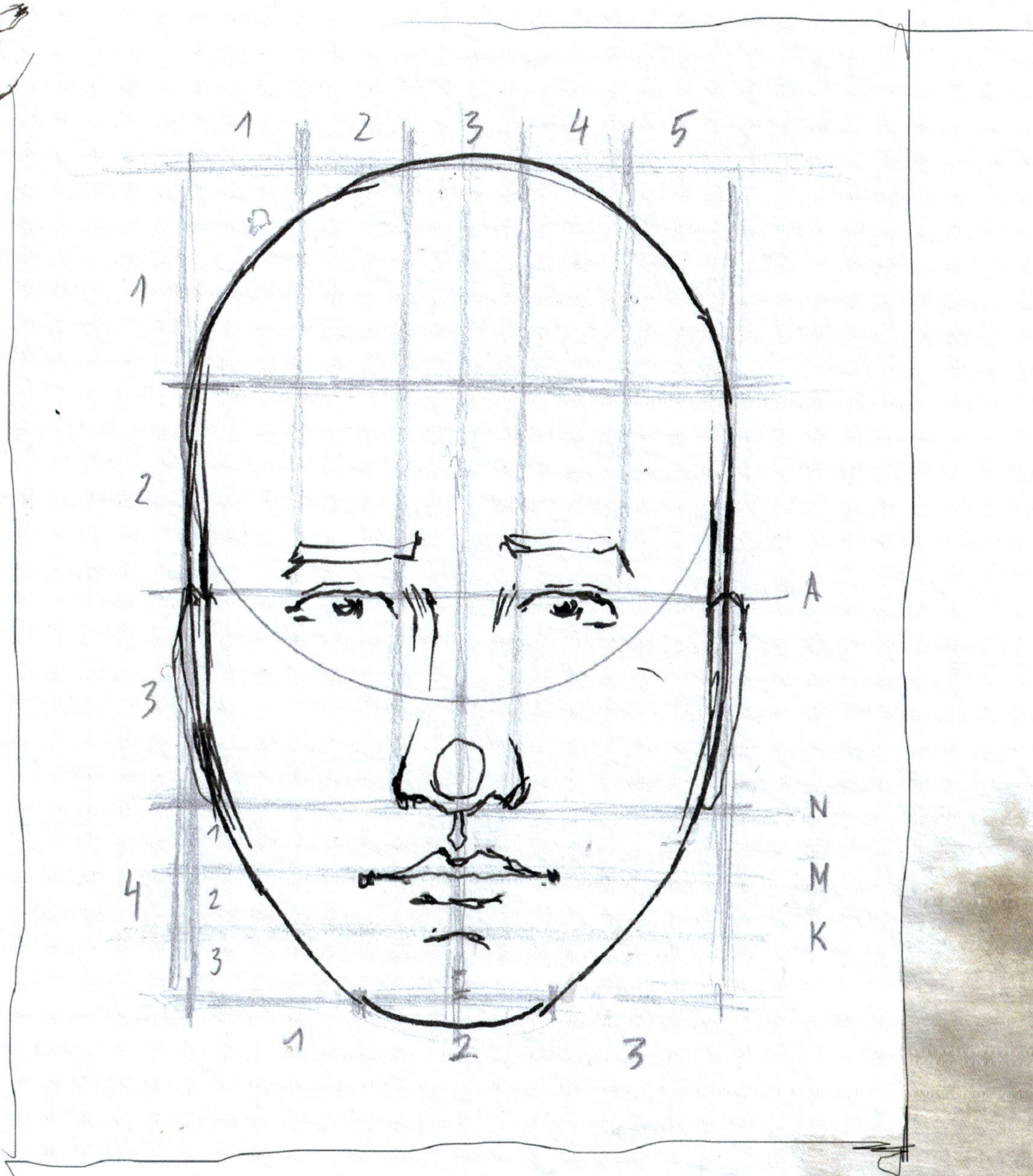

„STADTPLAN"

Ich nenne mein Modell den „Stadtplan" für einen Kopf/Gesicht. In ihm ist festgelegt, an welcher Stelle die einzelnen Teile des Gesichts liegen. Hast du den Stadtplan im Kopf abgespeichert, kannst du ihn beim Portraitieren von wirklichen Menschen jederzeit als Vergleich heranziehen.

Also, deine Grundlage für das Portraitieren ist dieser Stadtplan.

Je genauer du diesen Stadtplan anlegst, desto stimmiger wird der „Bilderbuchkopf", der entsteht.

1. Zeichne einen Kreis. Ohne Zirkel! Schlimmstenfalls notierst du dir, dass es eigentlich ein Kreis sein sollte ...
2. Trage vom Mittelpunkt aus den Kreisradius nach unten ein.
3. Verdopple den Radius nach unten.
4. Ziehe einen Rahmen um das bisher Gezeichnete.
5. Achtung, jetzt wird's mathematisch:
   - Gesamthöhe in Viertel einteilen
   - Gesamtbreite in Fünftel einteilen
   - das unterste Viertel in Drittel einteilen
   - die Gesamtbreite unten in Drittel einteilen
6. Von oben bis zur Mitte die Fünftellinien ziehen.
7. Gib den Linien Namen:
   - Augenlinie, direkt in der Mitte
   - darunter die Nasenlinie
   - darunter die Mundlinie,
   - abschließend die Kinnlinie.

FERTIG IST DER STADTPLAN!

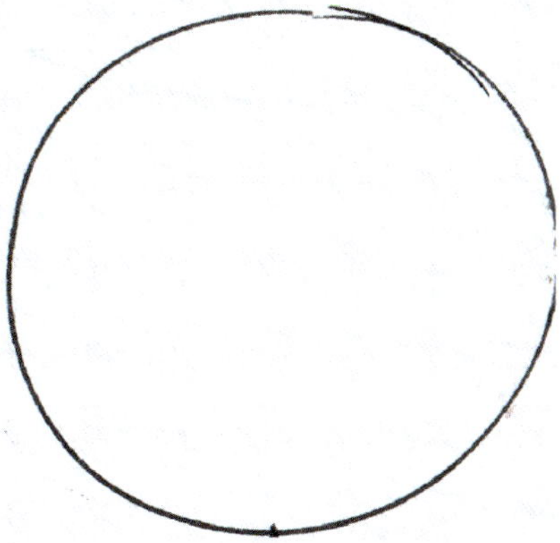

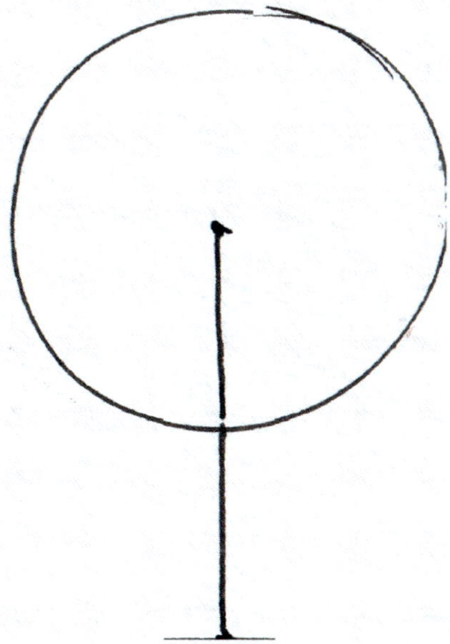

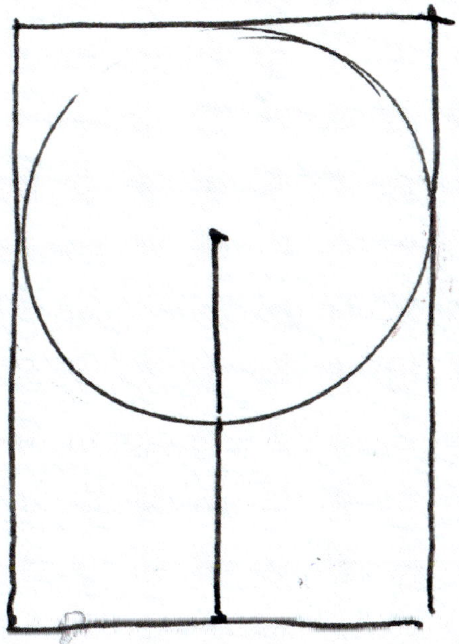

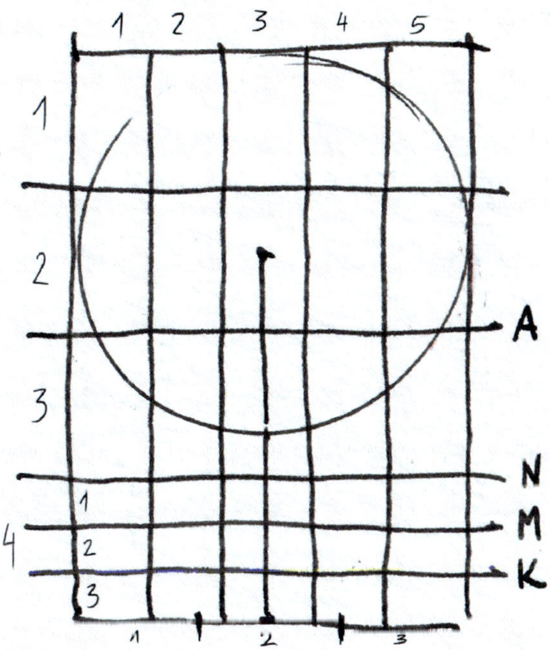
1 2 3 4 5
1
2
A
3
N
1
M
4
2
K
3
1
2
3

AUGE

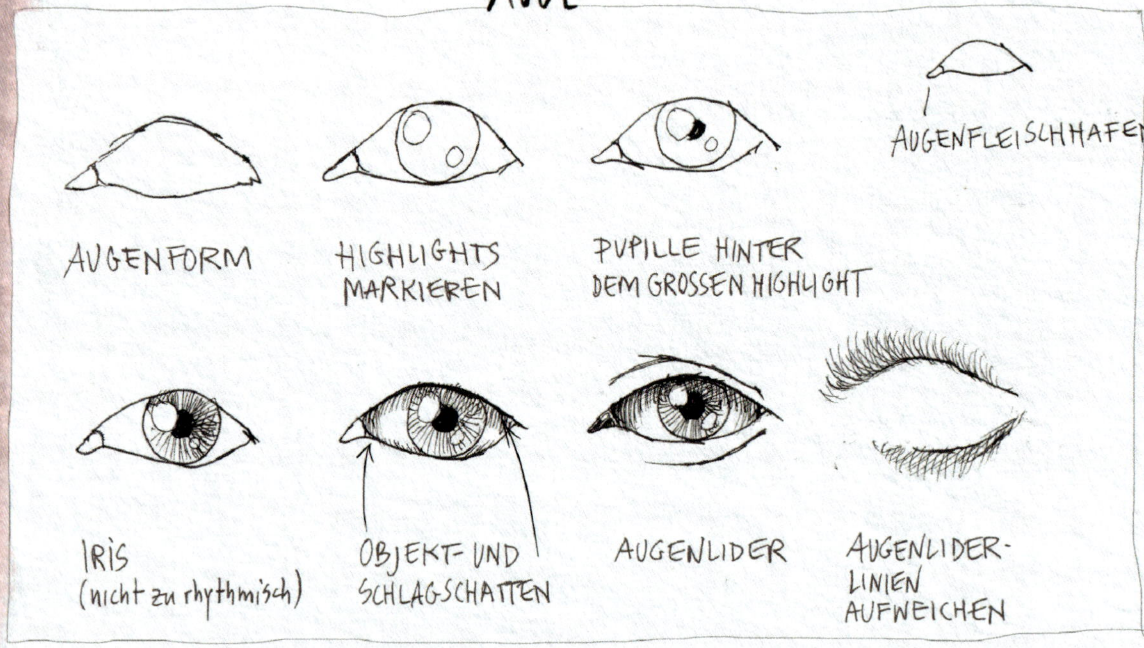

AUGENFLEISCHHAFEN
AUGENFORM
HIGHLIGHTS MARKIEREN
PUPILLE HINTER DEM GROSSEN HIGHLIGHT
IRIS (nicht zu rhythmisch)
OBJEKT- UND SCHLAGSCHATTEN
AUGENLIDER
AUGENLIDER-LINIEN AUFWEICHEN

MUND

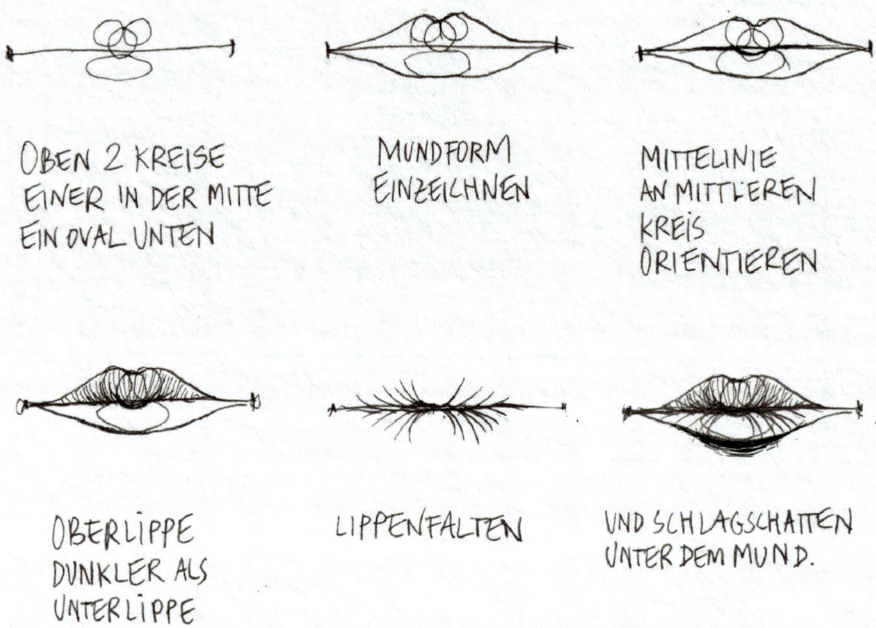

OBEN 2 KREISE EINER IN DER MITTE EIN OVAL UNTEN
MUNDFORM EINZEICHNEN
MITTELINIE AN MITTLEREN KREIS ORIENTIEREN
OBERLIPPE DUNKLER ALS UNTERLIPPE
LIPPENFALTEN
UND SCHLAGSCHATTEN UNTER DEM MUND.

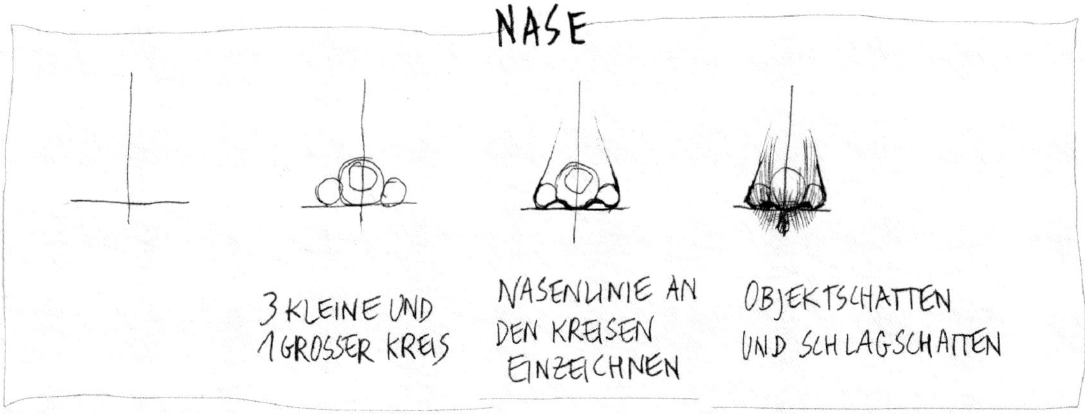

AUGE, NASE, MUND

Setze nun die einzelnen Gesichtsteile an die richtigen Stellen – es entsteht eine lineare Zeichnung des Gesichts ohne Tonwerte.

Damit das Gesicht plastischer wirkt, kommen nun die Schatten ins Spiel:

- Schattiere die Augenhöhlen und zum Rand des Kopfs hin
- Setze Schlagschatten unter Nase und Unterlippe.

Nutze diesen Stadtplan des „Bilderbuchkopfs" ab jetzt zum Vergleich mit echten Modellen oder Vorlagen. Du wirst merken, dass sich dein Blick mit der Zeit sensibilisiert und du auffällige oder charakteristische Merkmale deines Modells besser erkennst.

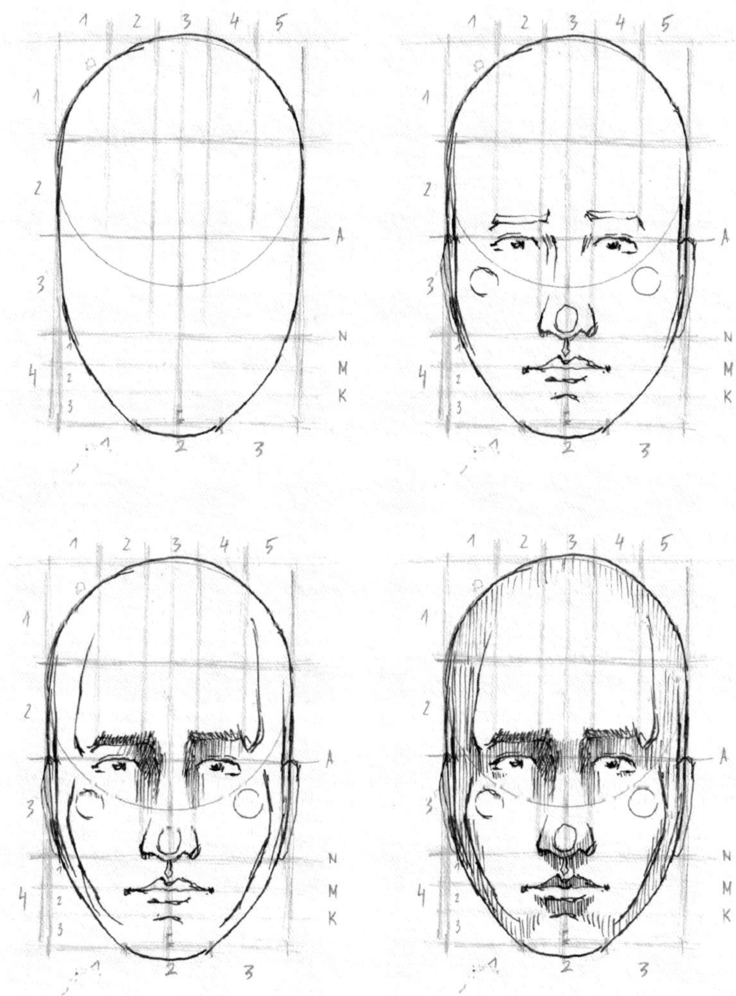

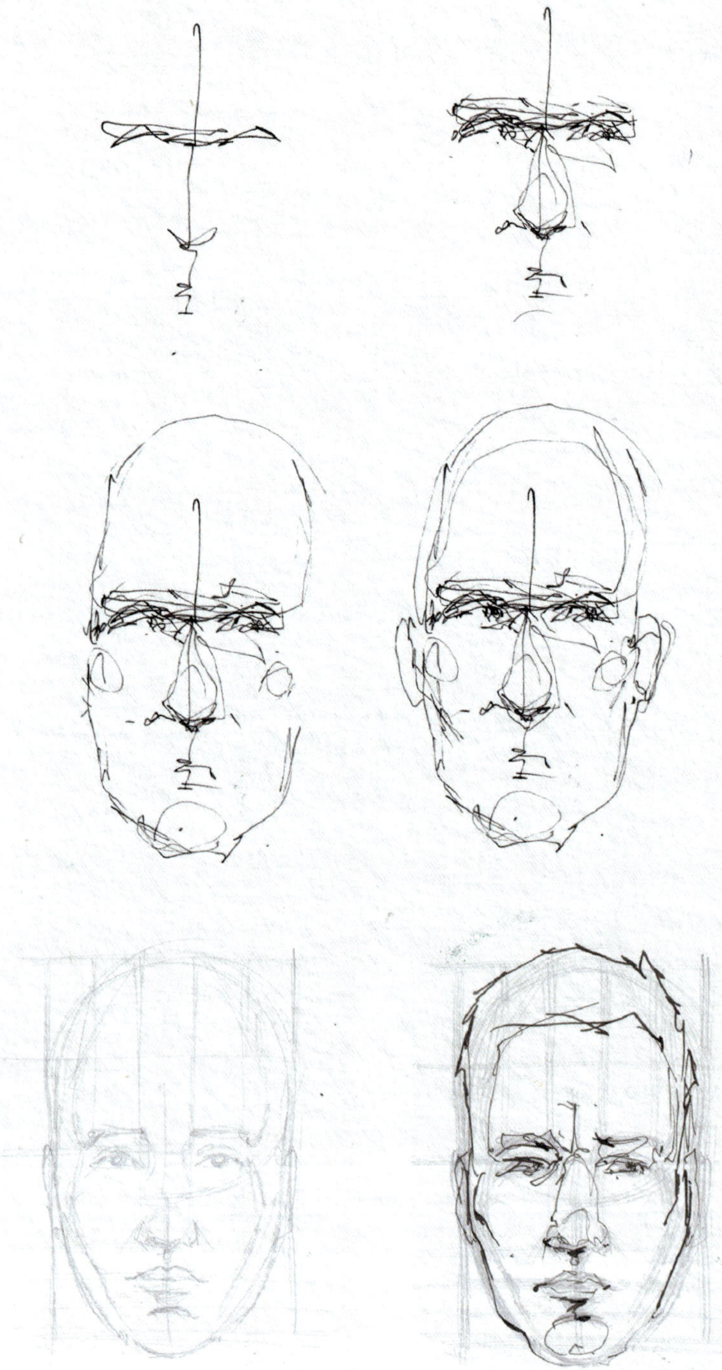

AUCH DIE LOCKER GEZEICHNETEN GESICHTER GEHORCHEN IMMER DEM STADTPLAN

IM PROFIL

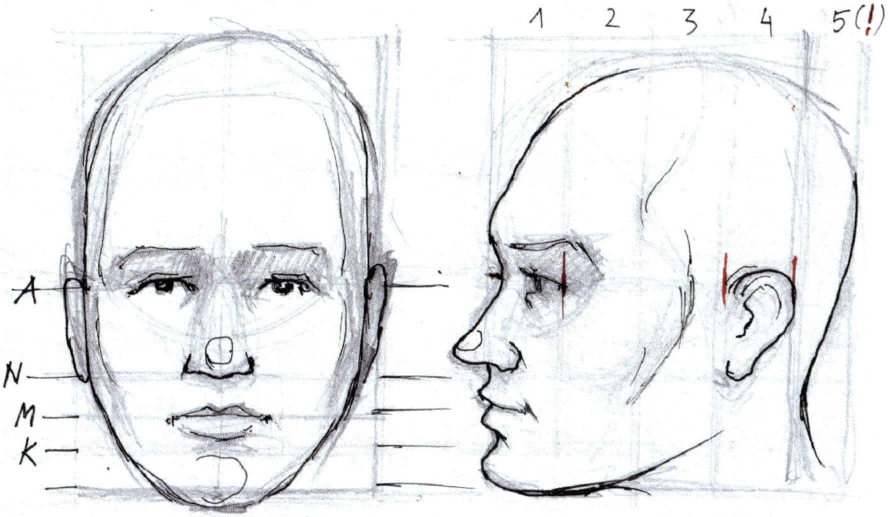

EIGENTLICH BLEIBT IM PROFIL VIEL GLEICH. DIESMAL VIERTELN WIR DIE BREITE UND PACKEN HINTEN EIN WEITERES VIERTEL MIT DRAN... DAS IST DER HINTERKOPF.
DAS AUGE ENDET IM ERSTEN VIERTEL, DAS OHR IM VIERTEN.

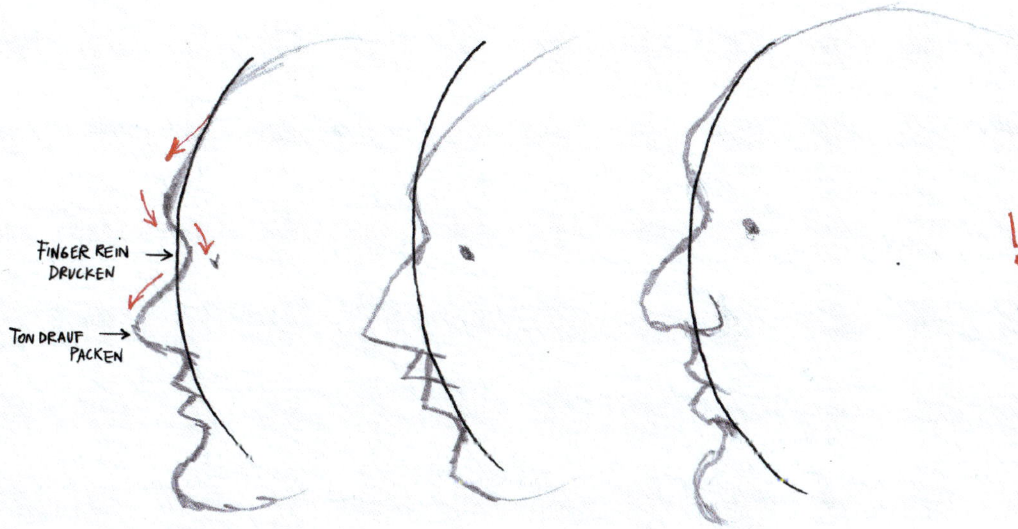

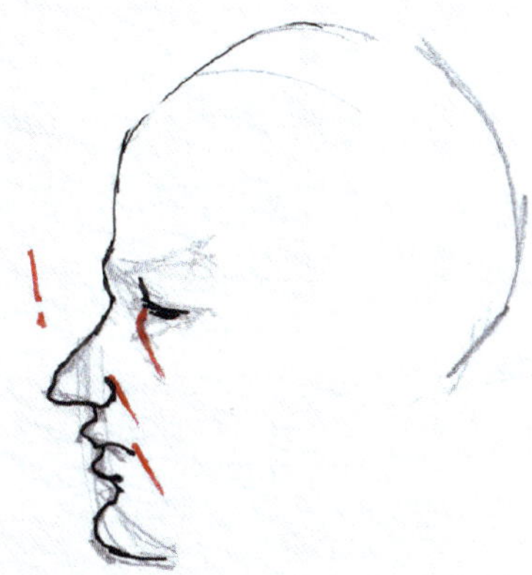

ICH ACHTE OFT AUF DIESE LINIEN BESONDERS. SIND SIE PARALLEL? WIE WEIT SIND SIE VONEINANDER ENTFERNT?

DAS HILFT MIR: IM PROFIL ERSTMAL EINE GESCHWUNGENE LINIE ZEICHNEN UND DANN WIE EIN BILDHAUER DENKEN:

WO DRÜCK' ICH MIT DEN FINGERN REIN UND WO MUSS ICH TON (o.ä.) DAZUPACKEN?

GESICHT KOLORIEREN STEP BY STEP

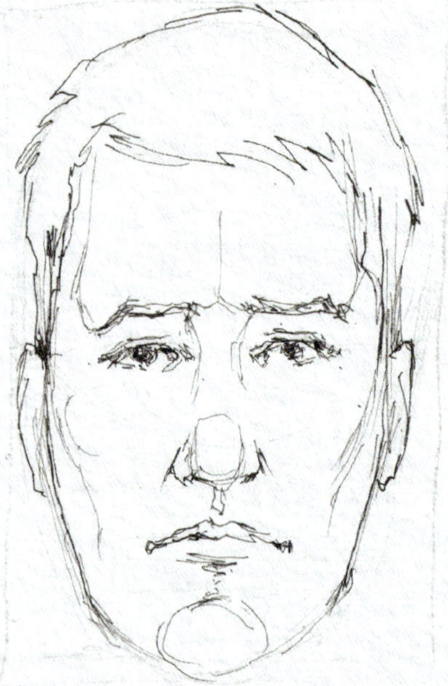

LINEARE
ZEICHNUNG

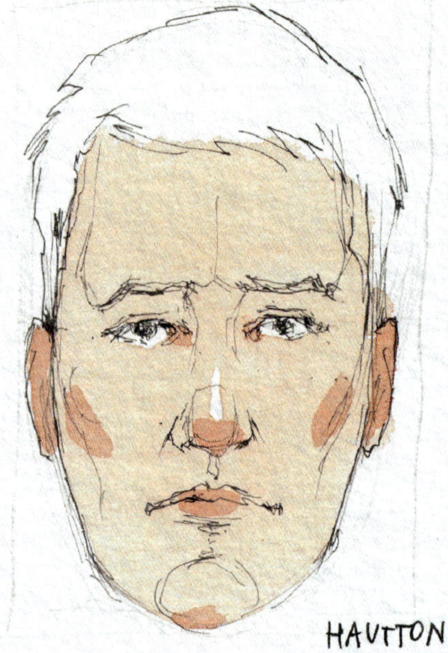

HAUTTON,
TROCKNEN,
DANN ROTE STELLEN
IM GESCHT BETONEN.

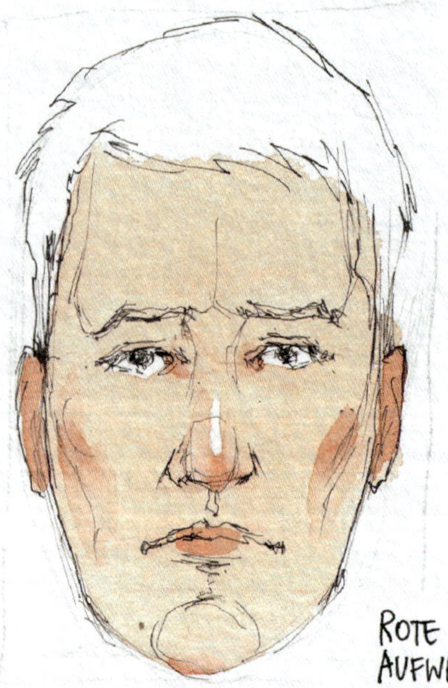

ROTE STELLEN
AUFWEICHEN
ZB NASE, WANGEN

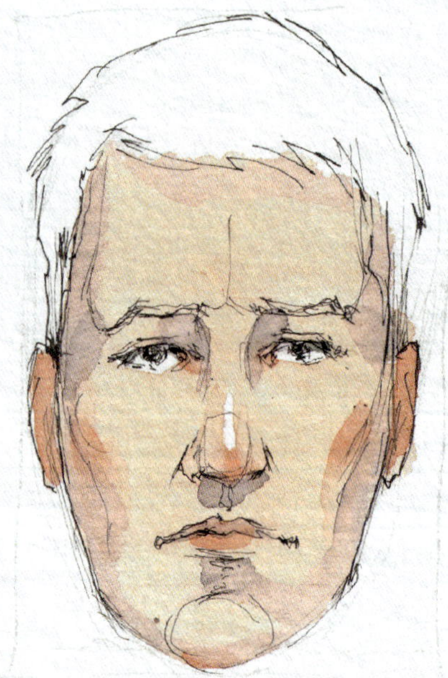

SCHLAG- UND
OBJEKTSCHATTEN
LASIEREN
(BLAU ZUM RÖTLICHEN
HAUTTON DAZU MISCHEN)

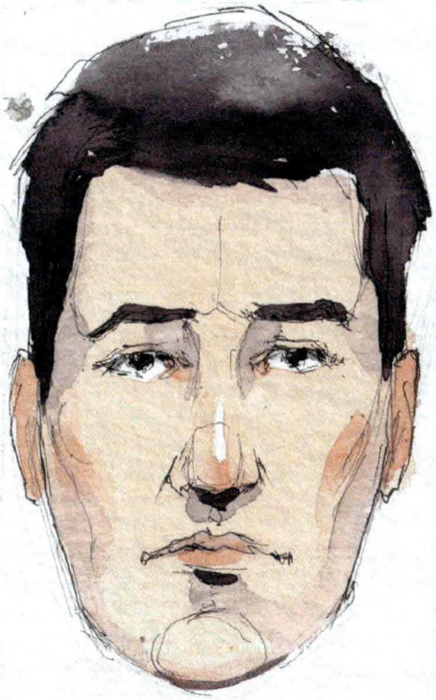

HAARE UND BRAUEN
FÄRBEN
DUNKELSTE SCHATTEN
BETONEN.

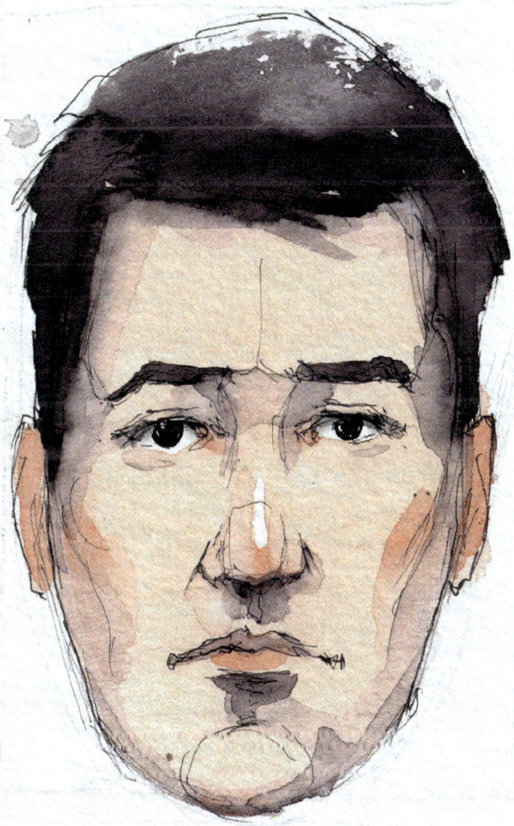

DIESE 2 FÜR
DEN HAUTTON

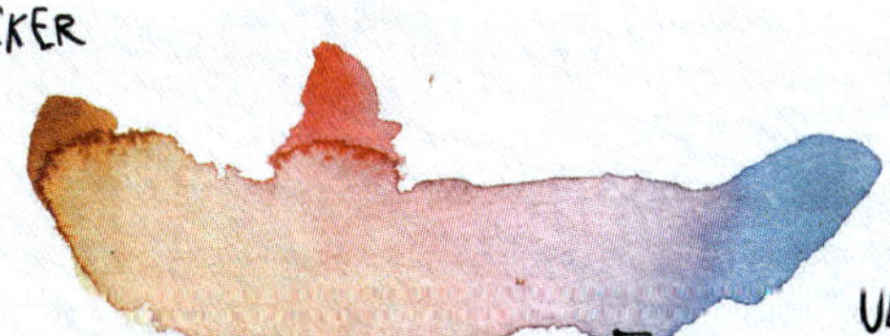

EIN SCHEMA FÜR ALLES

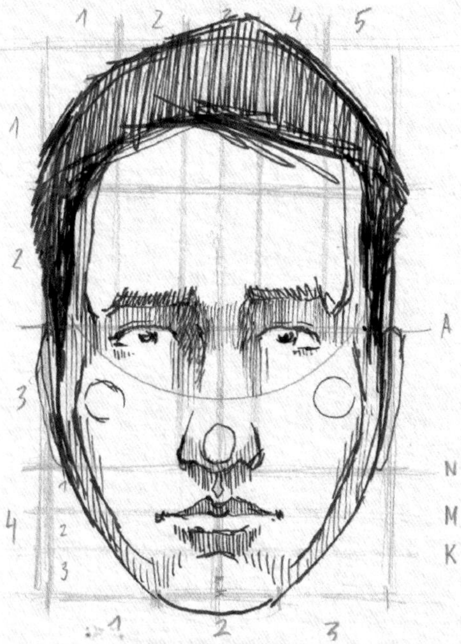

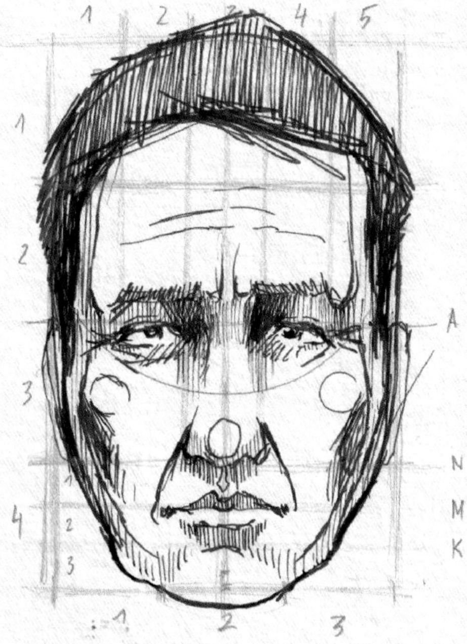

ÄLTER WERDEN GESICHTER DURCH FALTEN UND SCHWERKRAFT.

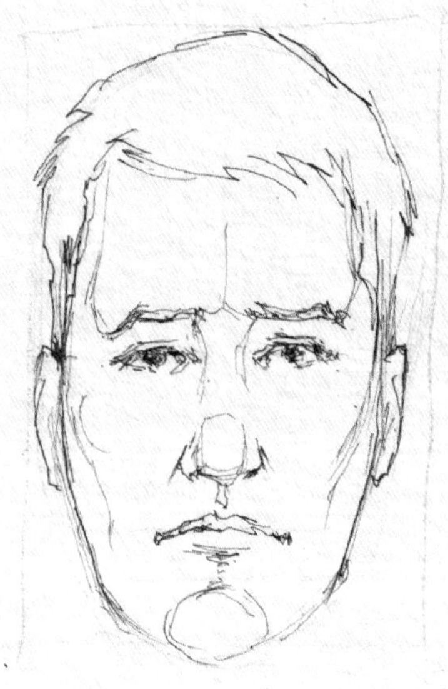

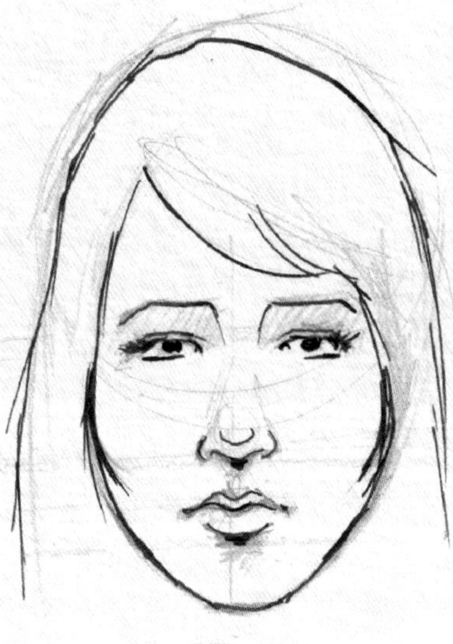

WEIBLICHER WERDEN GESICHTER DURCH DAS BETONEN RUNDERER FORMEN, DURCH DIE WANGENKNOCHEN. WIMPERN UND DEN SCHMALEREN KINNBEREICH.

3 TIPPS

ZEICHNE DEINE ERSTEN GESICHTER OHNE EINE VORLAGE.

SICH VOM ERSTEN STRICH AN MIT ÄHNLICHKEIT ZU STRESSEN MINDERT DEN ZEICHENSPASS!

EIN FOTO MACHT AUS 3 DIMENSIONEN 2. ES ERLEICHTERT UNS DAS ERKENNEN DER VERKÜRZUNGEN. TRAINIERE ALSO RUHIG ERST MIT FOTOS!

MACH DIR NICHT ZU VIEL DRUCK. NICHT JEDES PORTRAIT BESTICHT DURCH VERBLÜFFENDE ÄHNLICHKEIT UND SPANNENDE LOCKERE ZEICHNUNG ODER KOLORATION!

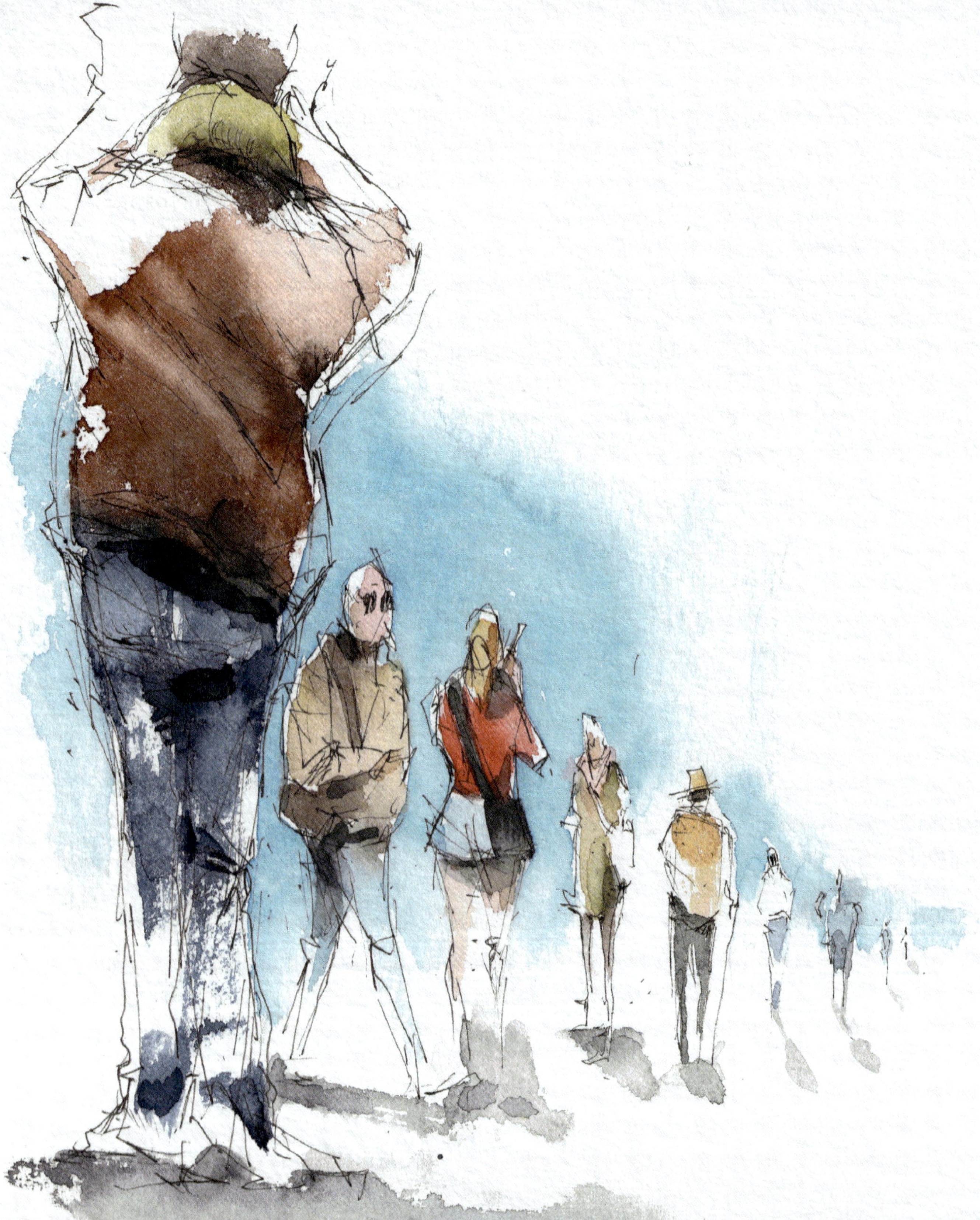

FIGUR

Es kommt immer wieder vor, dass du dich entscheiden solltest: Braucht mein Sketch ein paar Figuren, um lebendiger zu wirken? Oft sind zum Beispiel Architektursketches ein wenig langweilig. Da hilft es, Figuren einzubauen – so, wie man es bei Visualisierungen von Bauvorhaben oft sehen kann.

Möchtest du Figuren integrieren, lohnt es sich, dir eine Methode zuzulegen, die dir das schematische Darstellen von Figuren erleichtert.

Interessiert dich der Mensch oder der menschliche Körper an sich, dann kommst du nicht drum herum, dich in die gesamte Materie mit all ihren Proportionsregeln zu vertiefen.

Wir werden uns im Folgenden die Figur im Sketch ansehen. Dazu benötigen wir Wissen von der ZEN-Seite (siehe Seite 11). Und zwar gerade so viel, um Figuren überzeugender darzustellen.

PROPORTION

Zunächst tasten wir uns zeichnerisch an die Figur heran. Es gibt wahnsinnig viele Proportionsmodelle – ich habe mich vor langer Zeit für den sogenannten griechischen Kanon entschieden, da er nicht zu komplex ist, aber die wichtigen Aspekte gut vermittelt. Im Wesentlichen wird der Körper in acht Teile geteilt. Das erste Achtel ist der Kopf, wie es dann weitergeht, seht ihr hier:

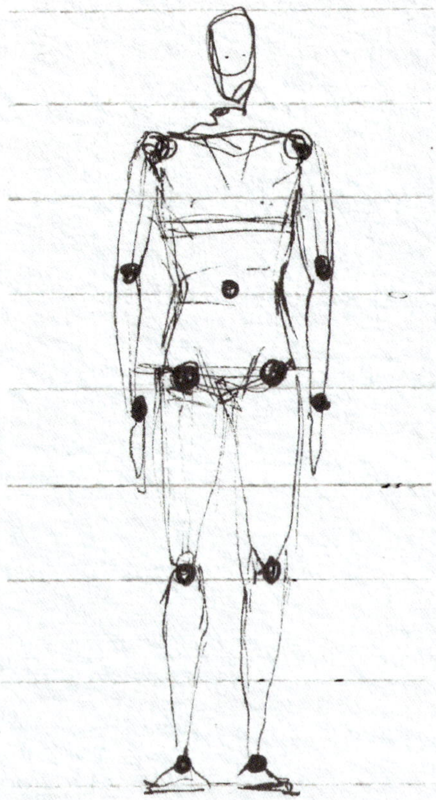

DAS WICHTIGSTE:

- KOPF = $\frac{1}{8}$ DES KÖRPERS
- SCHRITT = MITTE DES KÖRPERS
- OBERARM UND UNTERARM SIND GLEICH LANG
- OBER- UND UNTERSCHENKEL AUCH
- SCHULTERBREITE = 3 x KOPF
- ELLENBOGEN AUF HÖHE VON TAILLE UND BAUCHNABEL

Tipp: Gelenke eintragen, nur DORT können z. B. Arme + Beine „knicken"

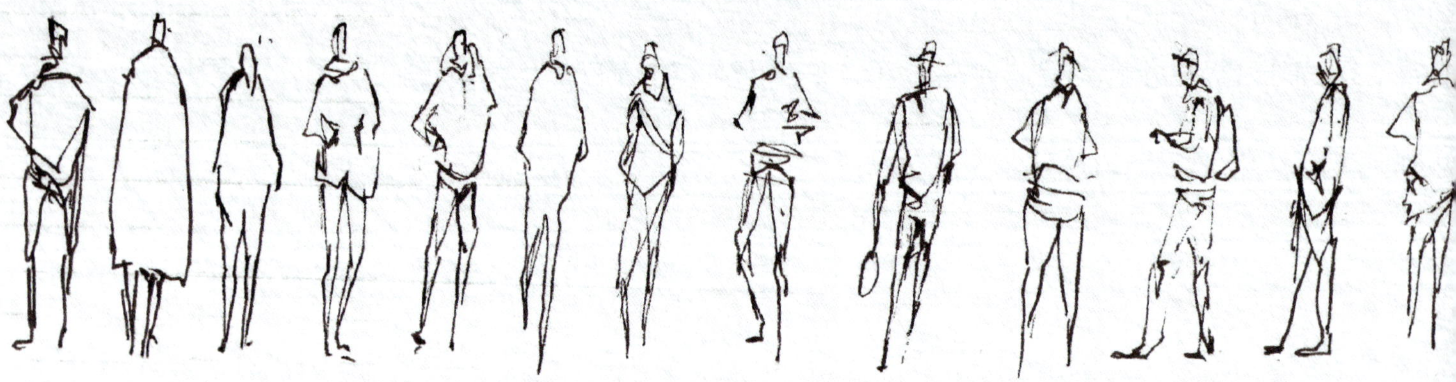

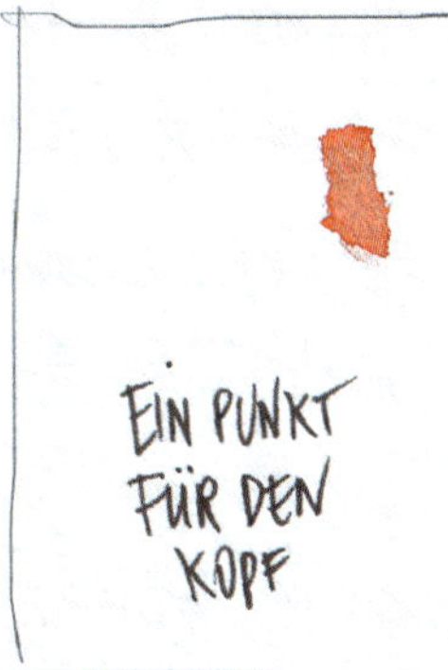

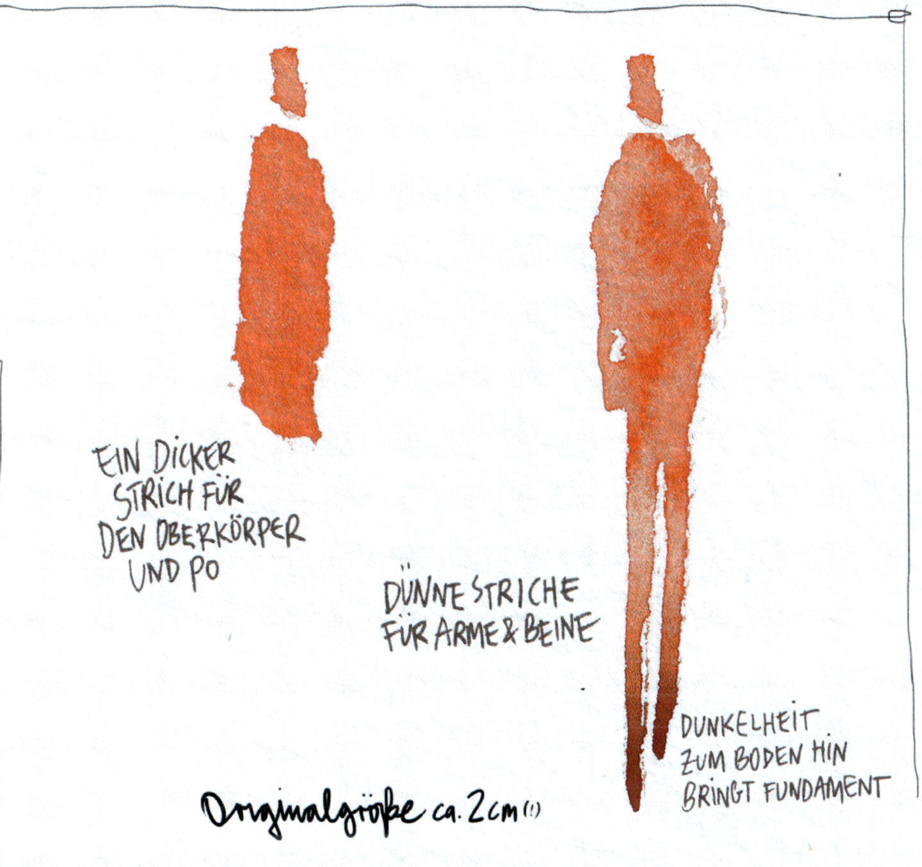

Manche haben Schwierigkeiten, Figuren linear darzustellen. Es fällt ihnen leichter, den Körper als Fläche zu verstehen. Dazu gibt es eine hervorragende Übung, die ich euch hier zeigen möchte. Ihr braucht nur drei Miniarbeitsschritte, um sekundenschnell und recht einfach Figuren aufzubauen.

Probiert ruhig mit euren Figuren herum. Lasst sie jubeln, etwas aufheben, gebt ihnen Bewegung oder dicke Bäuche. Sollte das nicht auf Anhieb klappen: kein Problem. Das Malen einer solchen Figur sollte etwa zehn Sekunden dauern, also malt ganz fix eine neue, wenn die davor nicht funktioniert.

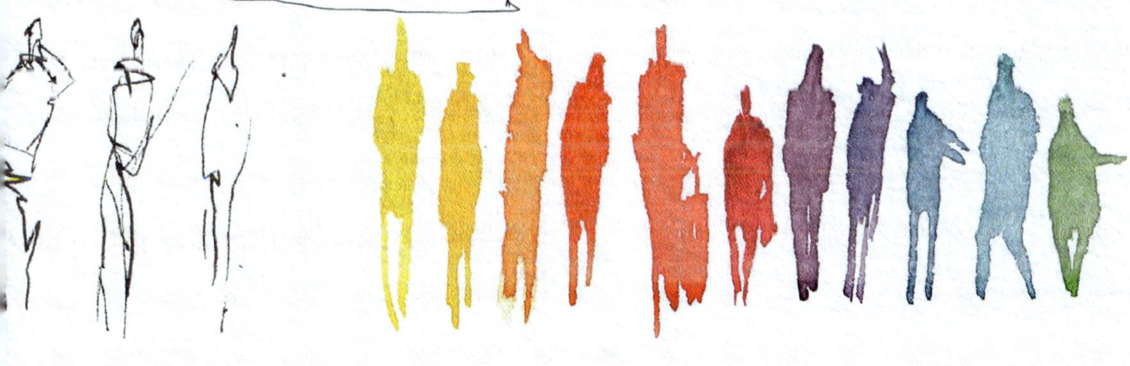

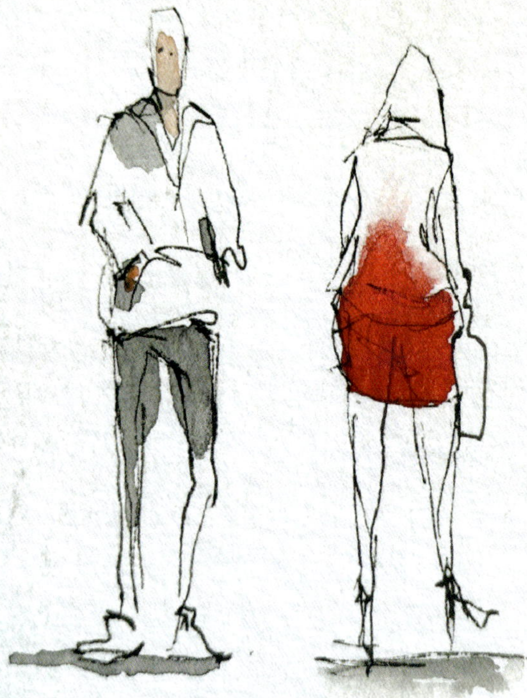

* NICHT IMMER ALLES GLEICH KOLORIEREN!

Z.B.

1) NUR HAUTTON + SCHATTEN
2) NUR EIN KLEIDUNGSSTÜCK
3) KOLORATION DES HINTERGRUNDES
4) NUR FUNDAMENT

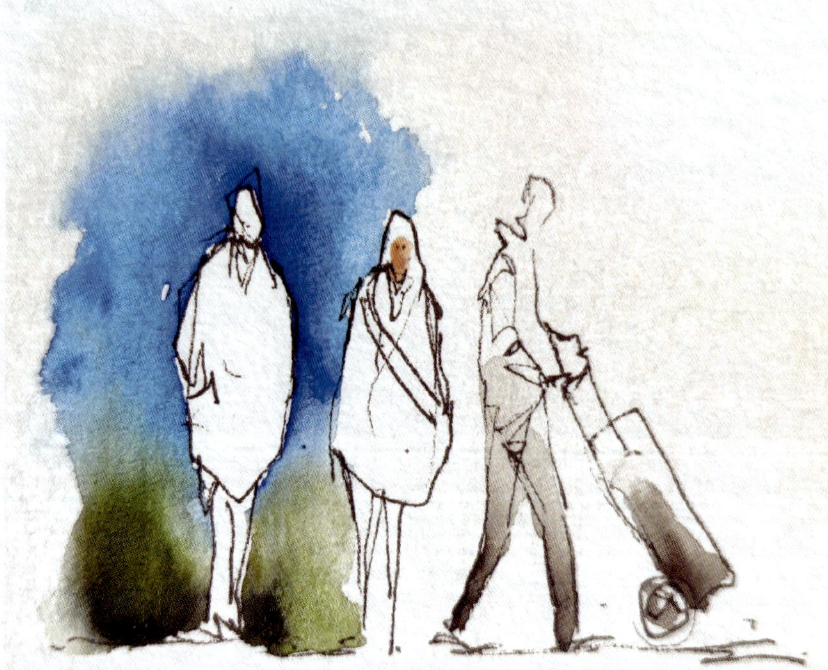

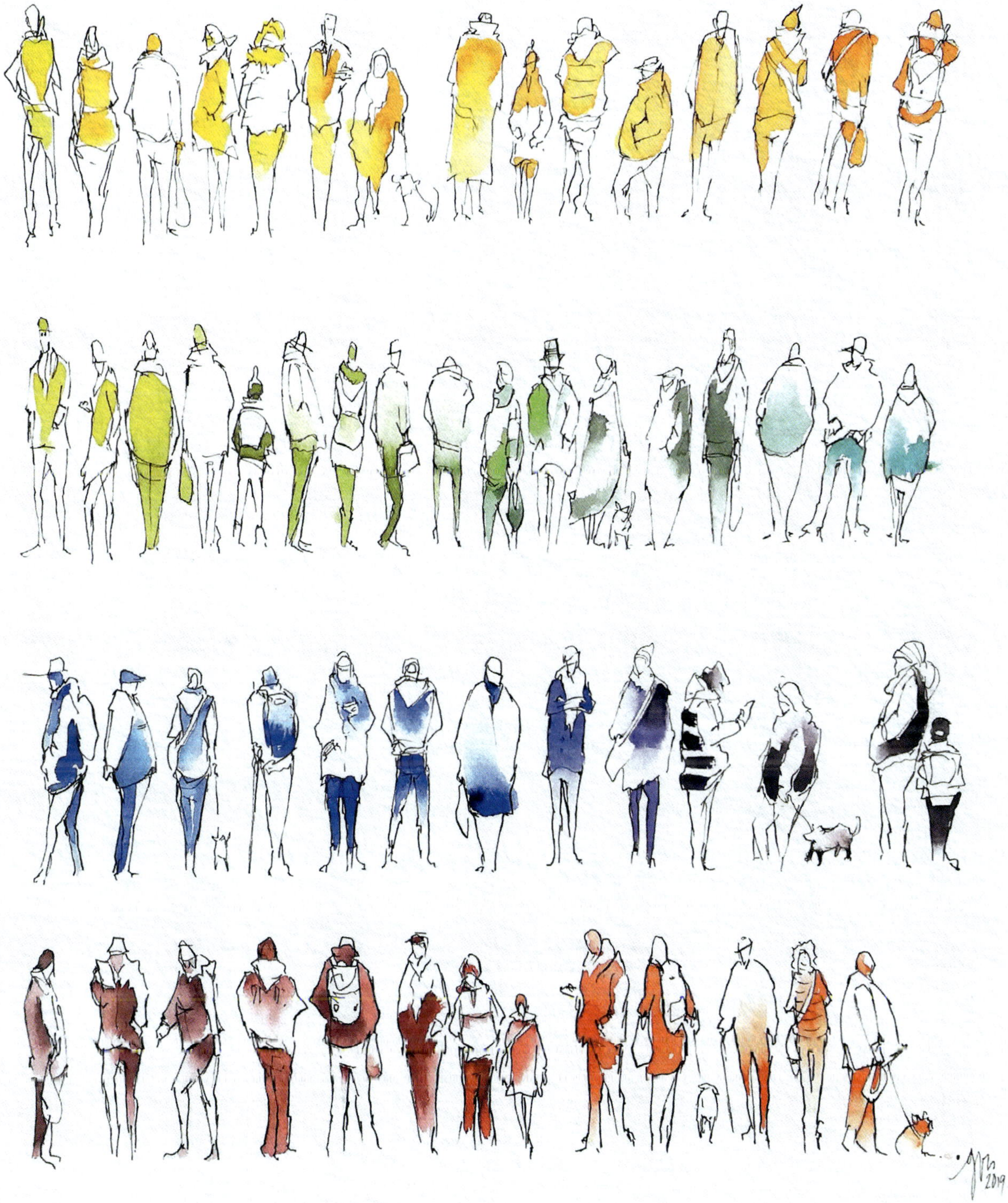

FIGUREN STEP BY STEP

Und so gehe ich meistens vor, wenn ich Figuren sketche:

Zuerst die Zeichnung, dann kommen gleich die ersten Farben. Eigentlich ist der Sketch jetzt fertig, wenn ich aber Zeit und Lust habe, weiterzumalen, geht Folgendes:

Nachdem die erste Schicht – richtig coole Leute sagen dazu „wash“ – getrocknet ist, lege ich noch eine zweite Schicht, oder eben wash, an.

In diesem Arbeitsschritt betone ich durch dunklere Tonwerte bis hin zu Schattenfarben einzelne Aspekte der Figur. Aber Vorsicht: nicht zu viel und zu lange dran rumwerkeln, denn sonst verliert das Bild schnell den skizzenhaften Charakter!

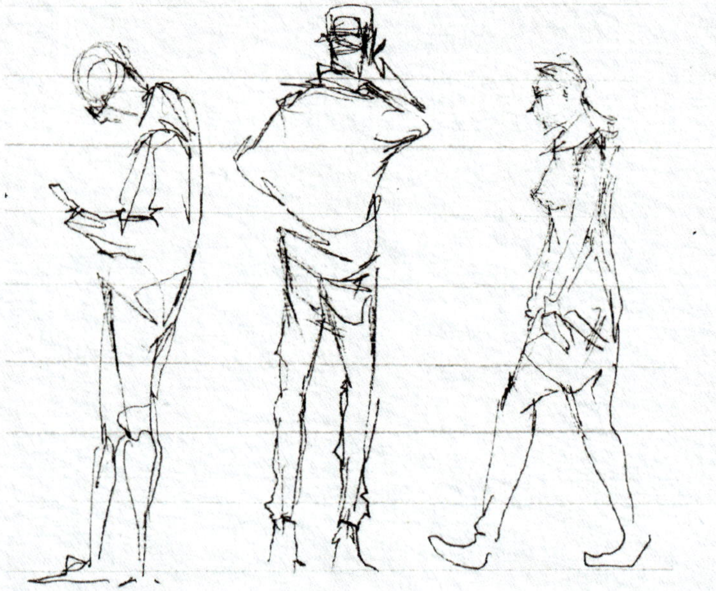

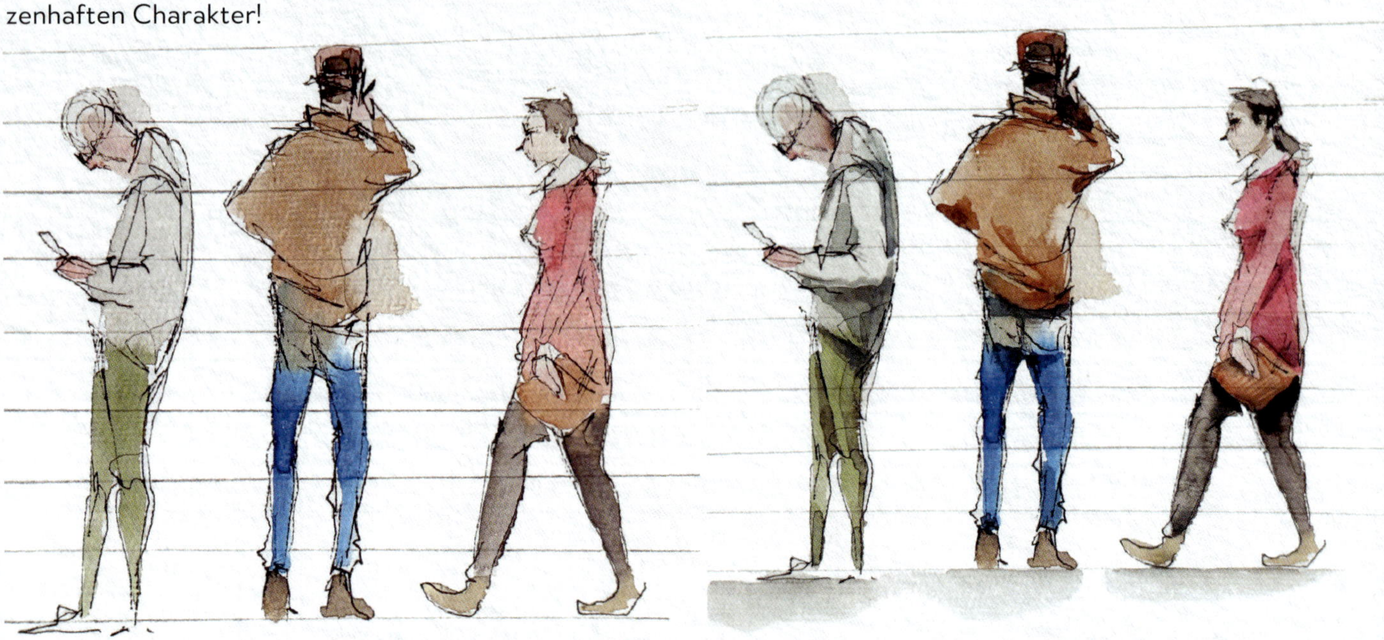

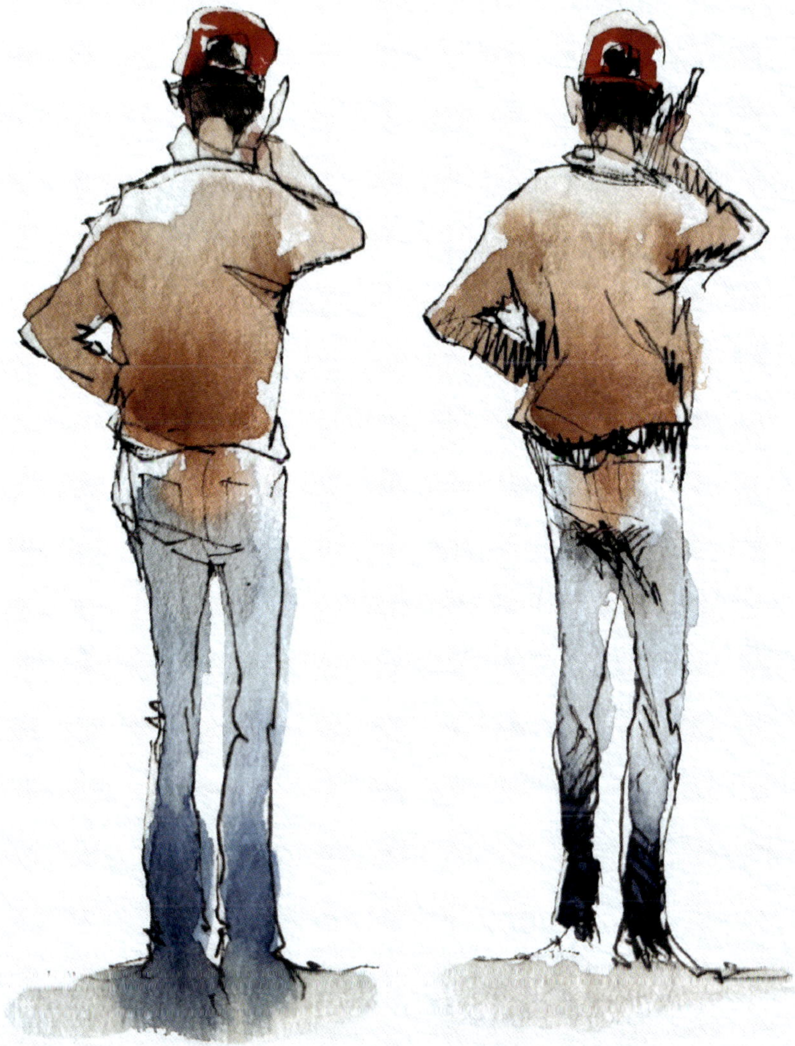

OHNE GEZEICHNETE TONWERTE ↔ MIT

VIER TIPPS

1. DRAHTGERÜST

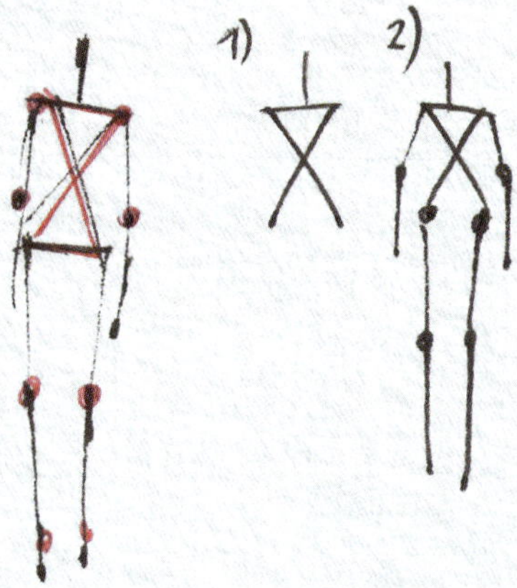

1) STARTE MIT DEM

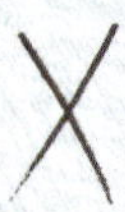

2) KOPF DRAN

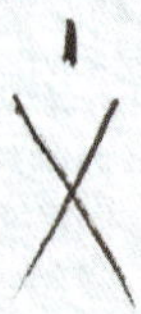

3) SCHULTER UND HÜFTGELENKE

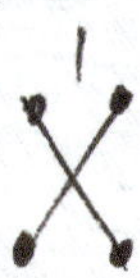

4) GLIEDER DRAN

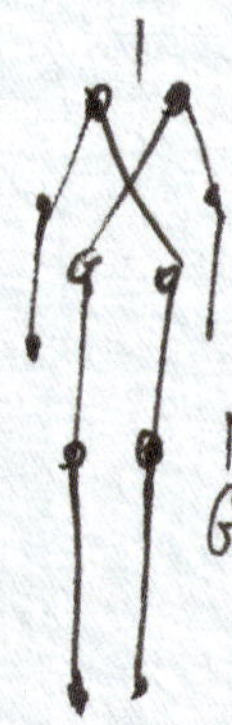

MIT GELENKEN

JETZT STEHT DAS DRAHTGERÜST. NUN KANN MAN DEN KÖRPER DRANFORMEN:

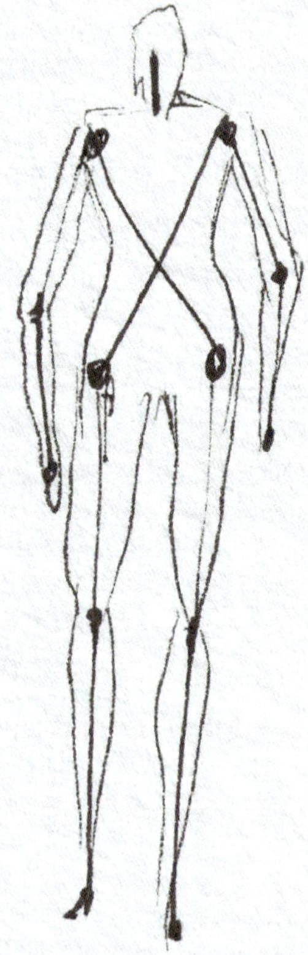

BEISPIEL BEIN

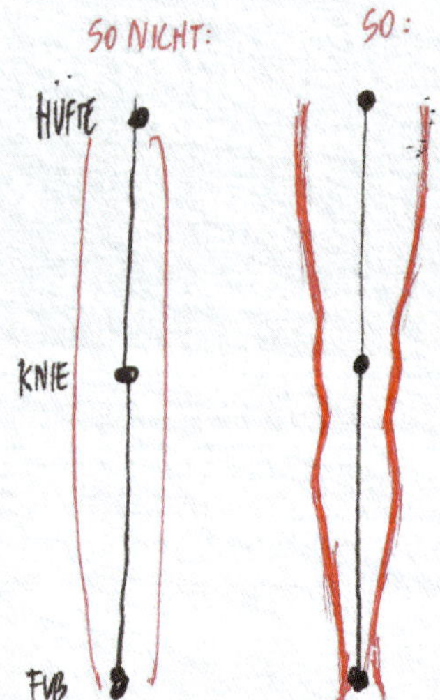

2. NACH ZEICHNEN

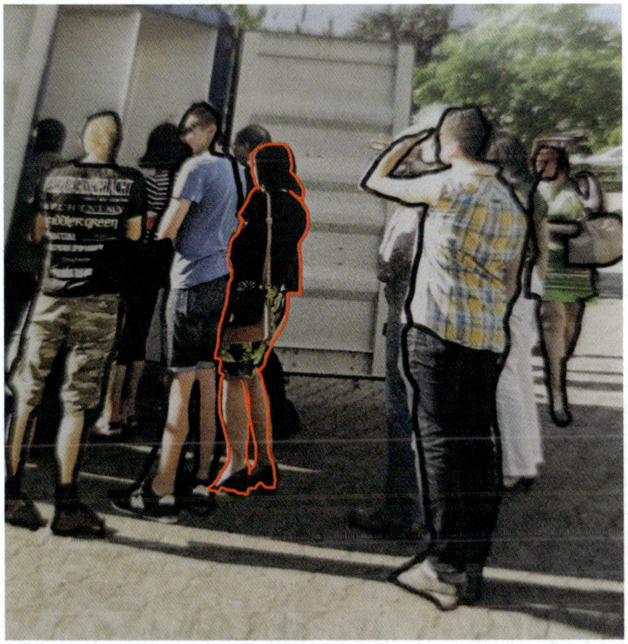

In einer Zeitung (Illustrierten etc.) die Konturen der Figuren nachzeichnen. Immer wieder manisches Wiederholen speichert die Proportionen im Bewegungsgedächtnis ab.

3. VARIIEREN

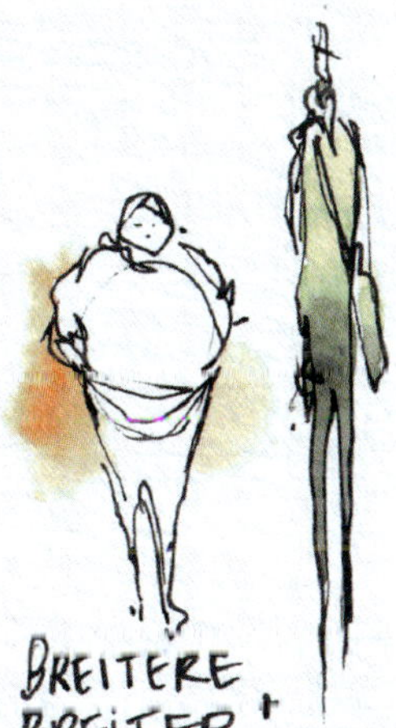

BREITERE BREITER +

DÜNNERE DÜNNER

MACHEN, ABER NICHT ÜBERTREIBEN. AN DER KARIKATUR KRATZEN

4. AKTZEICHNEN

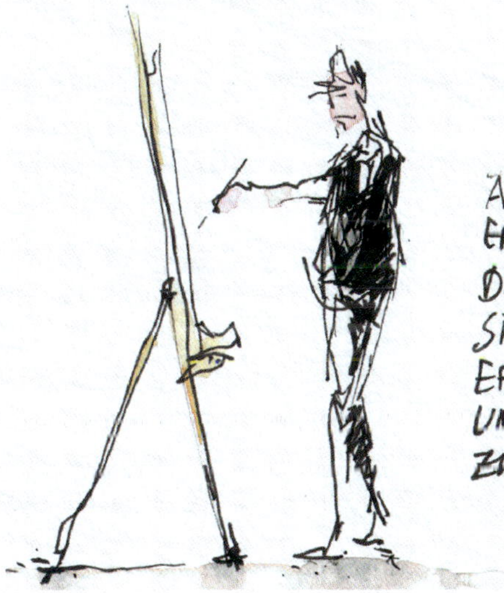

ALS TRAINING EMPFEHLE ICH DAS AKTZEICHNEN. SICHERLICH EINE SEHR EFFEKTIVE ÜBUNG UM FIGUREN IM ALLTAG ZU SKETCHEN.

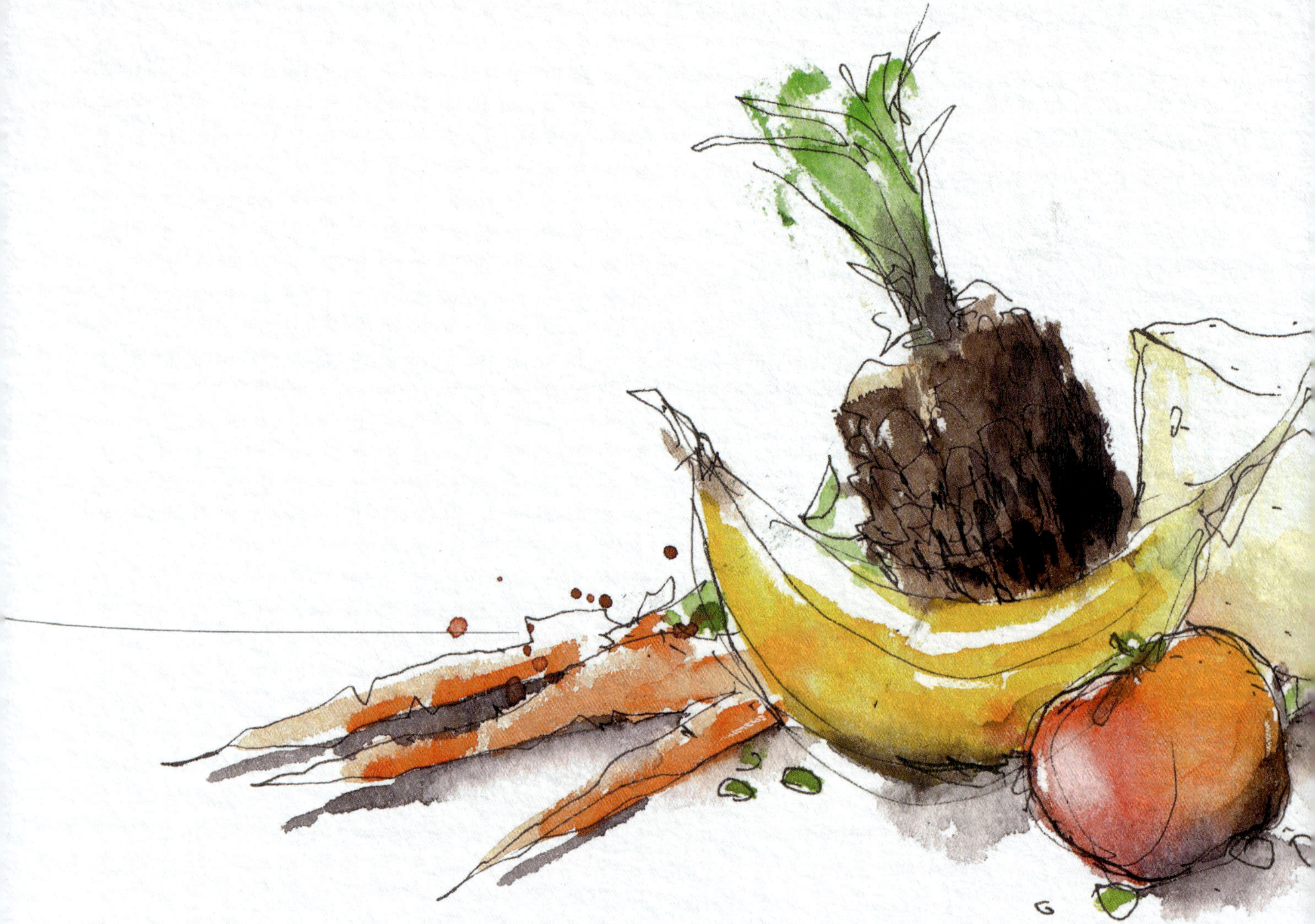

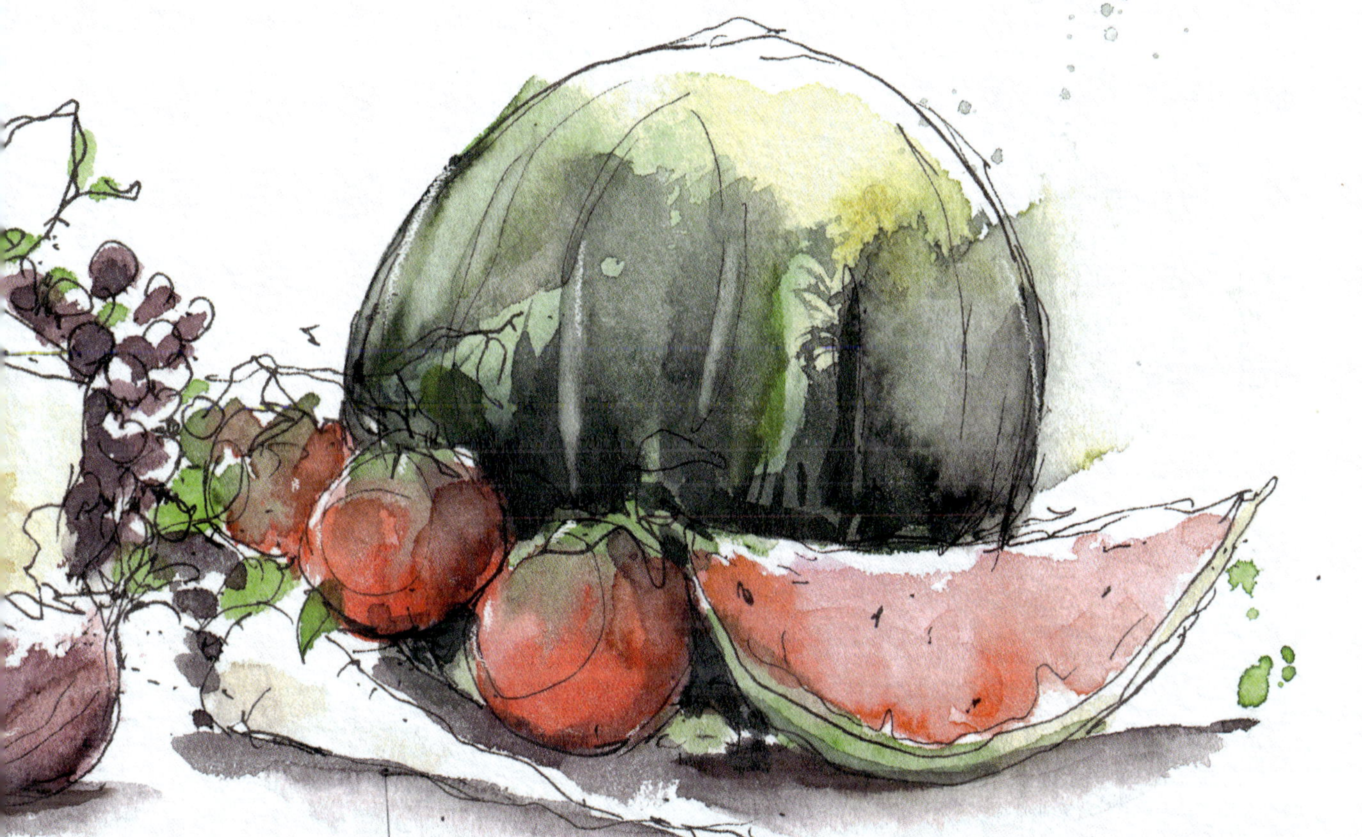

food

TOMATE & BANANE STEP BY STEP

Was hat man im besten Fall mehrere Male am Tag vor sich? Richtig, was zu essen.

Zum einen bieten Früchte, Obst, Kräuter und Gemüse tolle Zeichenmotive, zum anderen zaubern die Menschen seit Jahrhunderten tolle Gerichte aus Zutaten, die man gut sketchen kann.

Wir kennen alle jemanden, der schon mal sein Essen fotografiert hat. Wir machen das ein bisschen (!) eleganter und zeichnen es! Ich habe schon von Sketchern gehört, die ihre Gerichte kalt aßen, weil sie die Mahlzeit zuerst zeichnen wollten.

Was auch immer ihr esst, könnt ihr nach Lust und Laune auch sketchen. Vom Obstsalat über den Bacon-Burger bis zur Sahnetorte. Vom Teller aufs Papier.

Das gilt selbstverständlich auch für die Latte Macchiato oder den Apérol Spritz – hallo Lasurorange!

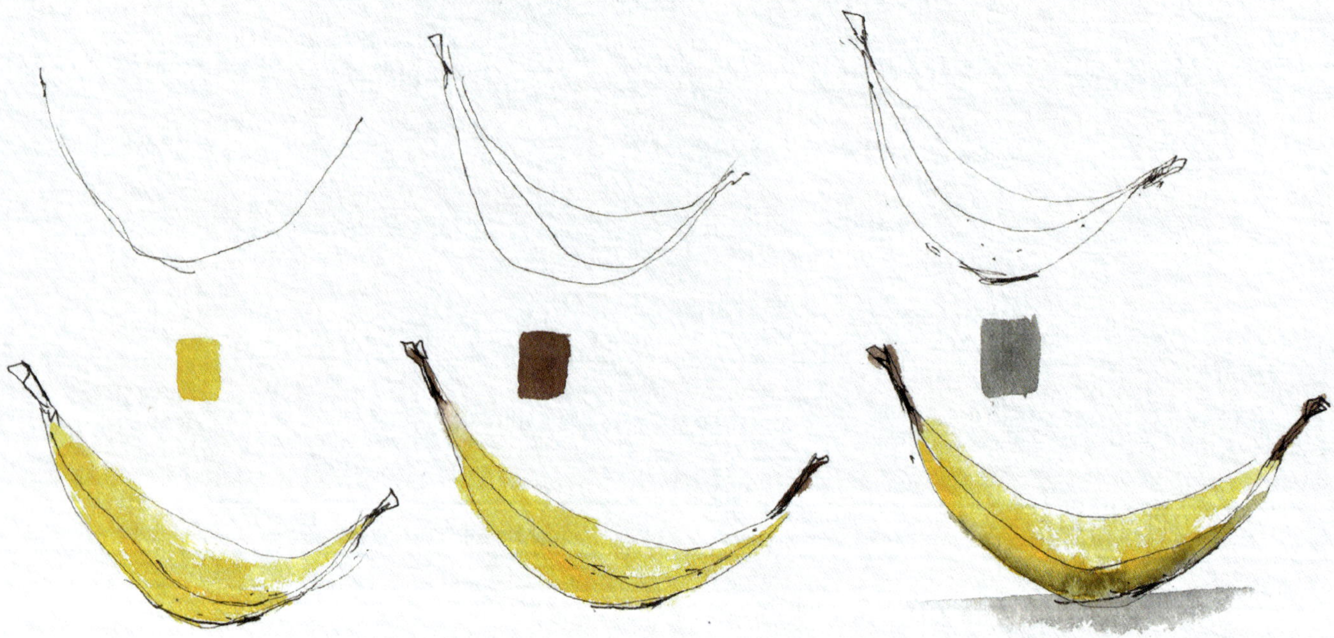

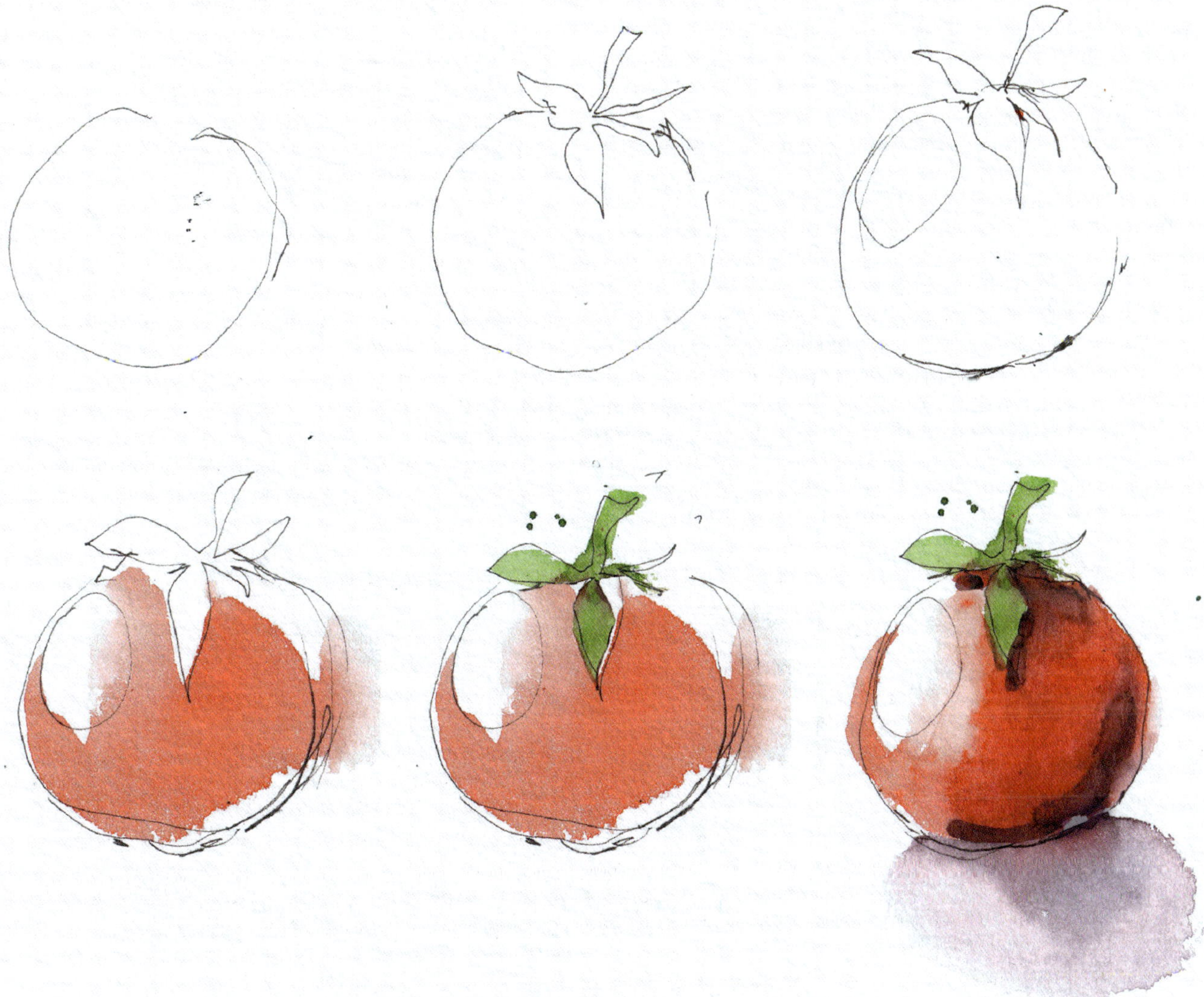

HIGHLIGHTS

Speziell bei Food-Darstellungen verwende ich gern einen weißen, deckenden Stift, denn Essen ist fast immer entweder nass, frisch oder fettig. Das lässt sich gut mit Hilfe kleiner, weißer Reflektions- oder Glanzpunkte darstellen. Ich zeige es euch am Beispiel einer Tomate, Trauben und einer Gurke.

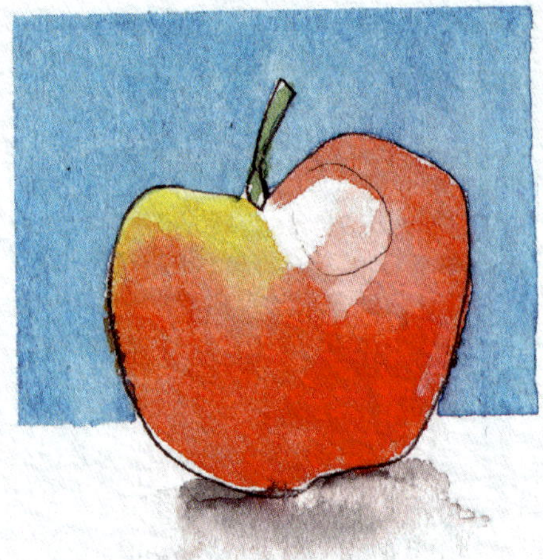

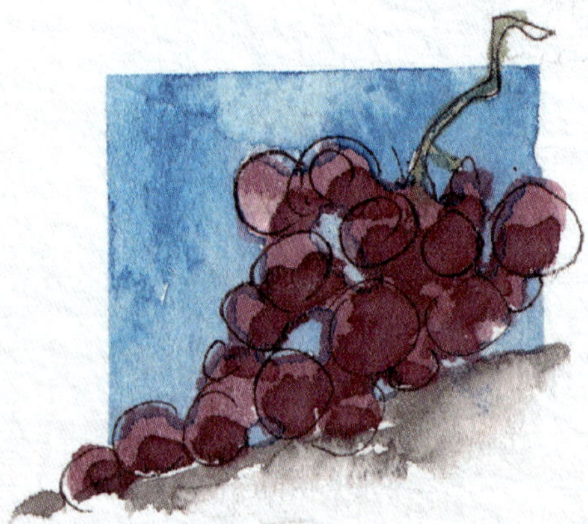

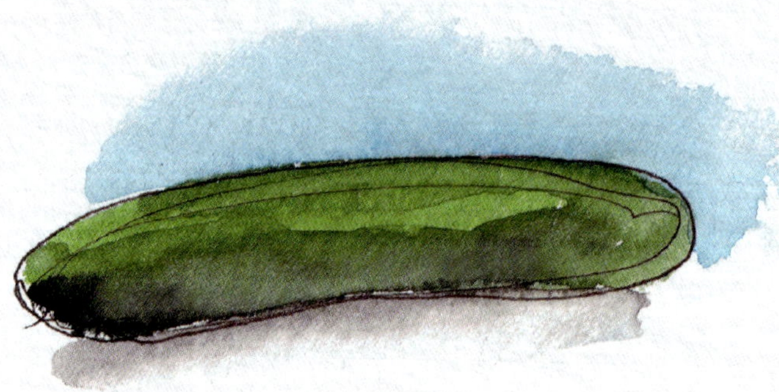

VS.

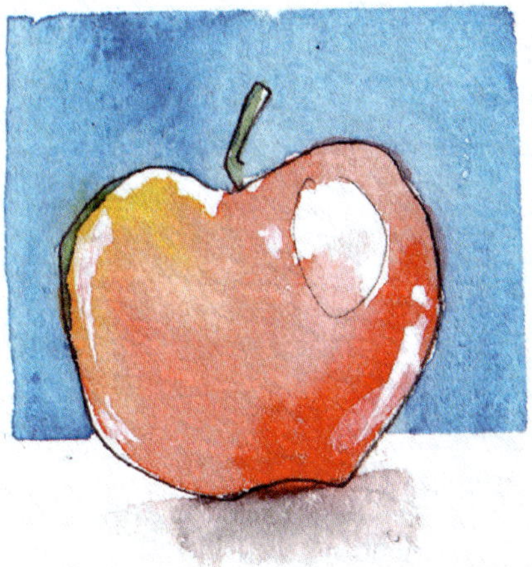

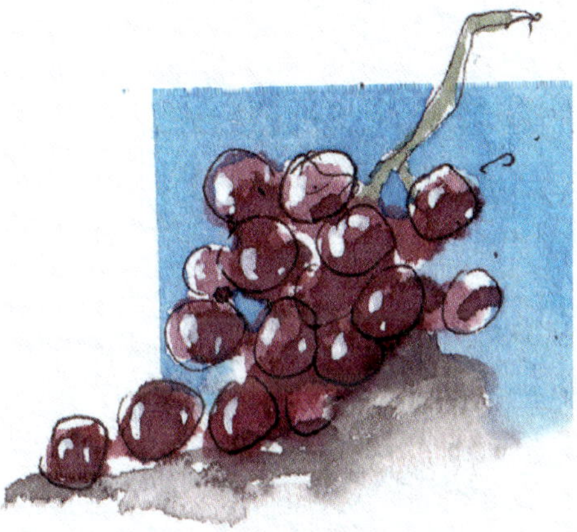

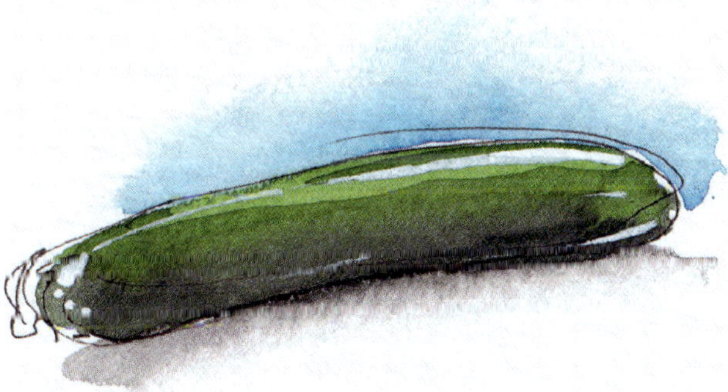

FREILASSEN:

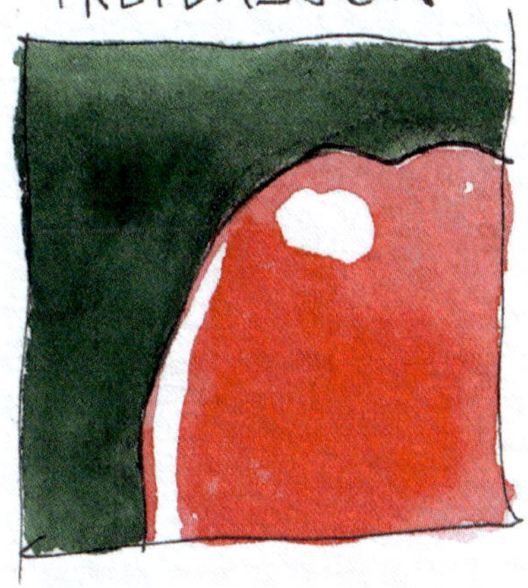

AUSWASCHEN:

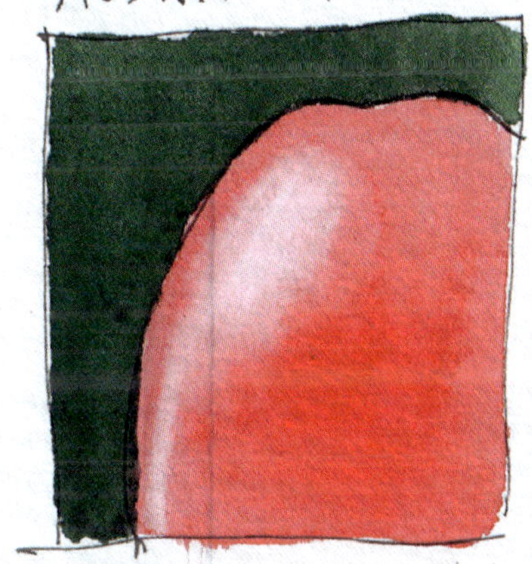

DECKEND:

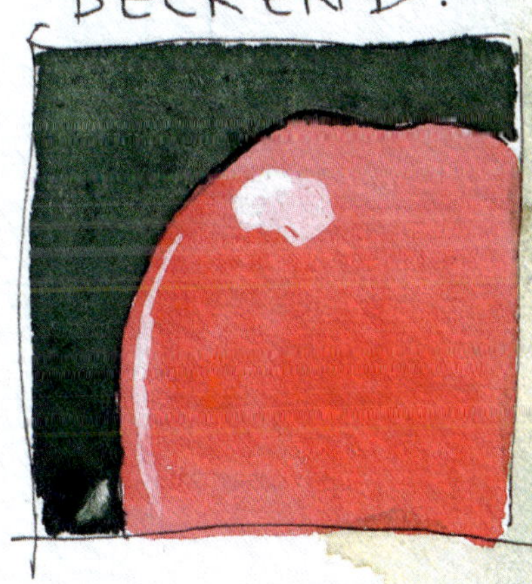

BURGER STEP BY STEP

Auf diesen Seiten findet ihr eine Anleitung für einen ausgewachsenen Burger. Viel Spaß und guten Appetit!

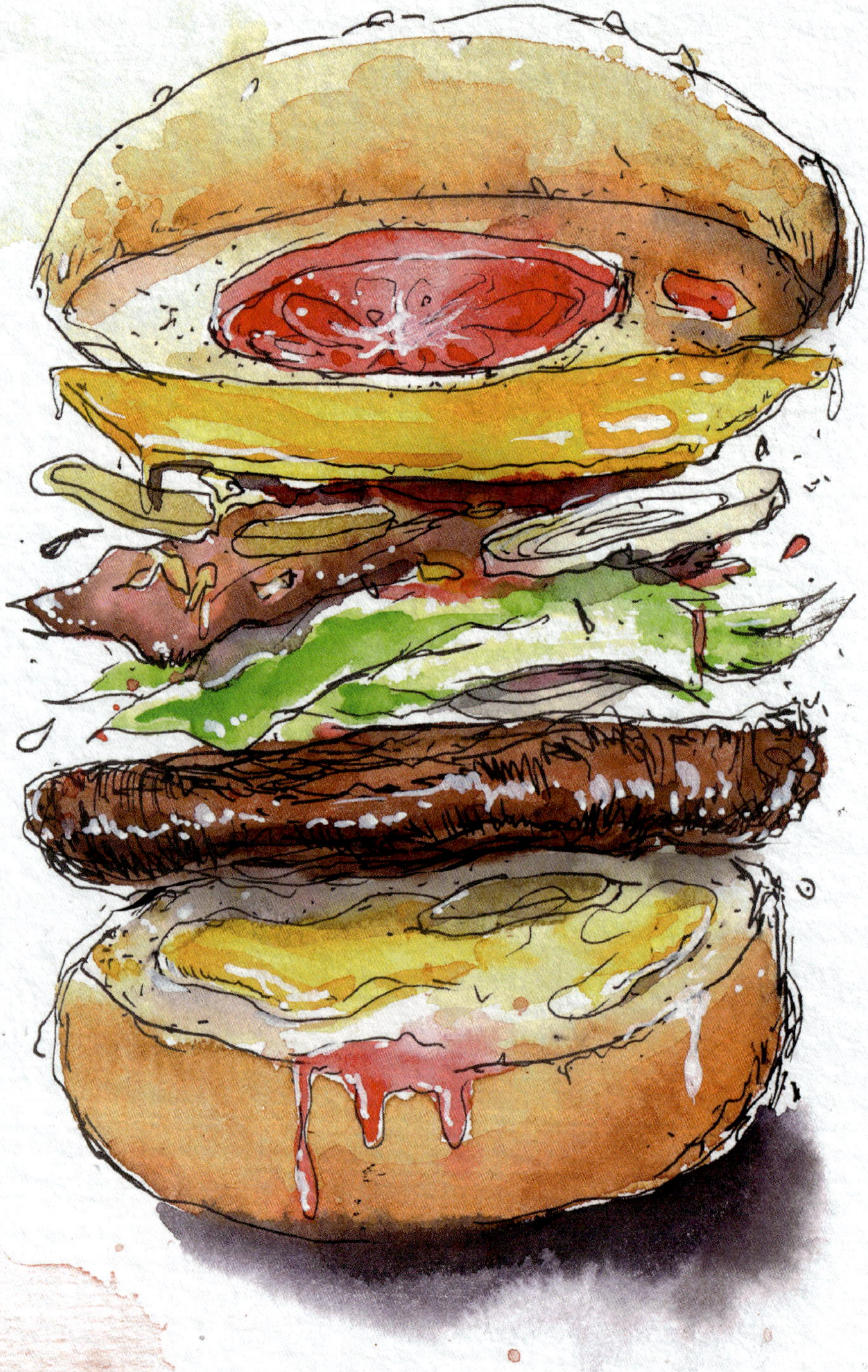

Beginne deine Zeichnung ganz locker. Deute lieber an, als jedes Salatblatt einzeln zu zeichnen. Hier ist die Kolorierung das Wichtigste!

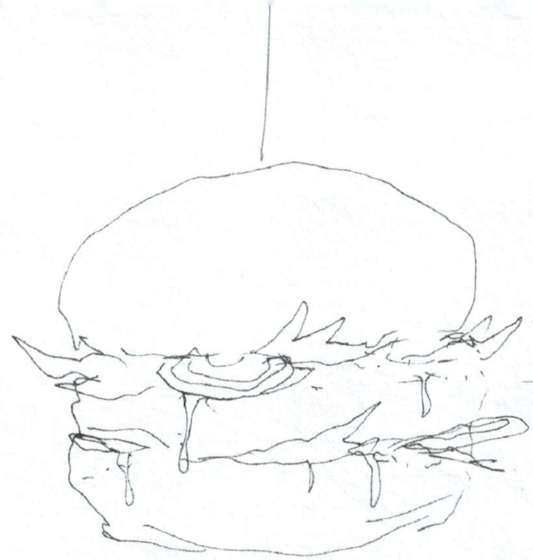

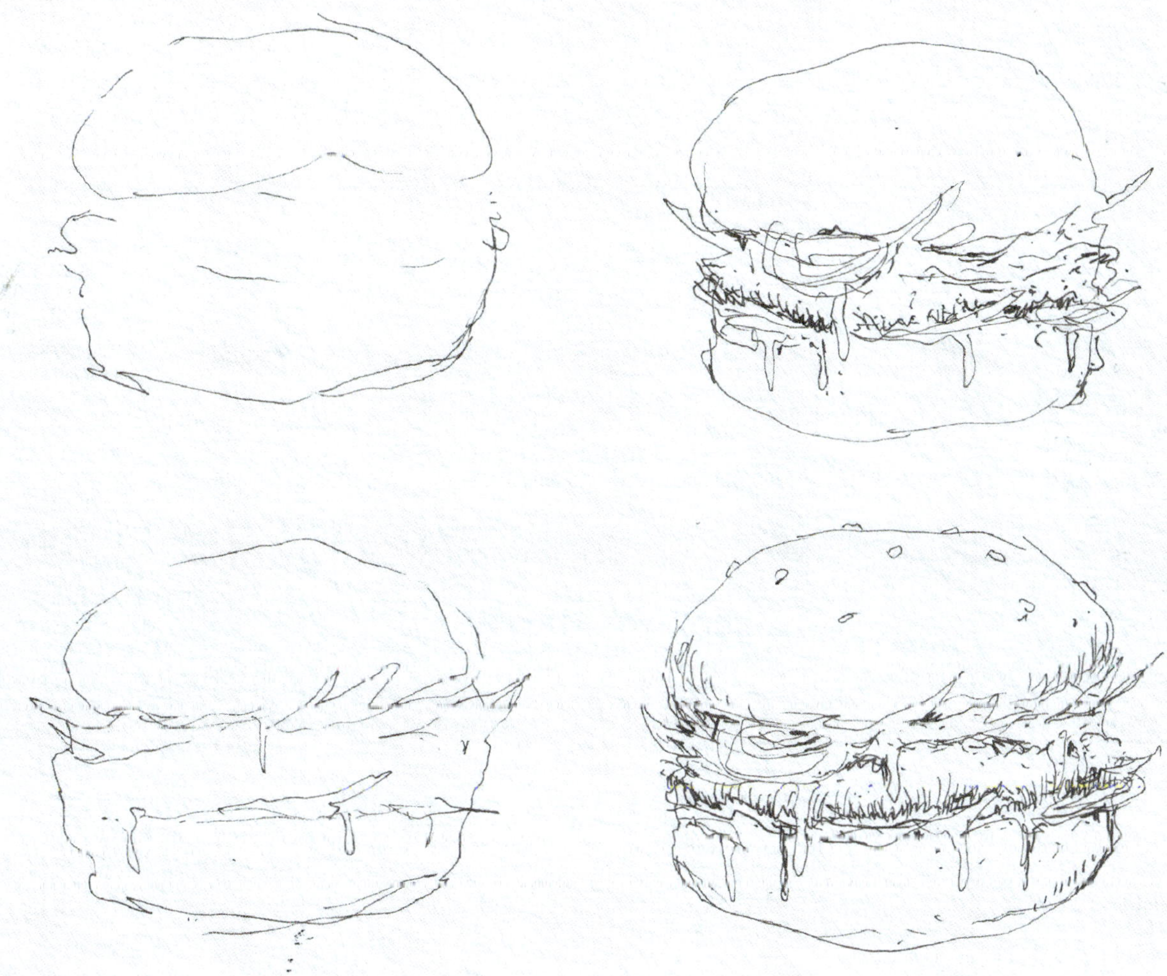

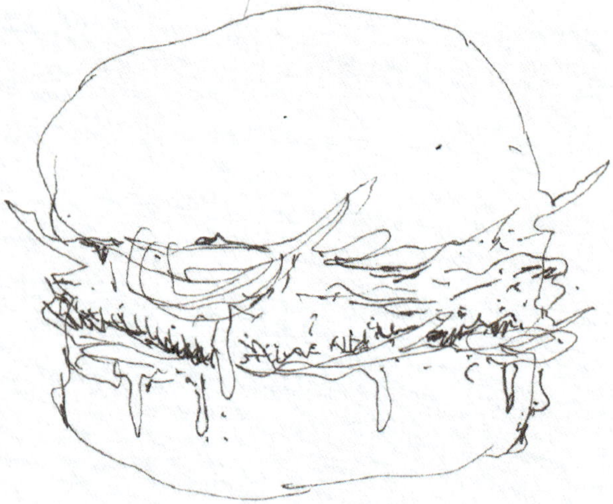

NOCHMAL DIE REINE ZEICHNUNG.

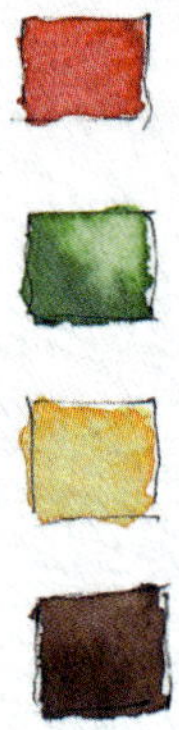

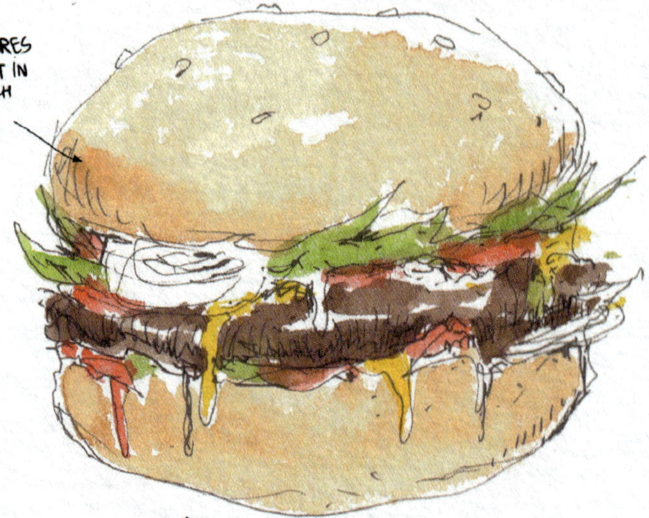

MIT ALLEN FARBEN KOLORIEREN
RUHIG WEISSE ANGSTKANTEN LASSEN,
EIN TEIL DAVON WIRD MIT SCHATTENFARBE GEFÜLLT, DER ANDERE TEIL WIRD ALS REFLEKTION GENUTZT.

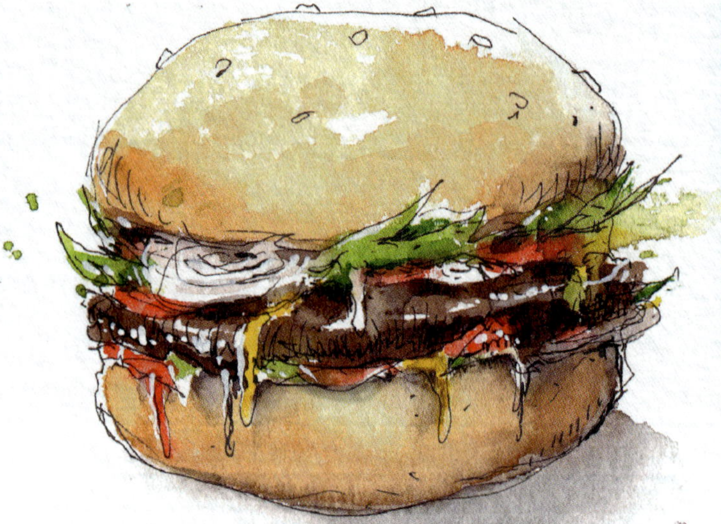

ZWEITE SCHICHT:

- DUNKLERE TONWERTE DER JEWEILIGEN FARBE (DAUERT LÄNGER, WIRKT ABER FARBLICH FRISCHER <u>ODER</u> GLEICH MIT SCHATTENFARBE LASIEREN (GEHT SCHNELLER)
- OBJEKKT UND SCHLAGSCHATTEN MALEN (AUCH HERUNTERLAUFENDER KÄSE WIRFT SCHATTEN)
- GLANZPUNKTE BZW REFLEKTIONEN GGF. MIT DECKENDEM WEISS EINZEICHNEN.

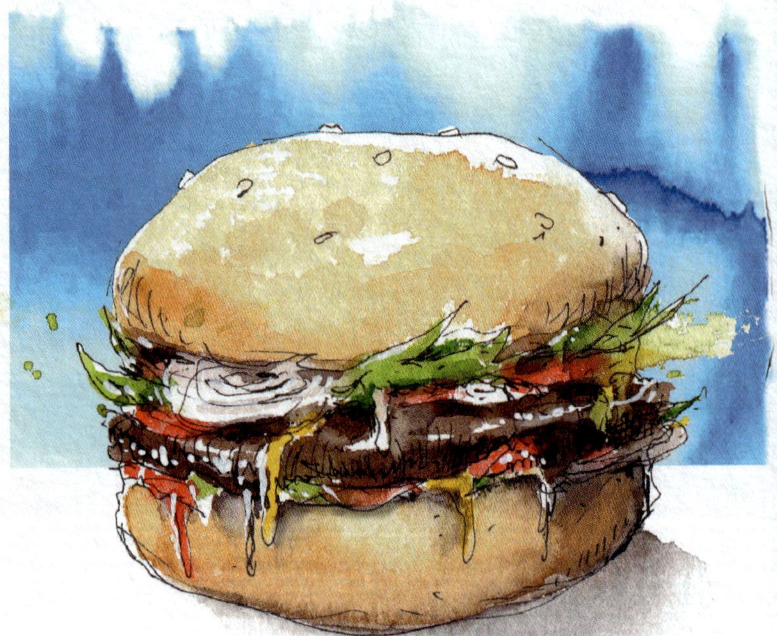

HINTERGRUND SETZEN, FERTIG. GUTEN!

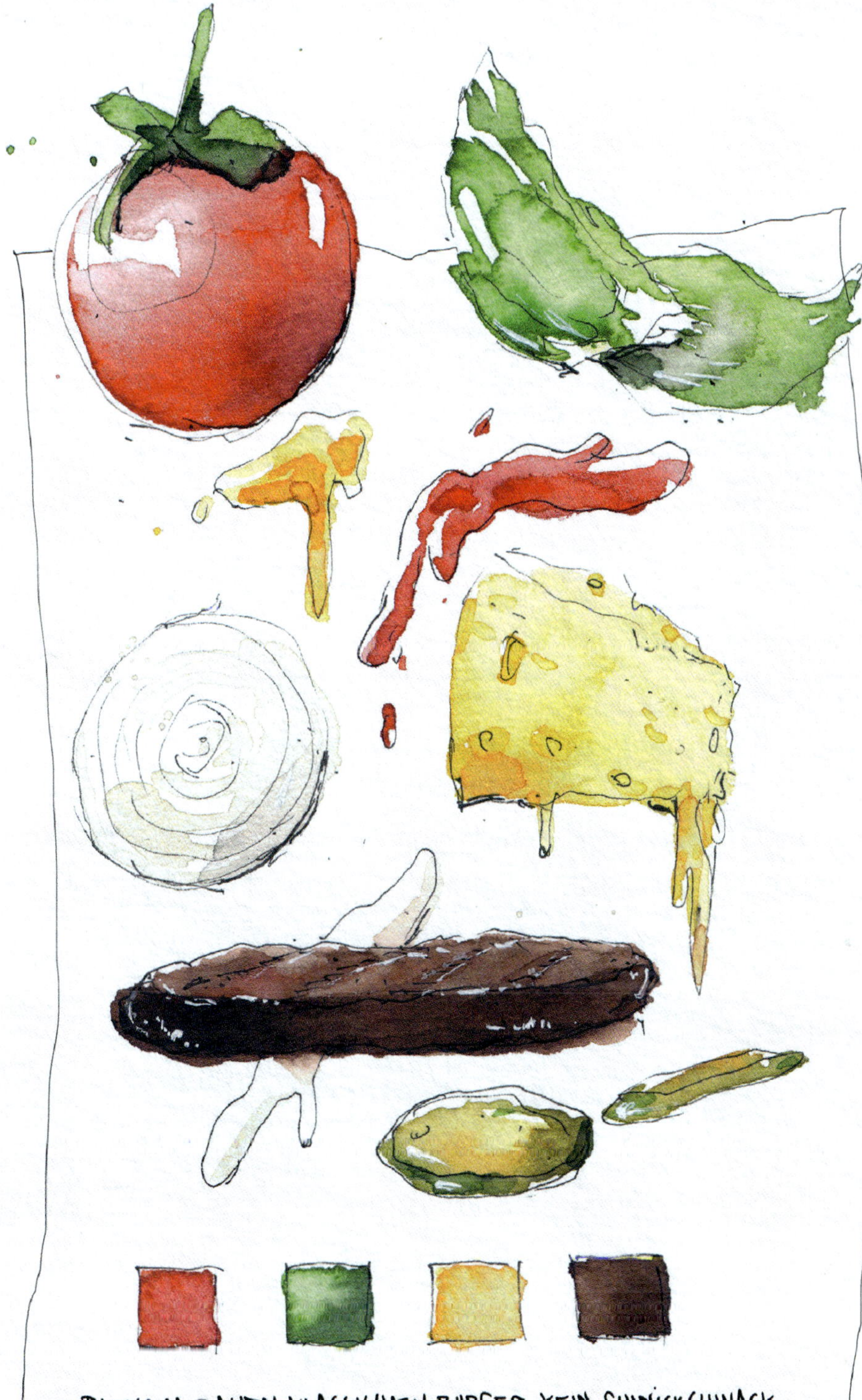

DIT KOMMT AUFN KLASSISCHEN BURGER, KEIN SCHNICKSCHNACK.
OB DAS BRAUNE NUN FLEISCH ODER ETWAS ANDERES IST, IST EVER DING.

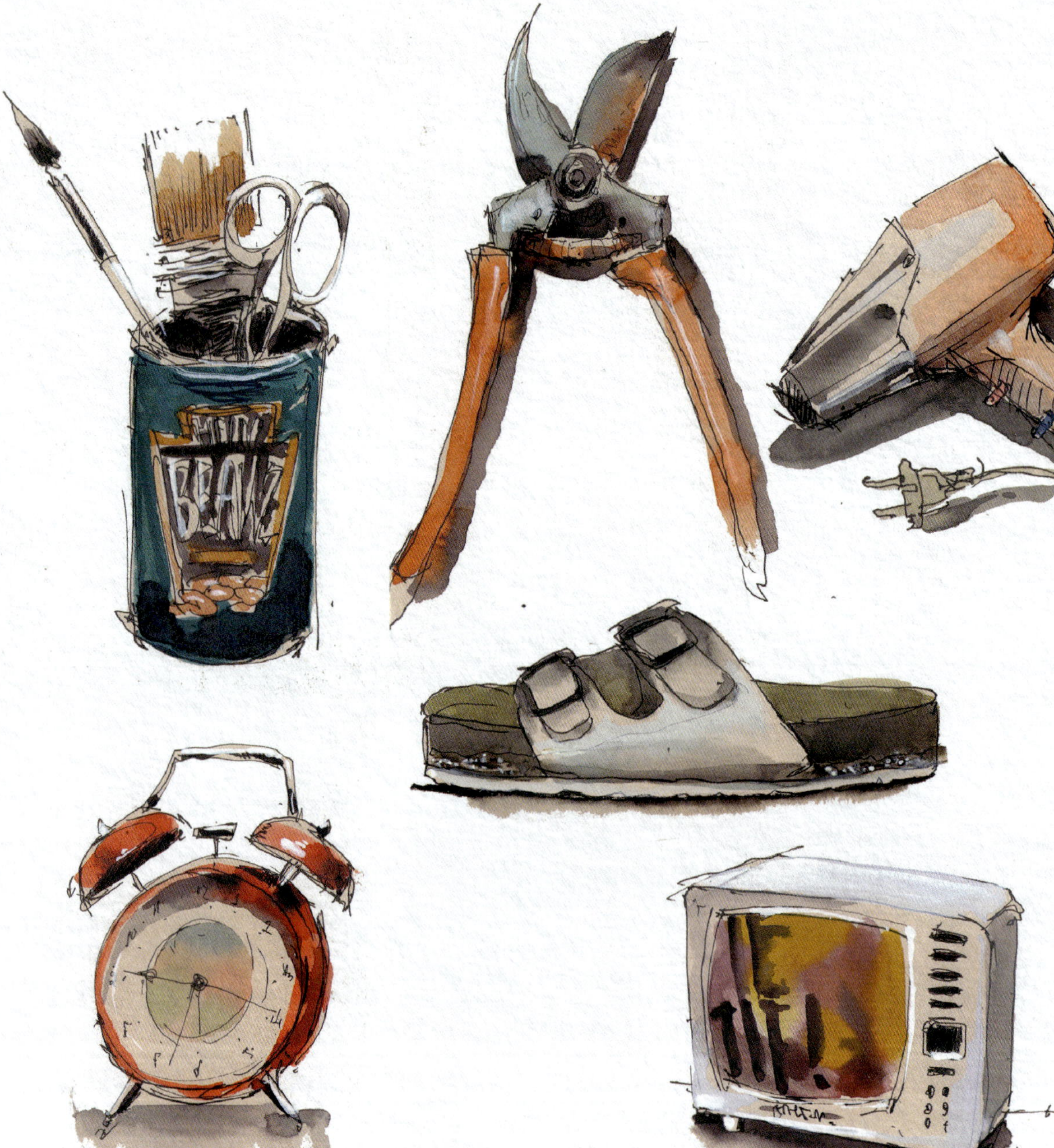

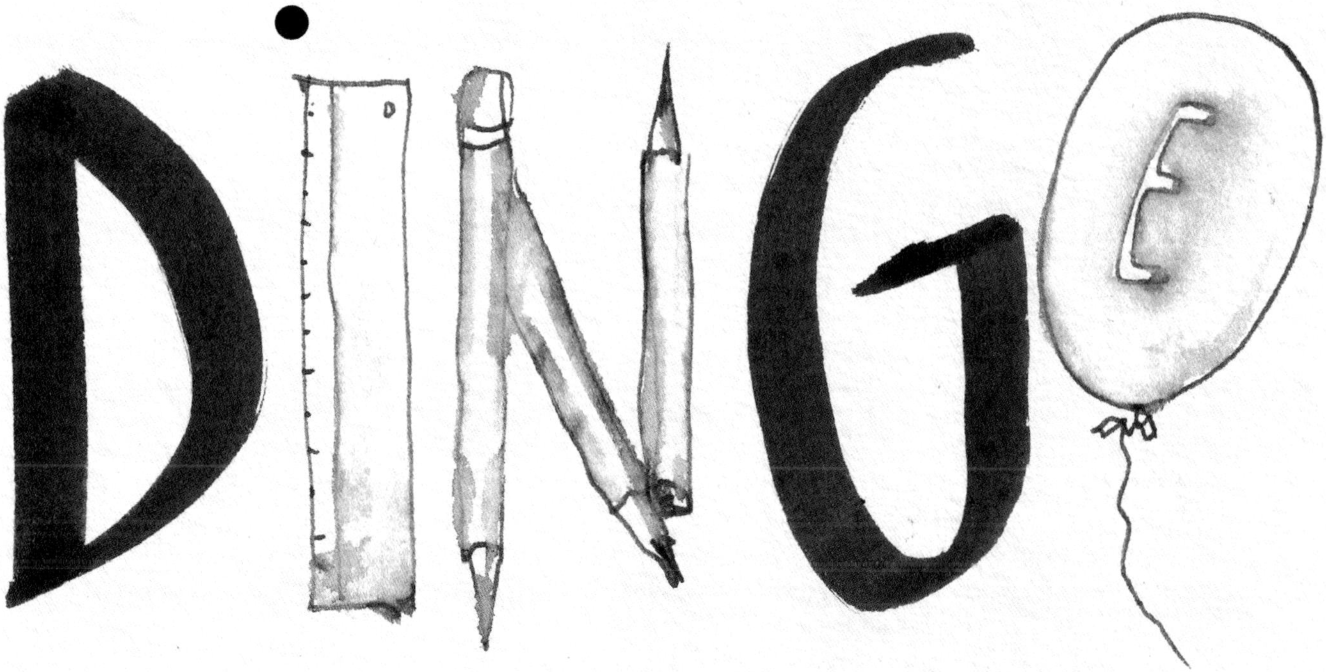

Ja, hier geht's um Dinge. Gegenstände, Sachen. In meinen Livestreams habe ich herrliche Begriffe dafür gelernt:

Krimskrams, Nippes, Stehrümmchen und Stellhinchen.

Hiermit meine ich Dinge, die fast jeder von uns zu Hause hat. Alltagsgegenstände wie Kaffeetassen, Brille, Zahnbürste.

Sie bieten eine gute Möglichkeit, das Zeichnen zu trainieren, weil man nichts besuchen, fotografieren oder aufbauen muss. Du zeichnest einfach deinen Schlüssel, deinen Schuh oder einen Gegenstand aus deiner Wohnung, der schon lange keine große Beachtung mehr genossen hat. Dies ist übrigens auch eine der Antworten auf die Frage: Was soll ich denn zeichnen?

SCHLÜSSELBUND STEP BY STEP

Sehr beliebt ist zum Beispiel das Sketchen der eigenen Zeichenutensilien. Die hat ja jede und jeder parat, die oder der grade mal sketchen möchte.

Auch empfehle ich, denselben Gegenstand öfter zu zeichnen. Ihr werdet sehen, bei jeder Wiederholung wird euch der Sketch leichter fallen.

Also, nehmt einfach einen Gegenstand – zu Beginn eventuell einen etwas weniger komplexen – und legt los!

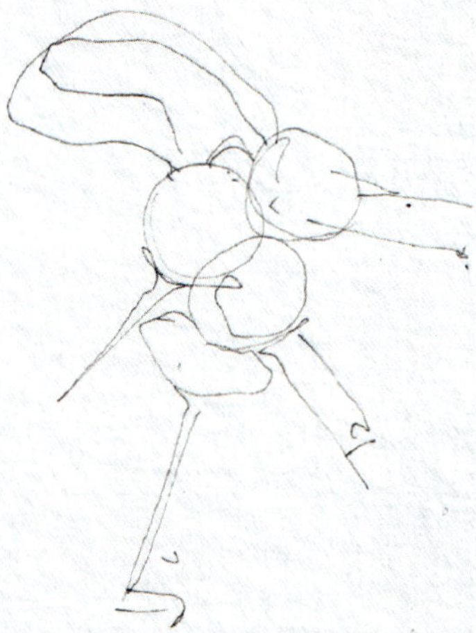

LOCKER DIE GRUNDFORMEN ZEICHNEN

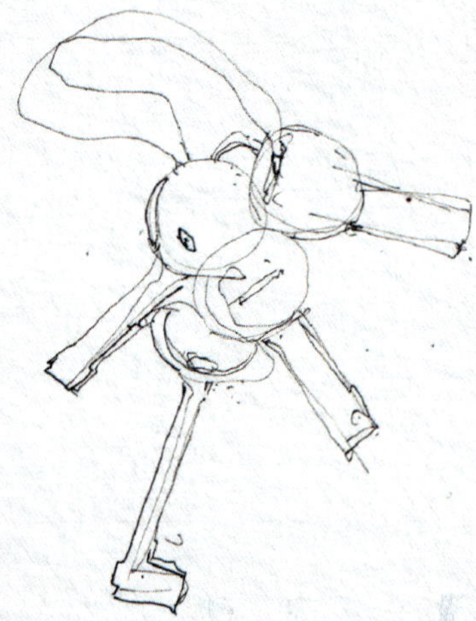

DETAILS DAZU (NICHT ZU VIELE!)

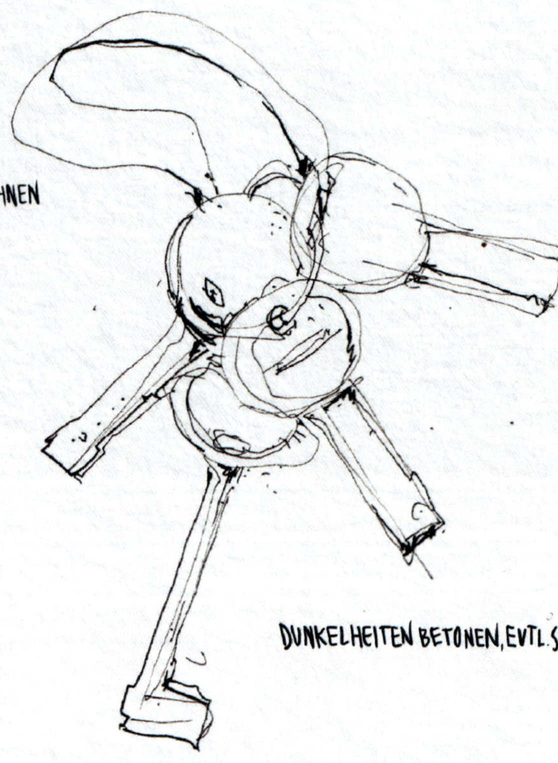

DUNKELHEITEN BETONEN, EVTL. SCHATTEN ANDEUTEN

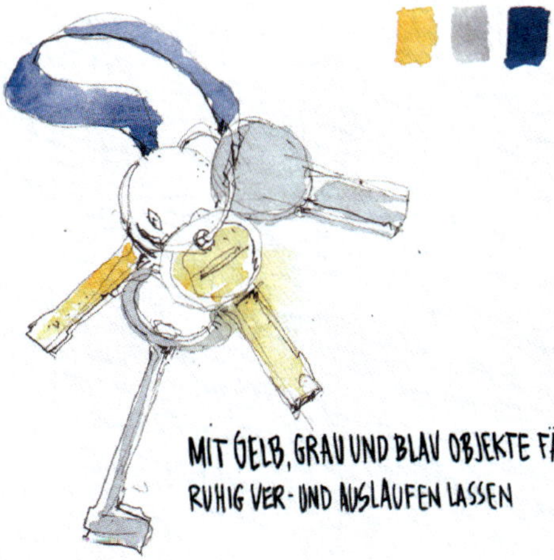

MIT GELB, GRAU UND BLAU OBJEKTE FÄRBEN,
RUHIG VER- UND AUSLAUFEN LASSEN

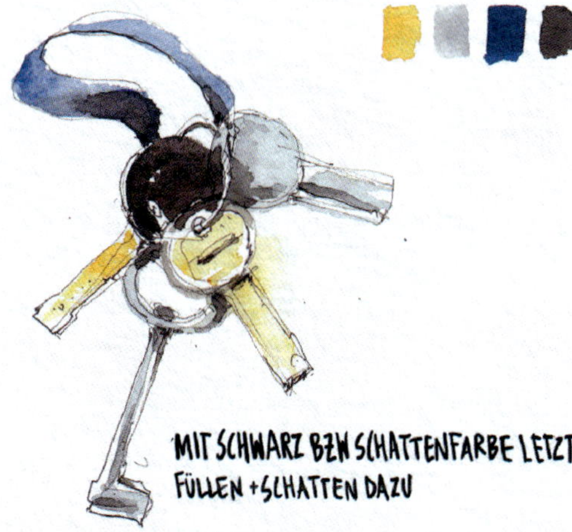

MIT SCHWARZ BZW SCHATTENFARBE LETZTE FLÄCHE
FÜLLEN + SCHATTEN DAZU

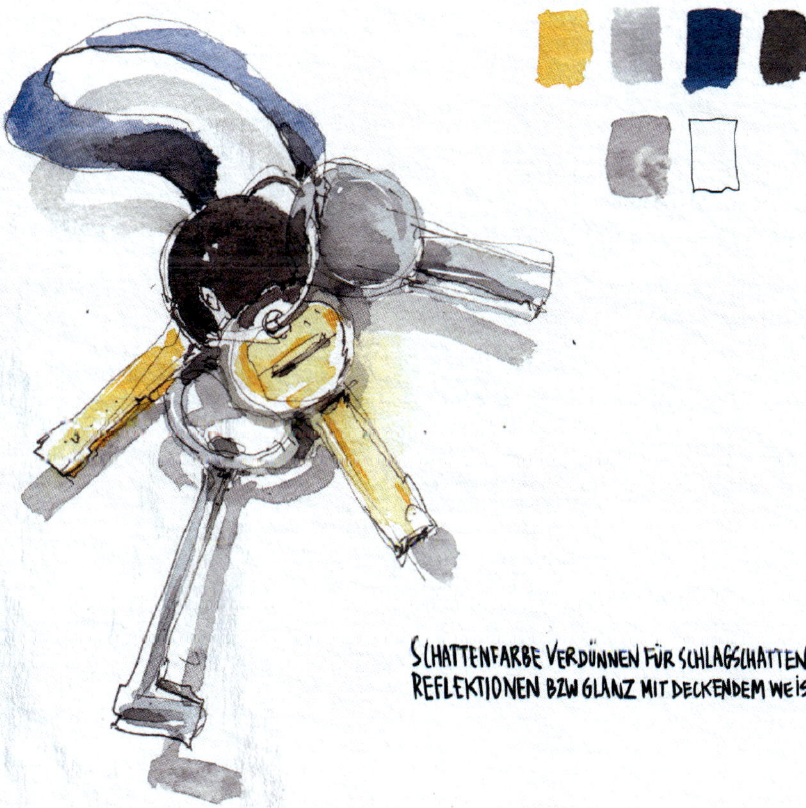

SCHATTENFARBE VERDÜNNEN FÜR SCHLAGSCHATTEN
REFLEKTIONEN BZW GLANZ MIT DECKENDEM WEISS

FARBTUBE STEP BY STEP

LOCKER DIE GRUNDFORMEN ZEICHNEN

DETAILS DAZU

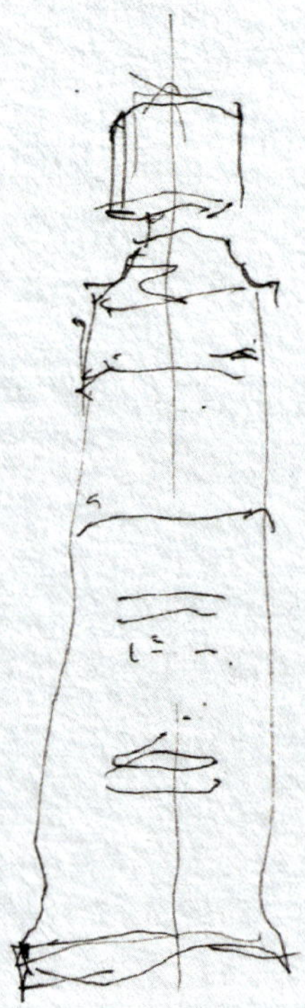

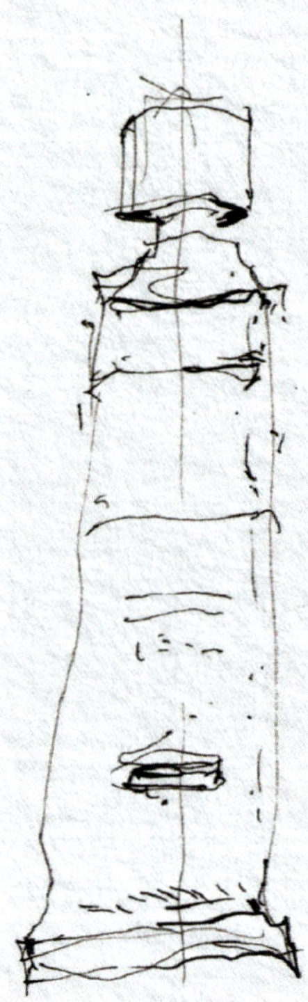

DUNKELHEITEN BETONEN

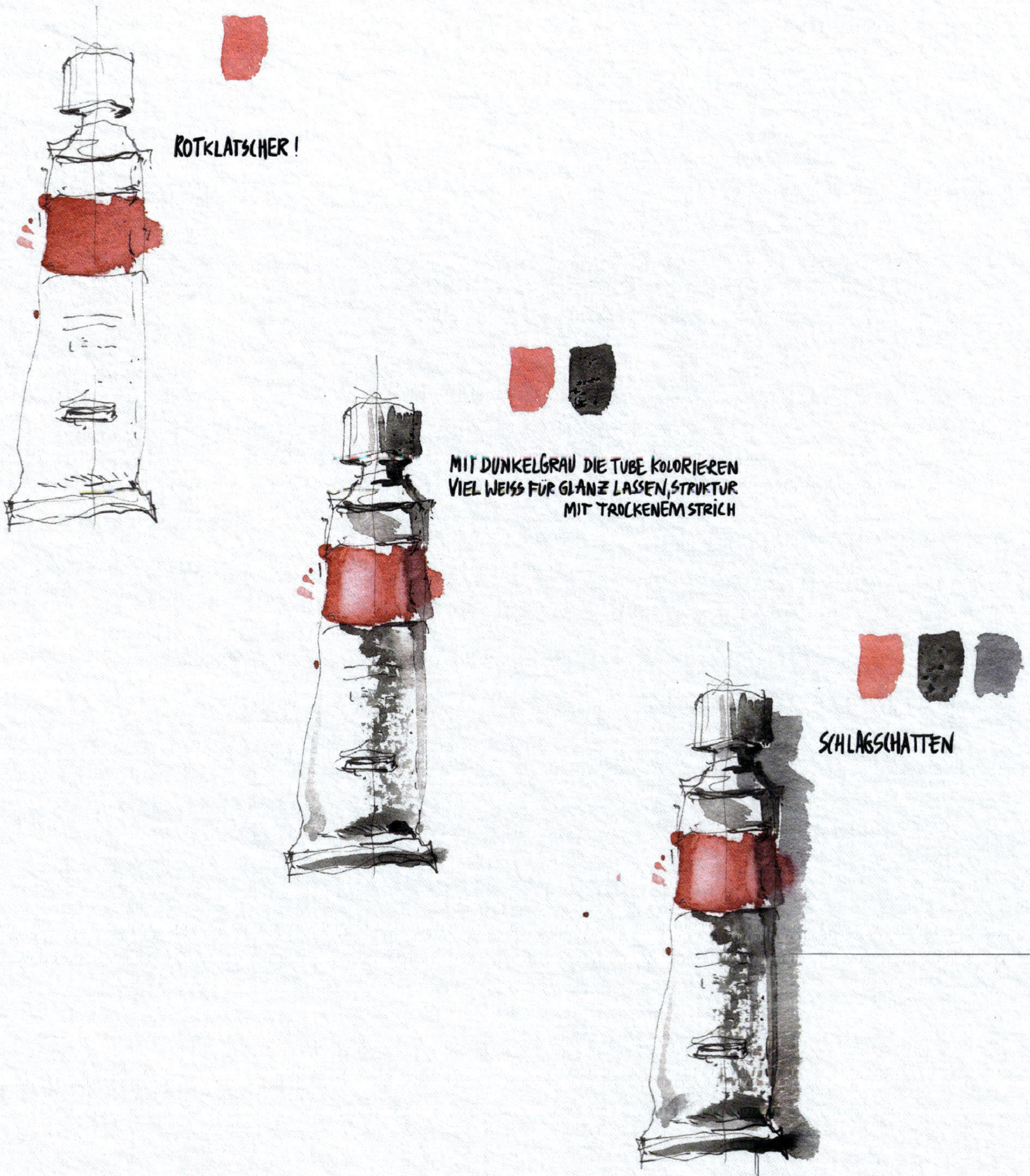
ROTKLATSCHER!
MIT DUNKELGRAU DIE TUBE KOLORIEREN
VIEL WEISS FÜR GLANZ LASSEN, STRUKTUR
MIT TROCKENEM STRICH
SCHLAGSCHATTEN

AQUARELLKASTEN STEP BY STEP

ZEICHNUNG

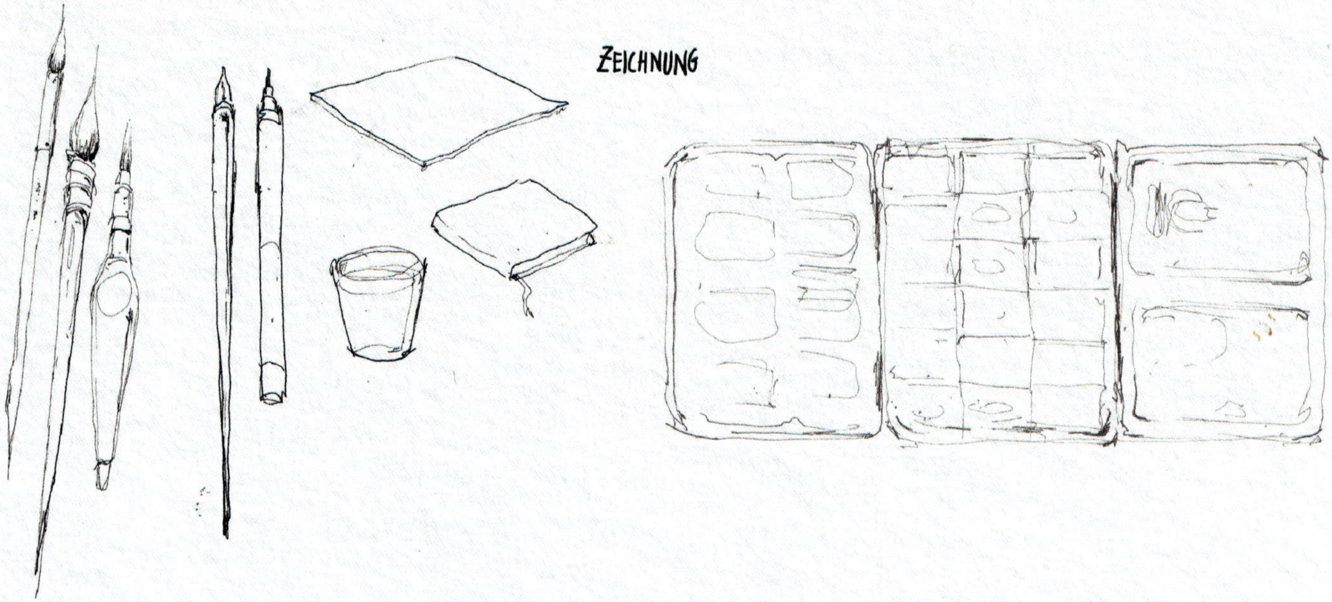

ERSTE FARBEN - IM NASSEN ZUSTAND RUHIG EINEN DUNKLEREN TONWERT DAZU

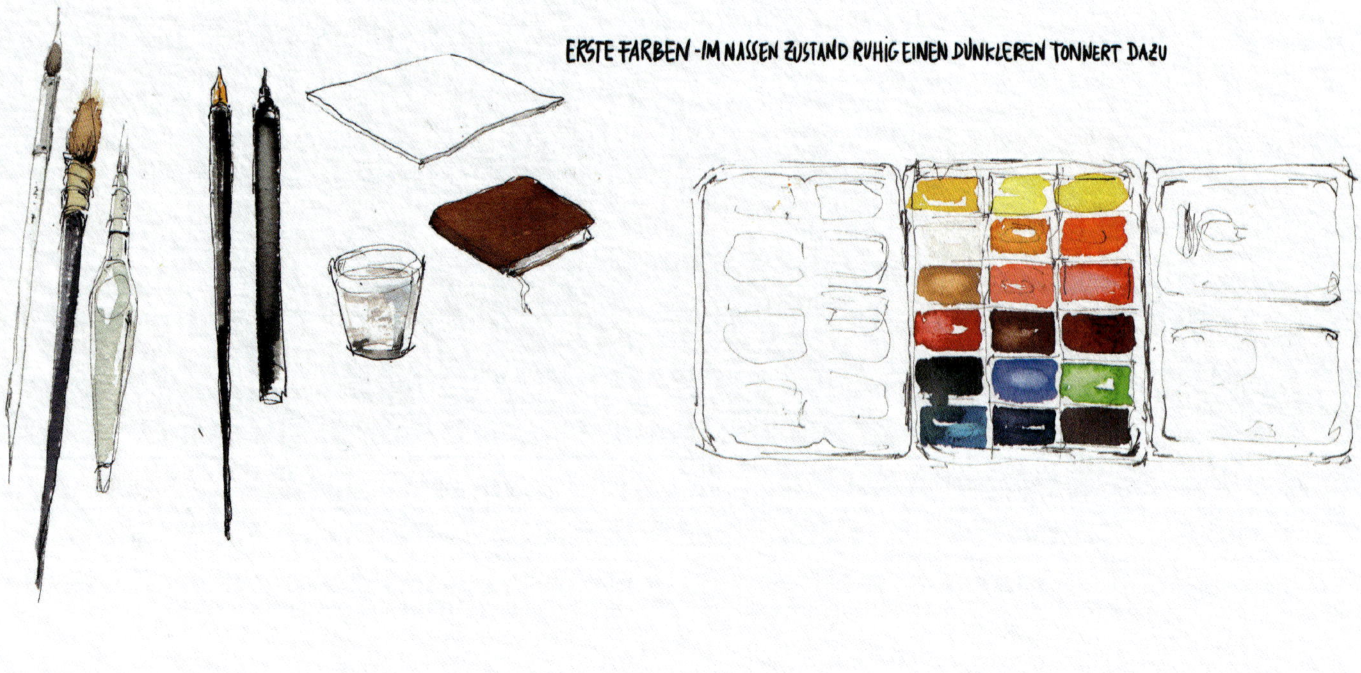

SCHATTEN + DUNKELHEITEN MALEN

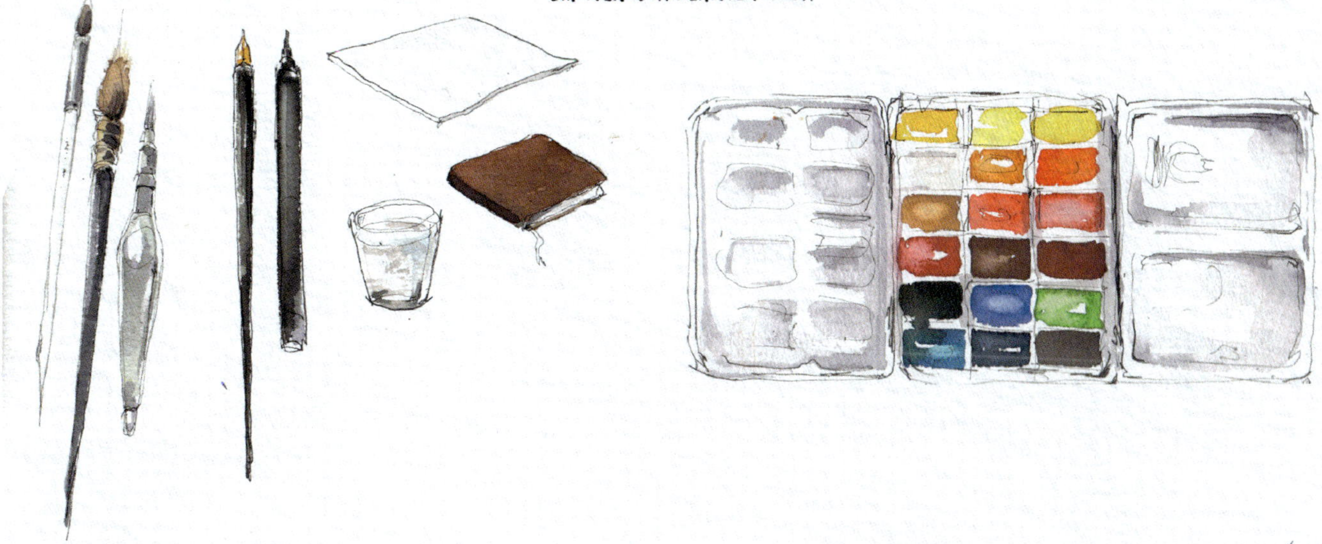

SCHLAGSCHATTEN + HINTERGRUND (NASS IN NASS)
(UND NATÜRLICH SCHMUDDELFLECKEN)

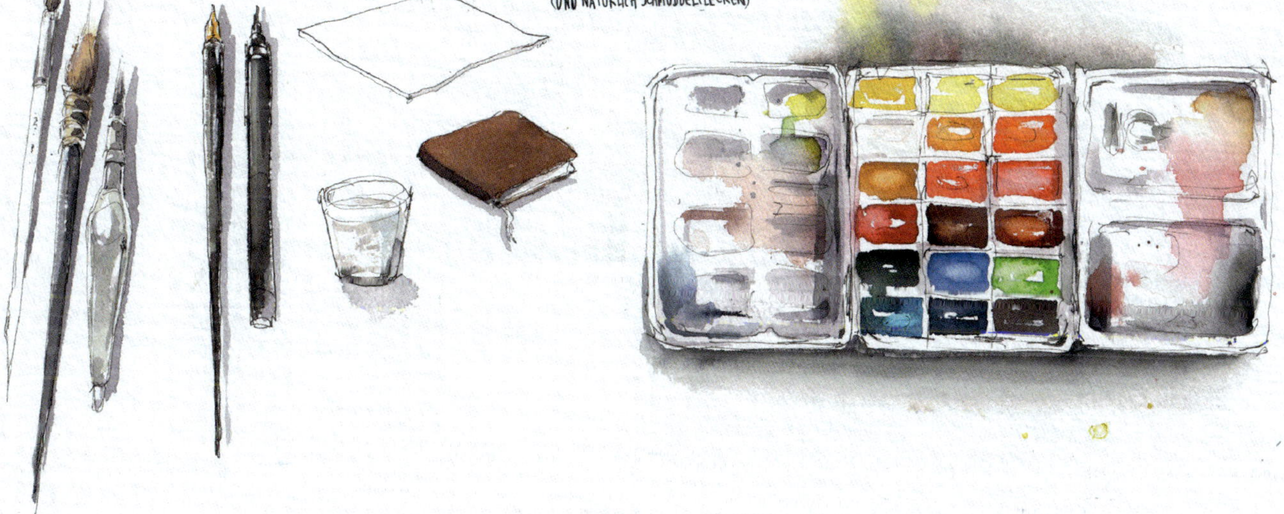

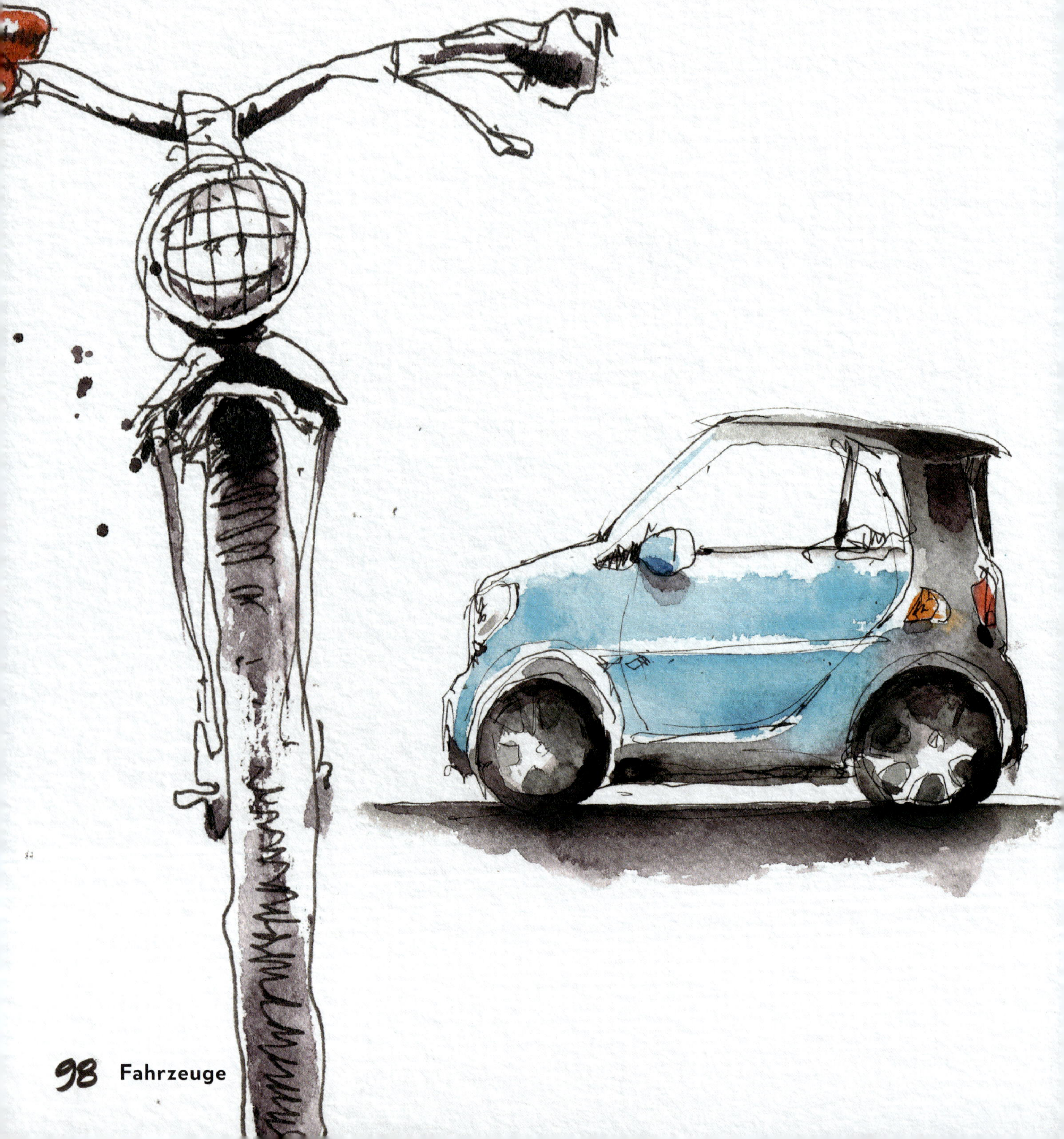

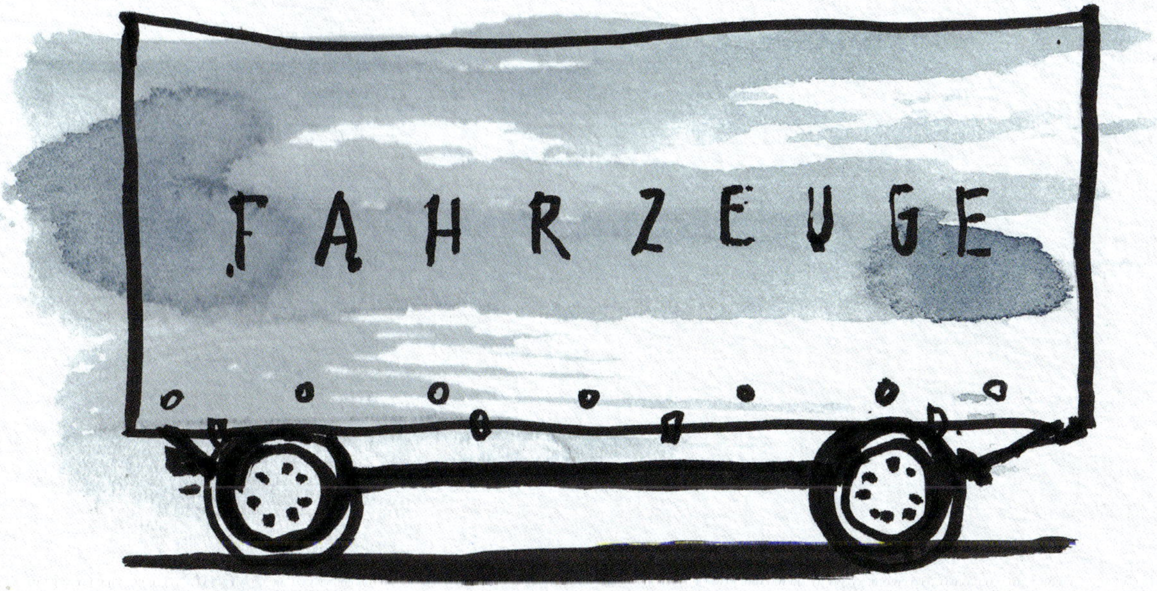

Dies ist ein besonderes Kapitel, weil jeder, der mich kennt, weiß, dass ich mit Autos lange auf Kriegsfuß stand.

Als kleiner Junge malt man andauernd Autos, doch irgendwann ist mir dieses Motiv entfleucht. Ich habe es lange Zeit vermieden, Autos zu zeichnen. Irgendwann sah ich dann Zeichnungen einer Sketcherin und war ganz fasziniert davon, wie sie es schaffte, den blöden, viereckigen, symmetrischen Autos Leben zu verleihen. Von diesem Impuls beflügelt machte ich mich wieder an mein Hassthema – und zeichnete Autos.

Und es klappte! Und da geht noch mehr: Seither stelle ich mir immer wieder folgende Aufgabe. Ich nenne sie die Ampelphasen-Challenge.

Ich setze mich mit gezücktem Stift an eine Straßenecke und beobachte. An einer Kreuzung wartet immer eine Gruppe an der roten Ampel, entweder Fußgänger*innen oder Autofahrer*innen. Fahrradfahrende sind in beiden Gruppen vertreten. Ich zeichne die wartende Gruppe, entweder Autos oder Passanten, bis sie loslaufen oder -fahren. Ist eine Seite oder Doppelseite voll, fange ich an zu kolorieren.

FAHRRAD STEP BY STEP

Auf den nächsten Seiten findet ihr eine Step-by-step-Anleitung zum Sketchen von Fahrrädern und Autos.

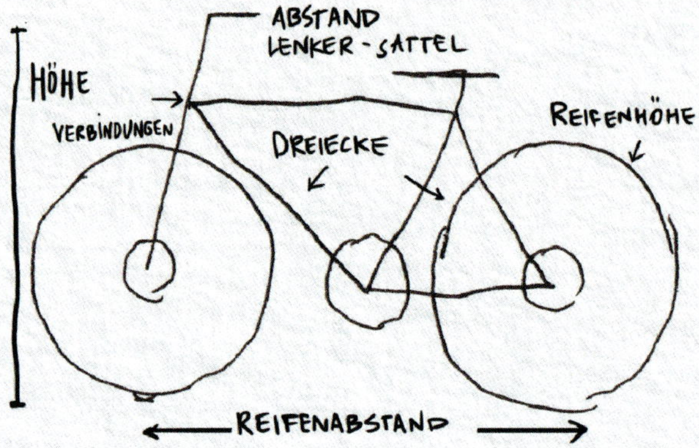

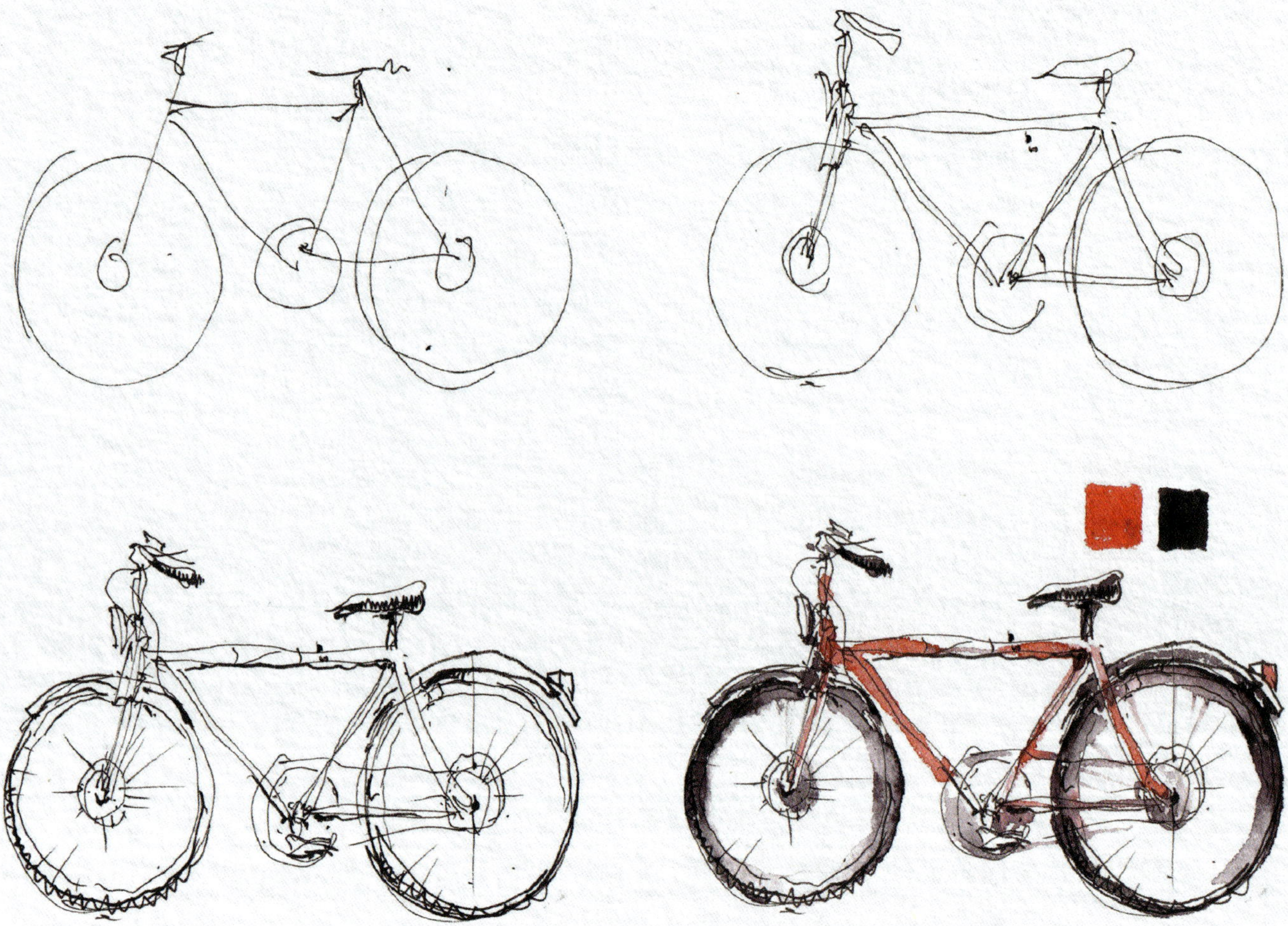

Denke immer wieder daran, deine Motive genau anzuschauen und zu analysieren. Was sind die Hauptmerkmale? Wie kannst du sie vereinfachen?

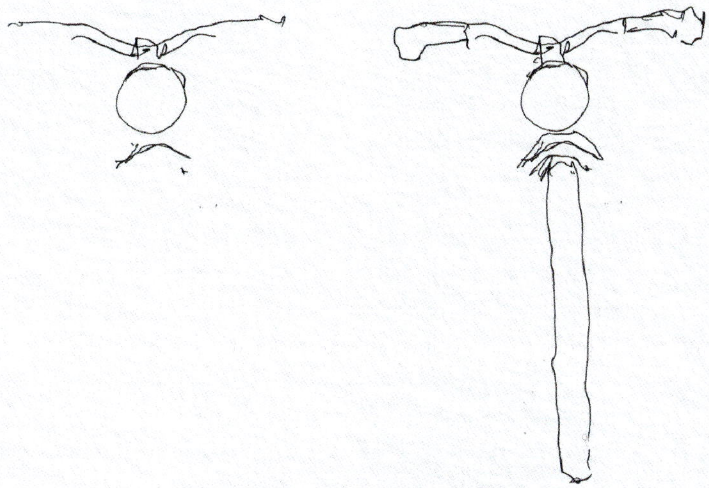

LOCKER DIE GRUNDFORMEN ZEICHNEN

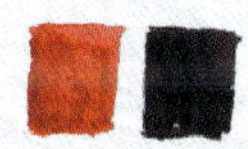

N' BISSCHEN ROT UND SCHATTEN

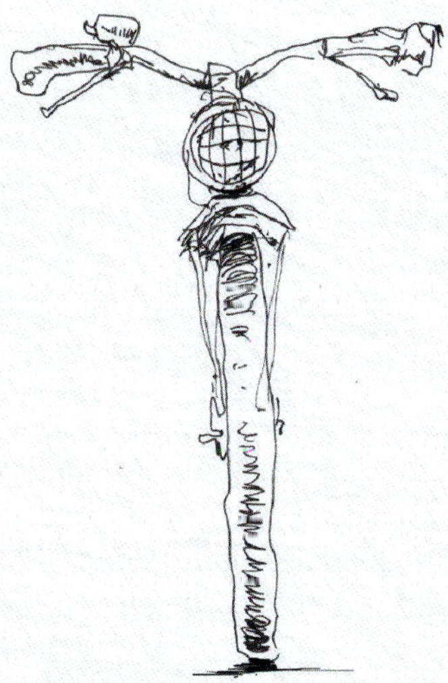

DUNKELHEITEN BETONEN, EVTL. SCHATTEN ANDEUTEN

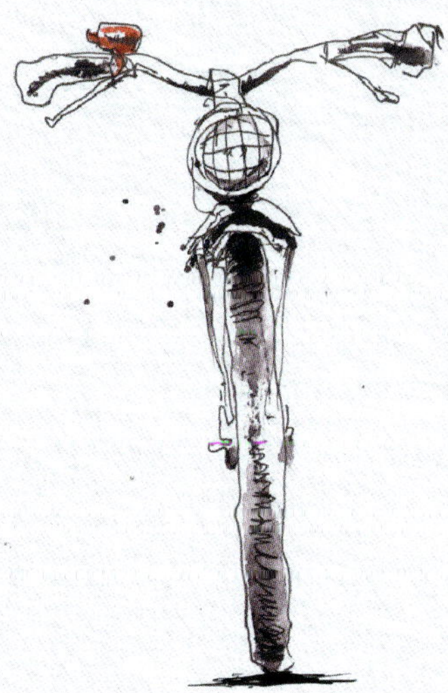

AUTO STEP BY STEP

Es gibt tausende verschiedener Modelle und Formen von Autos. Ich habe hier eins gezeichnet, das hoffentlich recht allgemein ist.

Auch beim Zeichnen von Autos macht es Sinn, das Objekt genauer zu untersuchen. Dafür habe ich ein paar Anhaltspunkte gesammelt: die Form der Karosserie, die Säulen, den Reifenabstand. Das alles lässt sich natürlich auch noch erweitern, zum Beispiel durch senkrechte Hilfslinien.

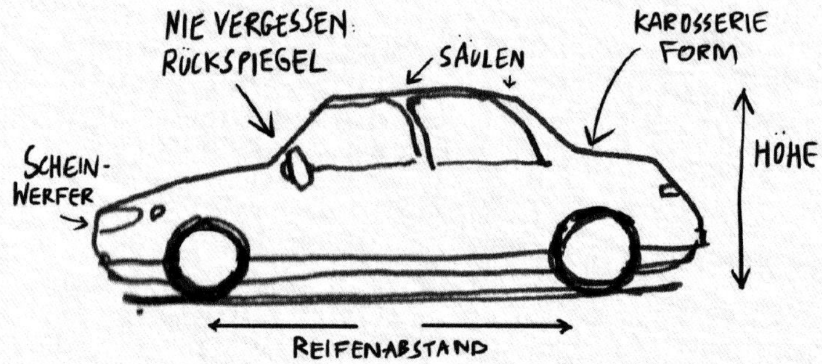

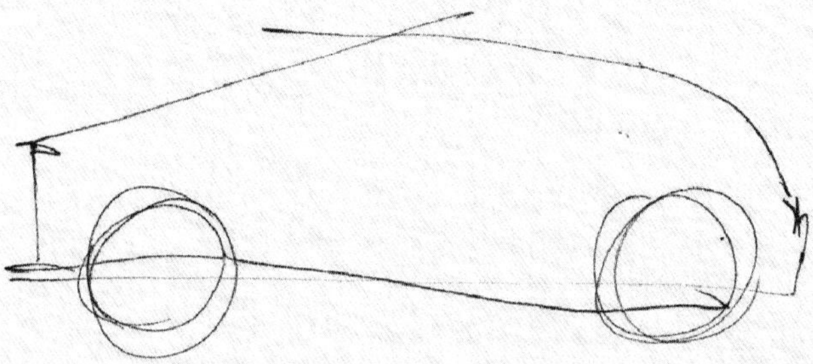

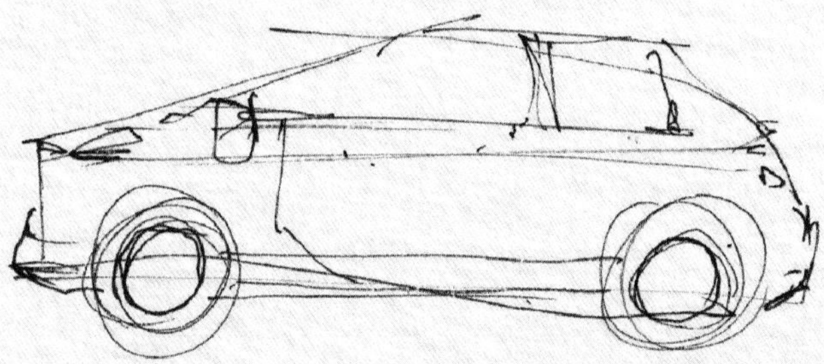

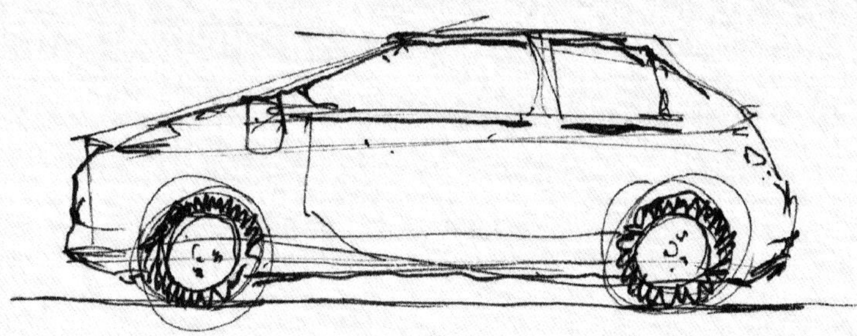

ZEICHNUNG

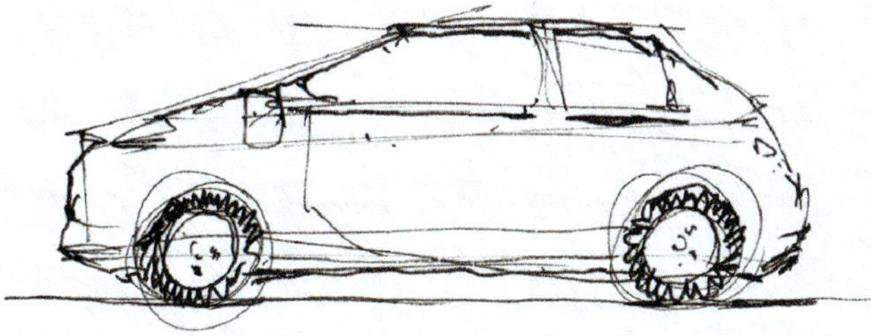

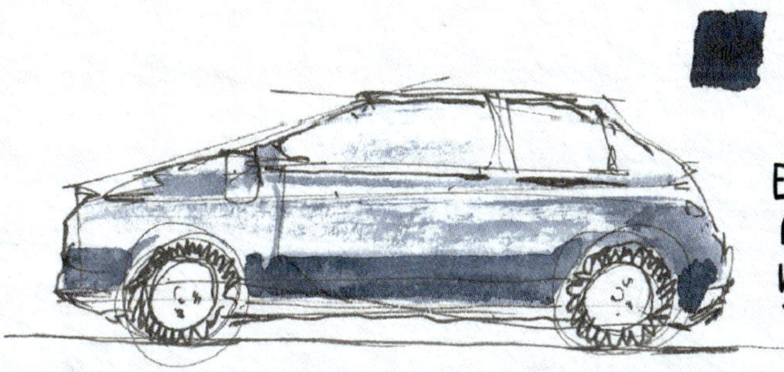

ERSTE FARBEN - IM NASSEN ZUSTAND RUHIG EINEN DUNKLEREN TONWERT DAZU
WEISS FÜR GLANZ LASSEN, STRUKTUR MIT TROCKENEM STRICH

MIT SCHWARZ BZW SCHATTENFARBE LETZTE FLÄCHE FÜLLEN
+SCHATTEN DAZU

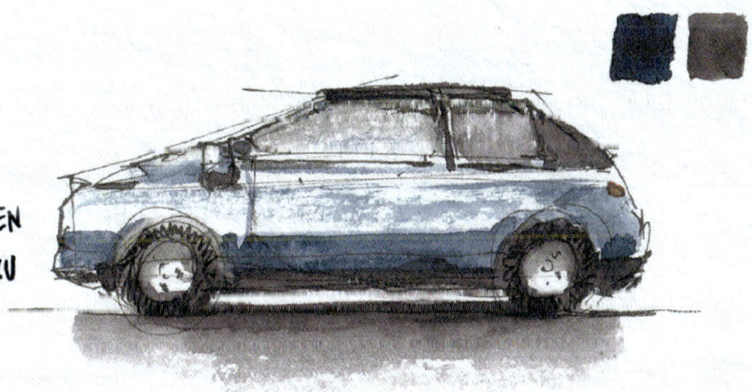

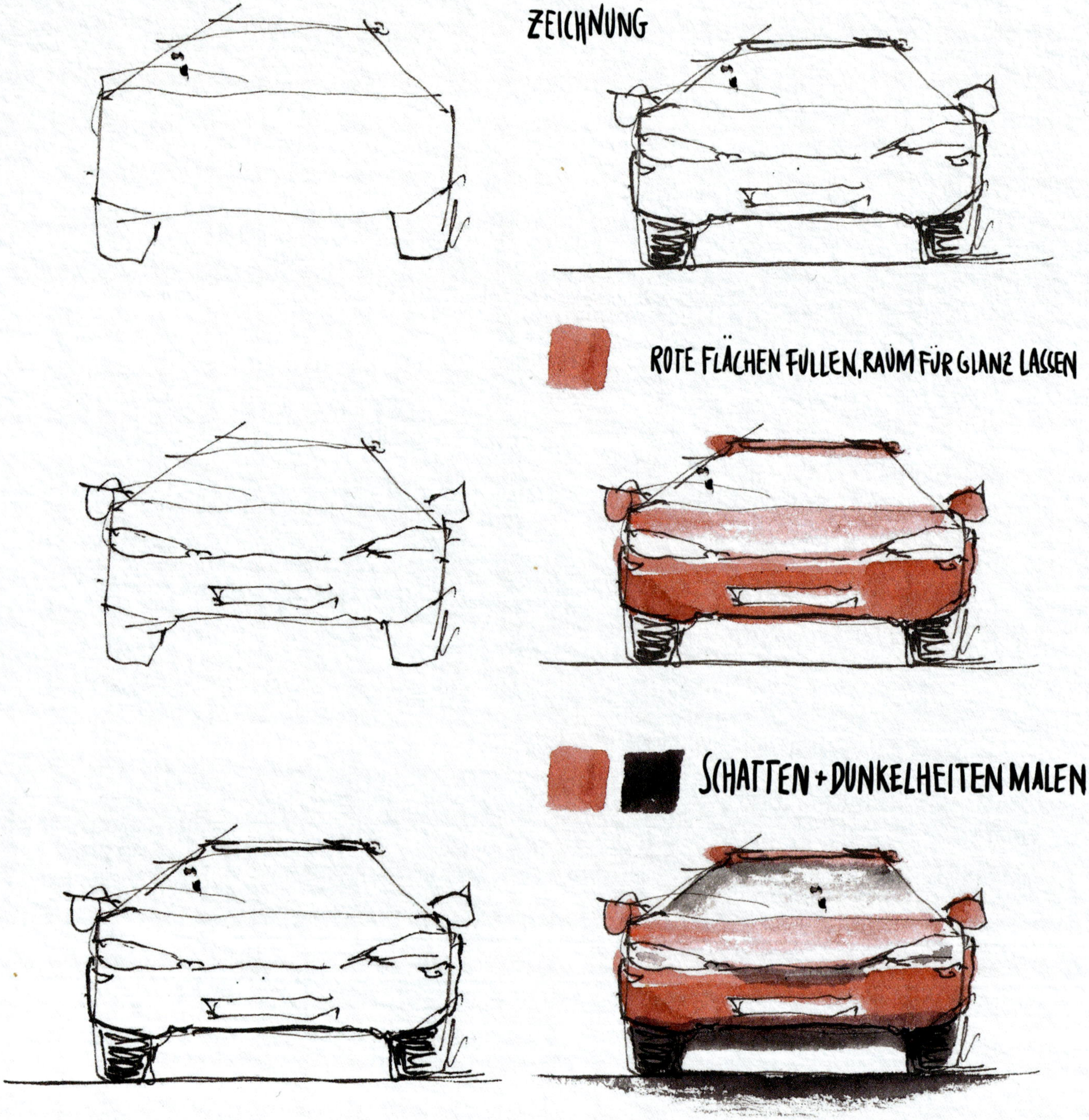
ZEICHNUNG
ROTE FLÄCHEN FULLEN, RAUM FÜR GLANZ LASSEN
SCHATTEN + DUNKELHEITEN MALEN

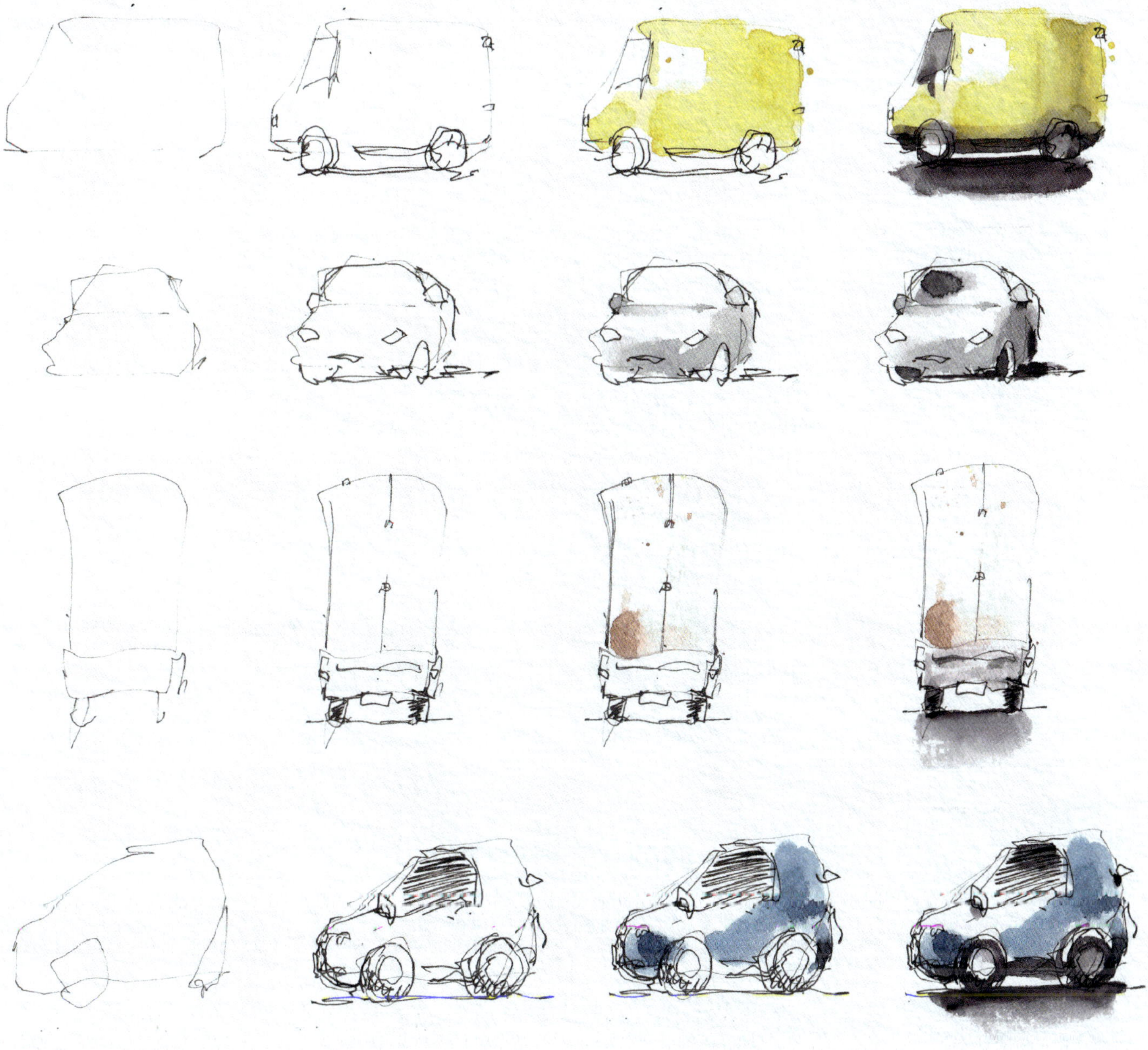

LOCKER DIE GRUNDFORMEN ZEICHNEN

DETAILS DAZU (NICHT ZU VIELE!)

ERSTE FARBEN

SCHATTEN + DUNKELHEITEN MALEN

WO IST DAS AUTO?

Hier noch ein ganz spezieller Tipp von mir zum Zeichnen von Autos – oder wie du ein Auto auftauchen lassen kannst, ohne es zeichnerisch darzustellen ...

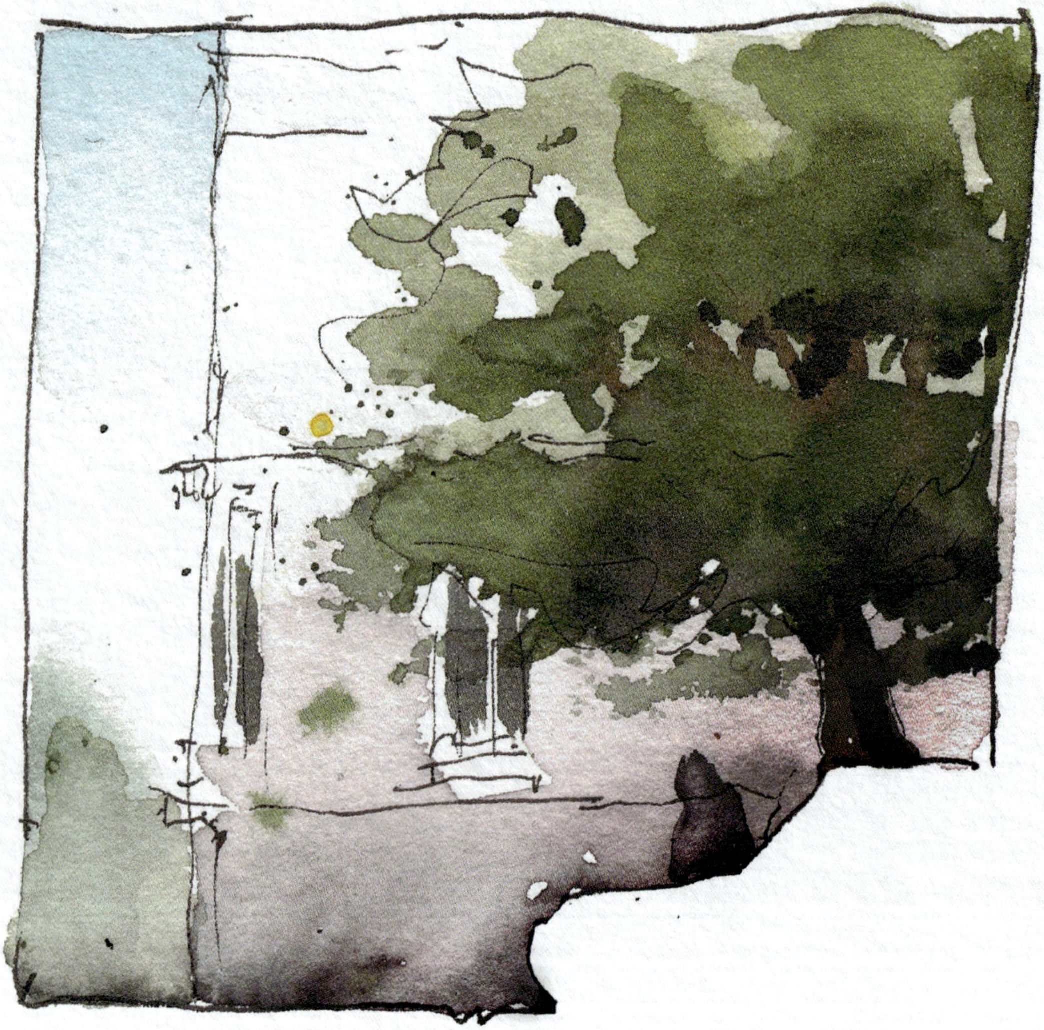

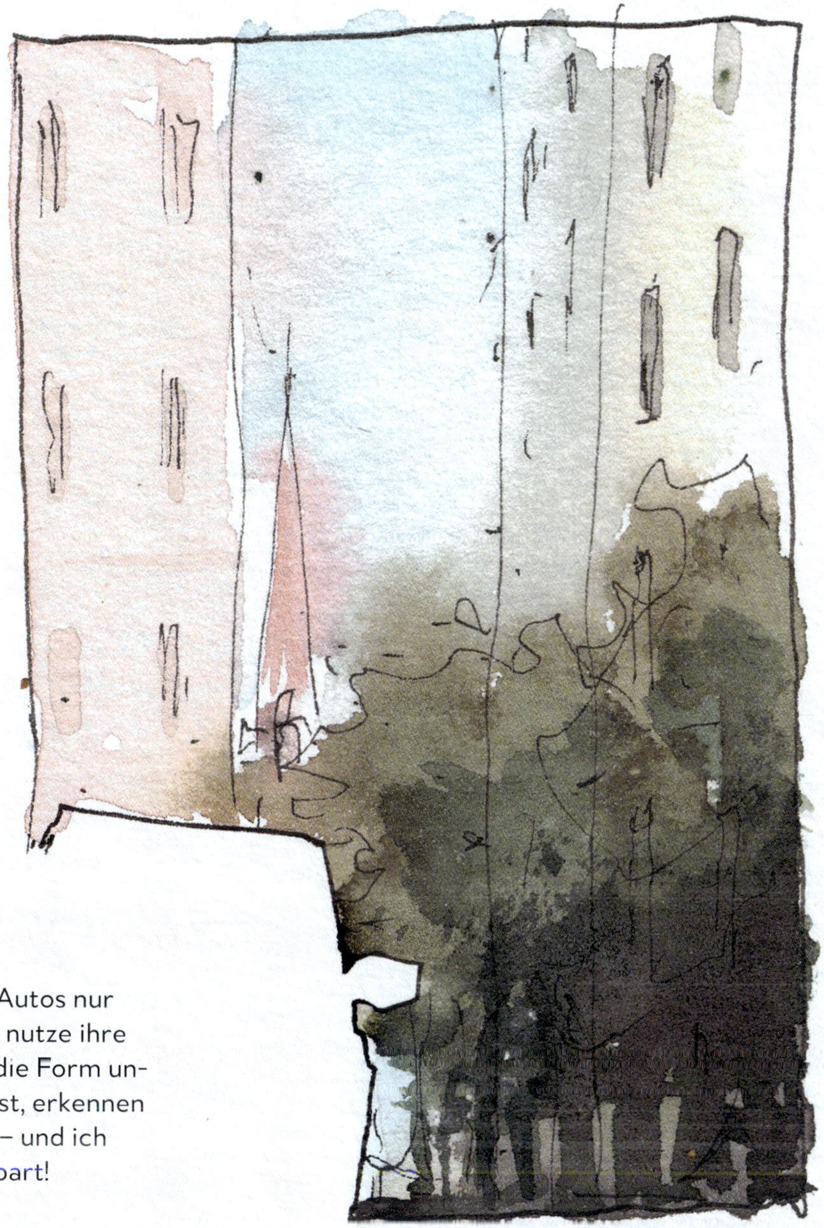

Manchmal reduziere ich Autos nur auf ihre Silhouetten oder nutze ihre Umrisse als Rahmen. Da die Form unserem Auge so vertraut ist, erkennen wir es trotzdem als Auto – und ich habe mir den Sketch gespart!

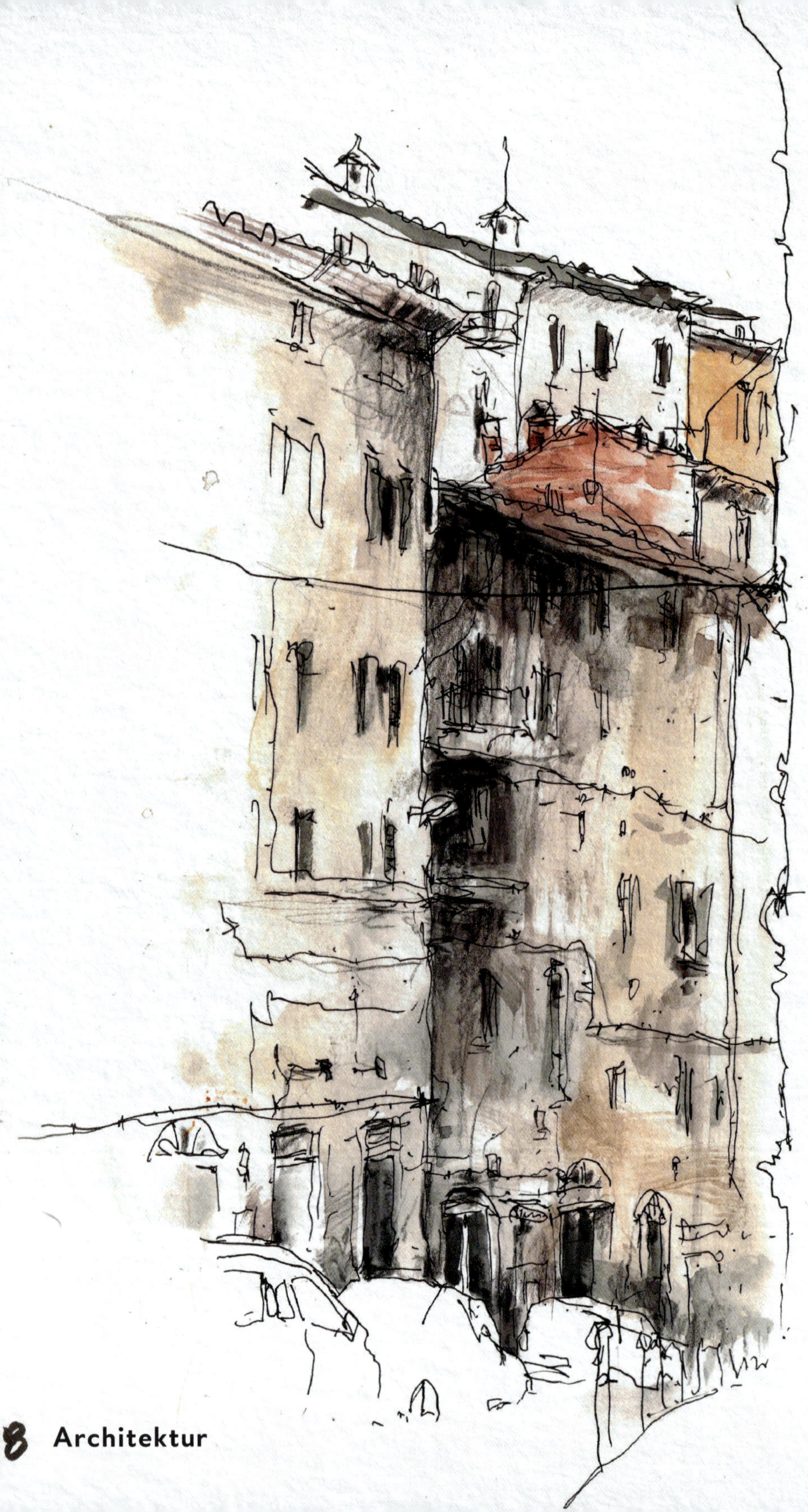

ARCHITEKTUR

Nicht zuletzt durch das Urban Sketching ist das Zeichnen von Architekturen seit Jahren wieder in Mode. Diese Disziplin ist nicht neu, Reise- und Architekturskizzen gibt es schon sehr lange, aber Urban Sketching hat frischen Wind in das Thema gebracht. Mittlerweile gibt hunderttausende Urban Sketchers auf der ganzen Welt.

Sie alle eint das Credo: Jede*r malt und zeichnet seine Umwelt vor Ort!

Unter den Hashtags #urbansketching #urbansketchers #usk findet ihr unzählige Posts, Bilder und Videos.

ARCHITEKTUR

In meinem Architektur-Kapitel zeige ich euch eine fiktive Stadtansicht als Zeichnung und wie sie koloriert aussehen könnte. Weiterhin schauen wir uns an, wie ein Haus aufgebaut ist und was es für Tricks gibt, um es zügig zu visualisieren.

Natürlich spielt gerade bei der Architektur die Perspektive eine nicht unbedeutende Rolle. Das heißt, es macht Sinn, zum Beispiel etwas über Fluchtlinien zu wissen. Es gibt aber auch moderne Architekturskizzen, bei denen jeder Perspektivprofi Kammerflimmern bekommt.

Es ist also möglich, auch solche Sketches ohne das Wissen über Perspektive anzufertigen. Ich denke aber, dass es langfristig pfiffiger ist, wenn ihr euch wenigstens kurz mit den Grundsätzen der Perspektive beschäftigt, bevor ihr an Architekturskizzen geht (schaut mal auf den Seiten 40/41 nach).

Versteht mich nicht falsch – ihr müsst nicht zum Profi werden! Wenn meine Architektenfreund*innen sich meine Sketches angucken, sehen sie in einer Hundertstelsekunde die ersten Perspektivfehler. Trotzdem habe ich große Freude daran, Straßenecken in mein Buch zu zeichnen. Wie ich das ungefähr mache, seht ihr am Schluss des Kapitels.

Wer mehr über Urban Sketching erfahren möchte, zum Beispiel, wo sich die nächstgelegene USK-Gruppe befindet, wann das nächste Deutschlandtreffen oder sogar ein internationales Symposium stattfindet oder auch, wer einfach nur Sketches aus aller Welt sehen will: www.urbansketchers.org

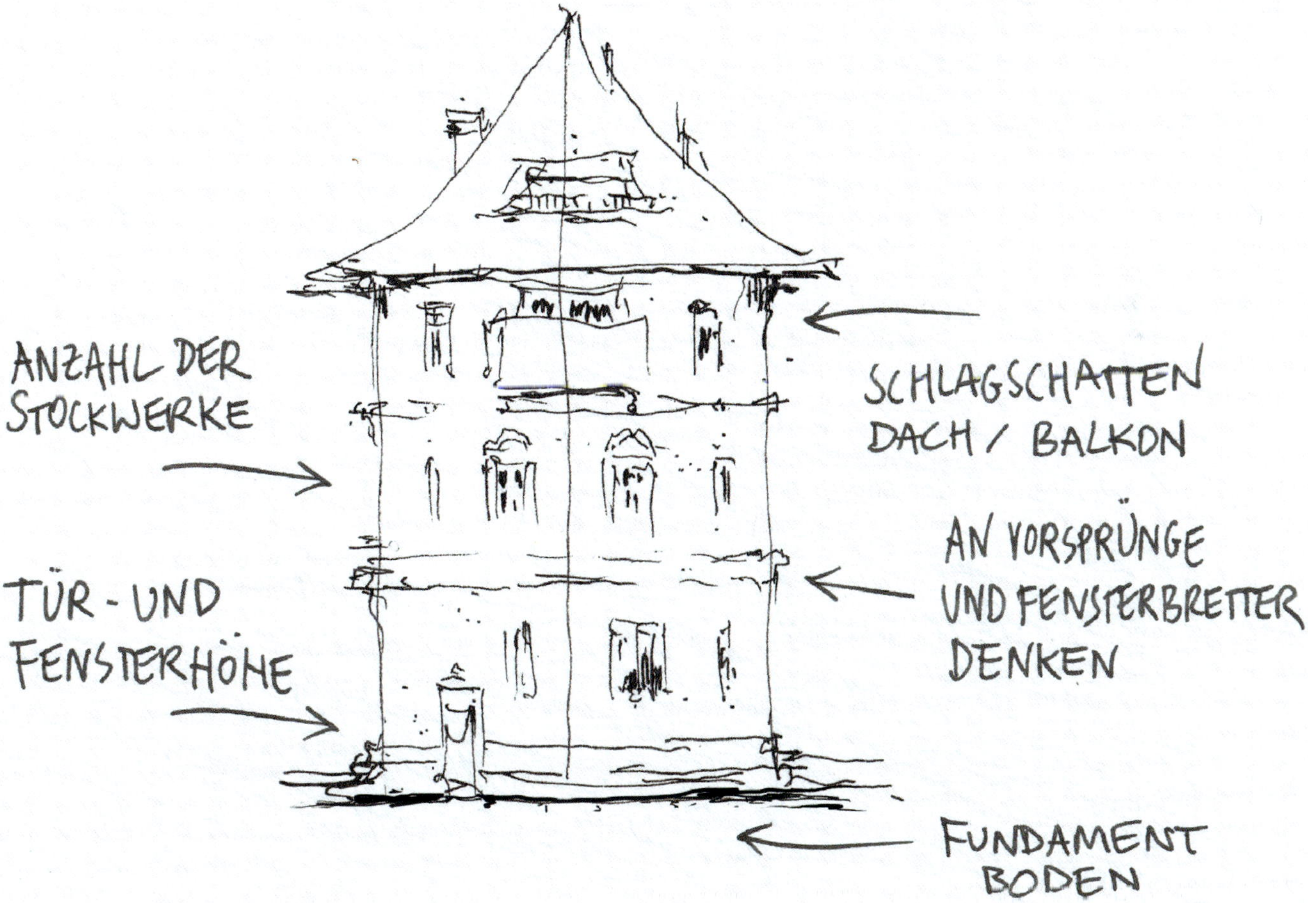
ANZAHL DER STOCKWERKE
TÜR- UND FENSTERHÖHE
SCHLAGSCHATTEN DACH / BALKON
AN VORSPRÜNGE UND FENSTERBRETTER DENKEN
FUNDAMENT BODEN

HAUS STEP BY STEP

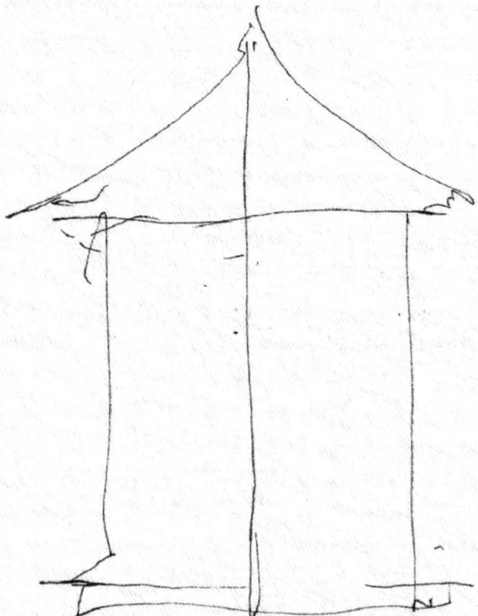

LOCKER DIE GRUNDFORMEN ZEICHNEN

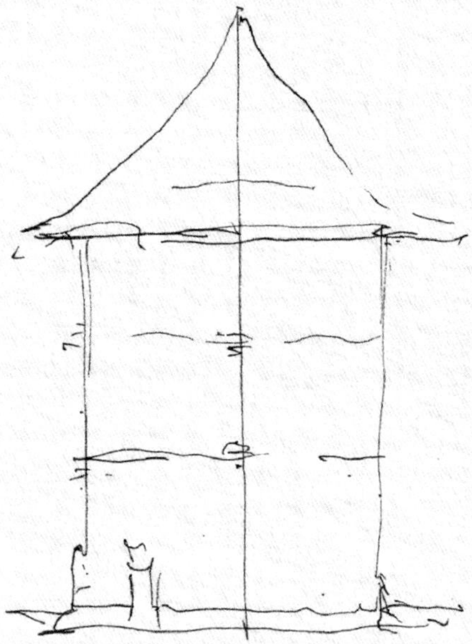

EINTEILUNG

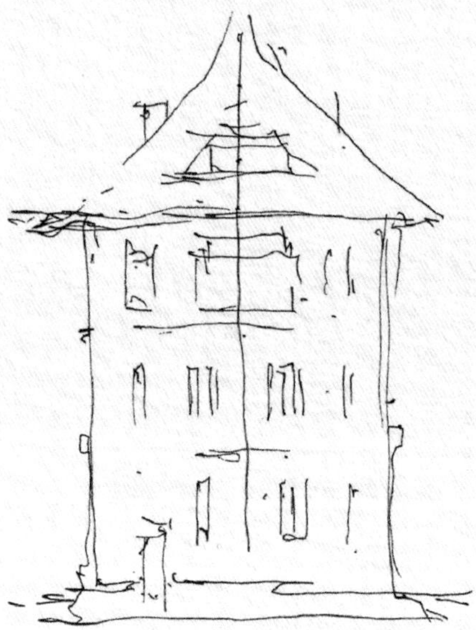

DETAILS DAZU (NICHT ZU VIELE!)

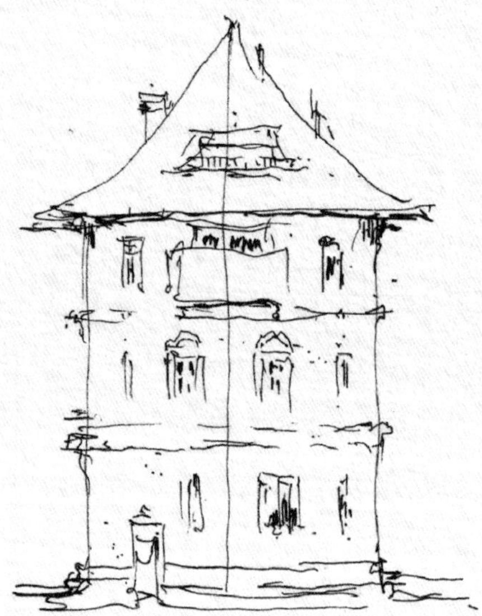

DUNKELHEITEN BETONEN, EVTL. SCHATTEN ANDEUTEN

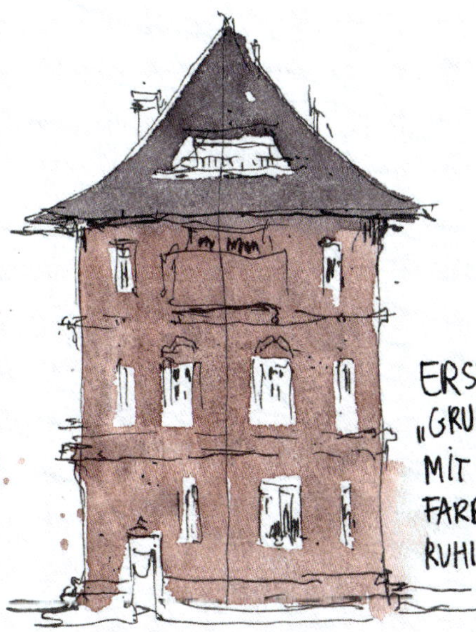

ERSTE „GRUNDIERUNG" MIT BEIDEN FARBEN. KÖNNEN RUHIG VERLAUFEN!

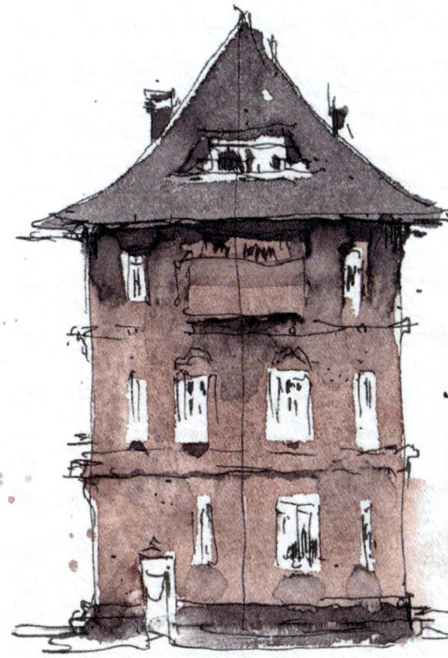

SCHLAGSCHATTEN UND OBJEKTSCHATTEN ERST INS TROCKENE SETZEN, DANN AUFWEICHEN.

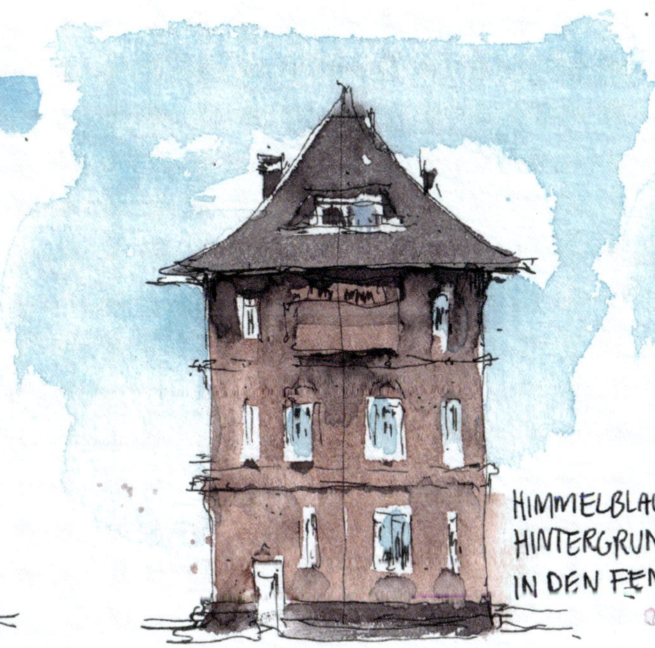

HIMMELBLAU IM HINTERGRUND UND IN DEN FENSTERN.

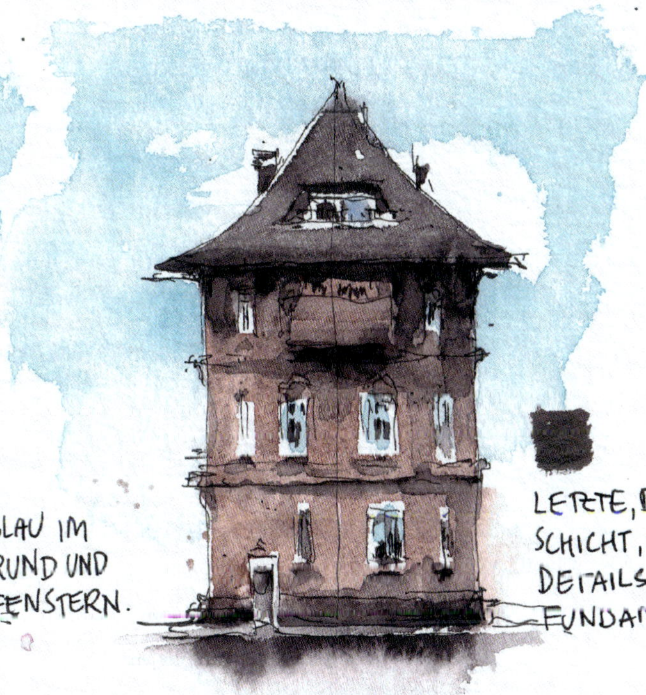

LETZTE, DUNKELSTE SCHICHT, EIN PAAR DETAILS UND EIN FUNDAMENT

FERNSEHTURM STEP BY STEP

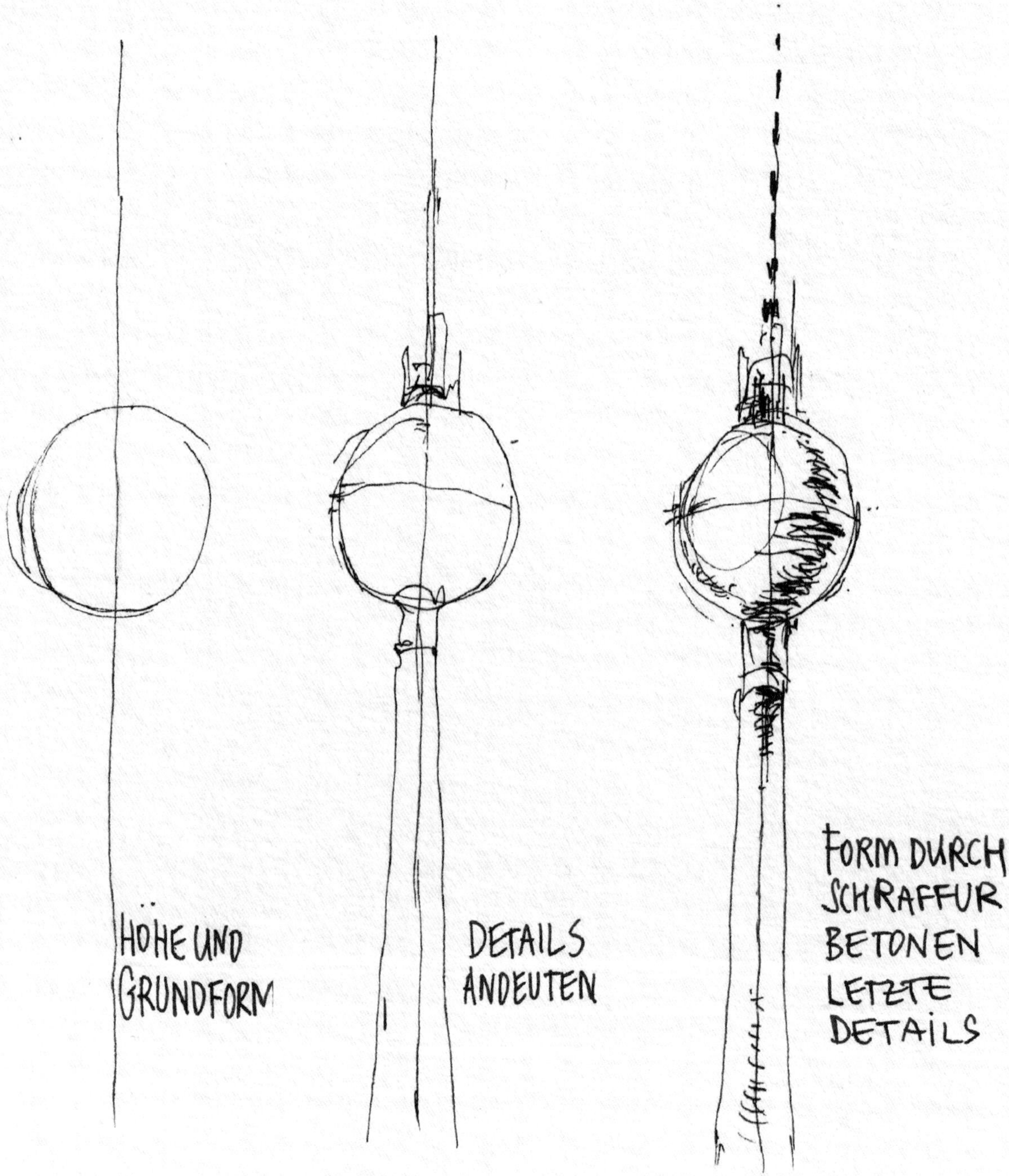

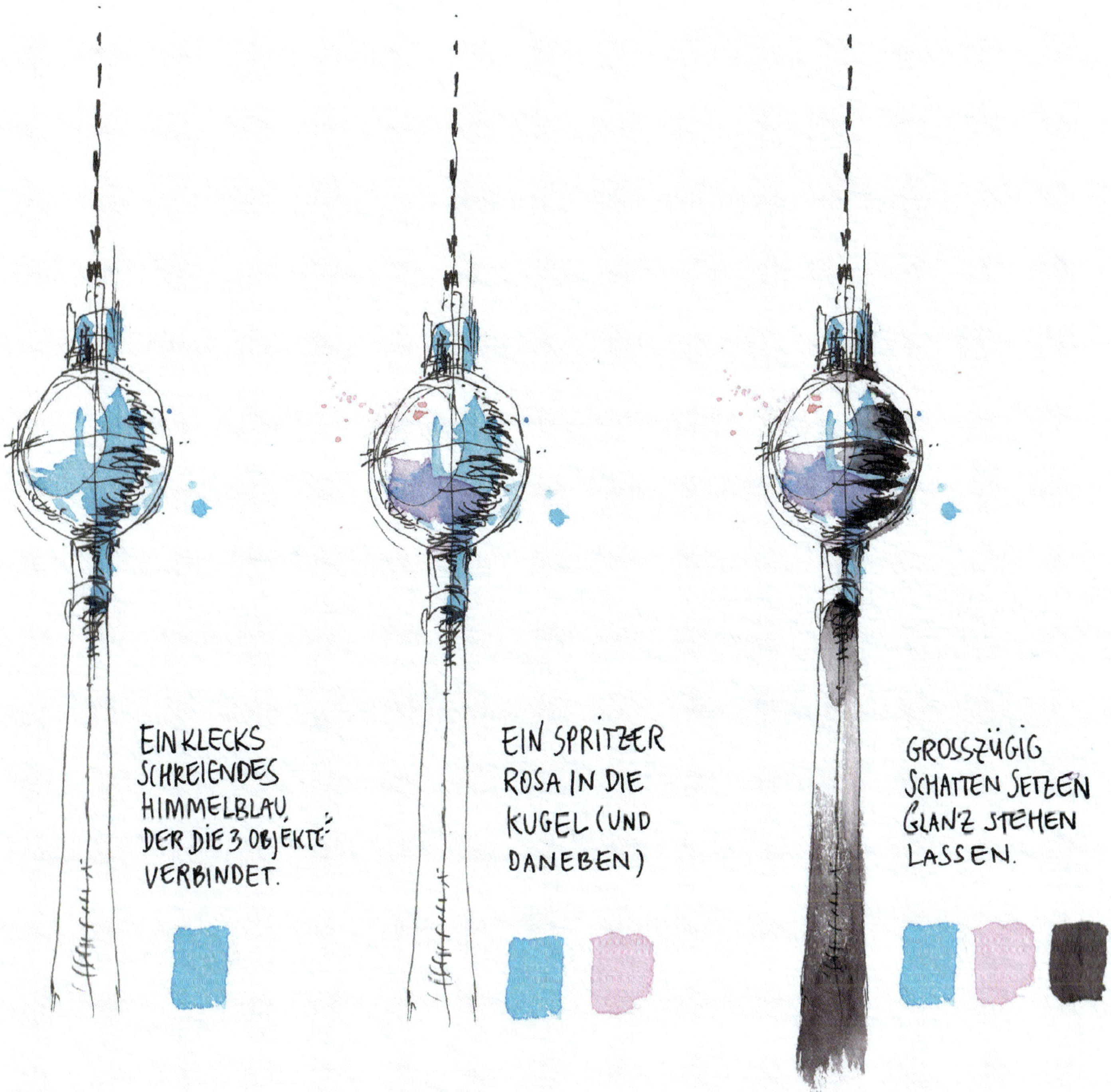
EIN KLECKS SCHREIENDES HIMMELBLAU, DER DIE 3 OBJEKTE VERBINDET.
EIN SPRITZER ROSA IN DIE KUGEL (UND DANEBEN)
GROSSZÜGIG SCHATTEN SETZEN GLANZ STEHEN LASSEN.

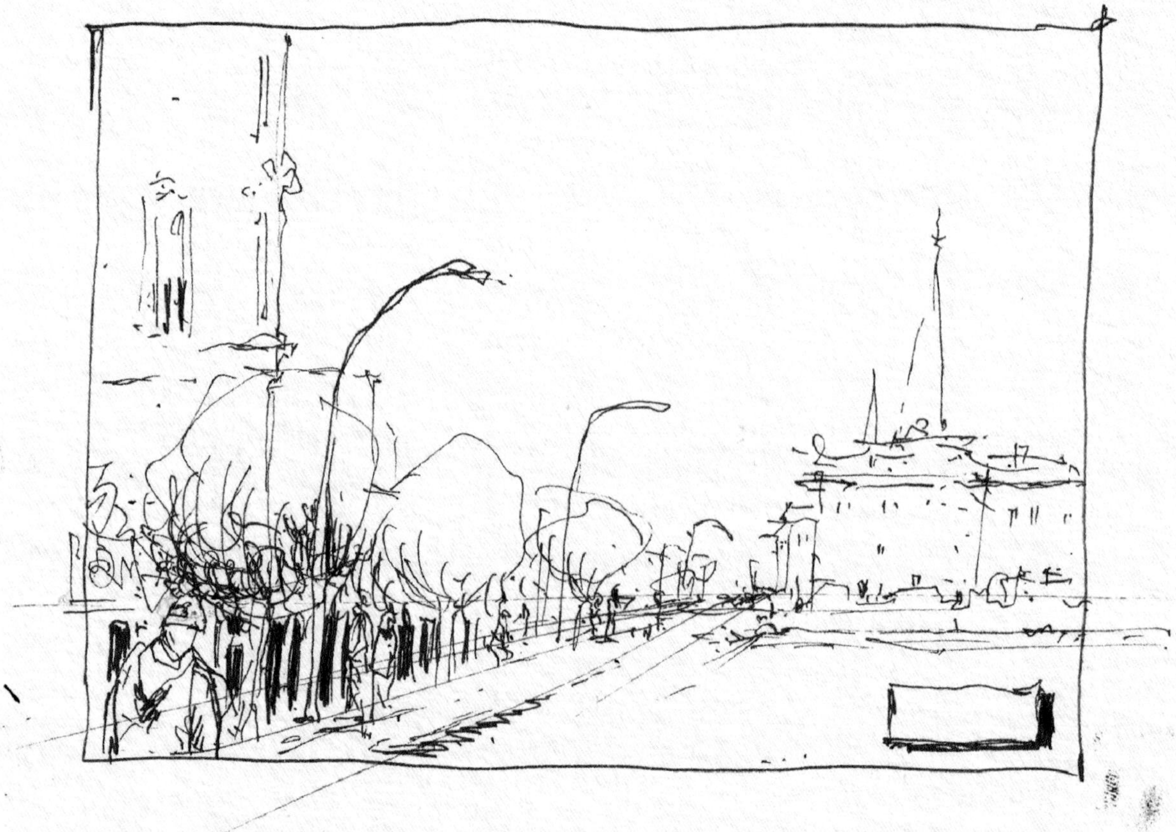

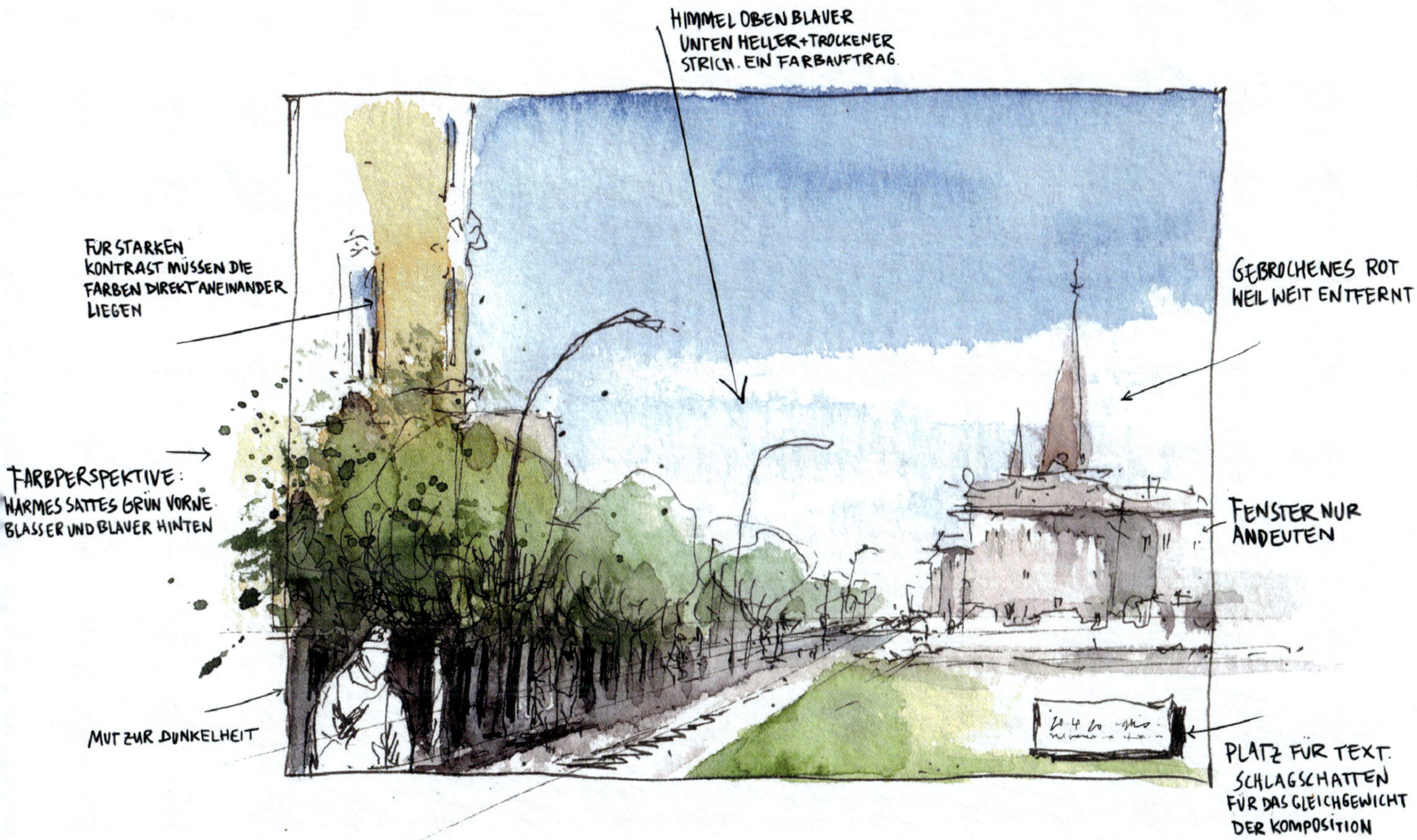
HIMMEL OBEN BLAUER
UNTEN HELLER + TROCKENER
STRICH. EIN FARBAUFTRAG.
FÜR STARKEN
KONTRAST MÜSSEN DIE
FARBEN DIREKT ANEINANDER
LIEGEN
FARBPERSPEKTIVE:
WARMES SATTES GRÜN VORNE
BLASSER UND BLAUER HINTEN
MUT ZUR DUNKELHEIT
GEBROCHENES ROT
WEIL WEIT ENTFERNT
FENSTER NUR
ANDEUTEN
PLATZ FÜR TEXT.
SCHLAGSCHATTEN
FÜR DAS GLEICHGEWICHT
DER KOMPOSITION

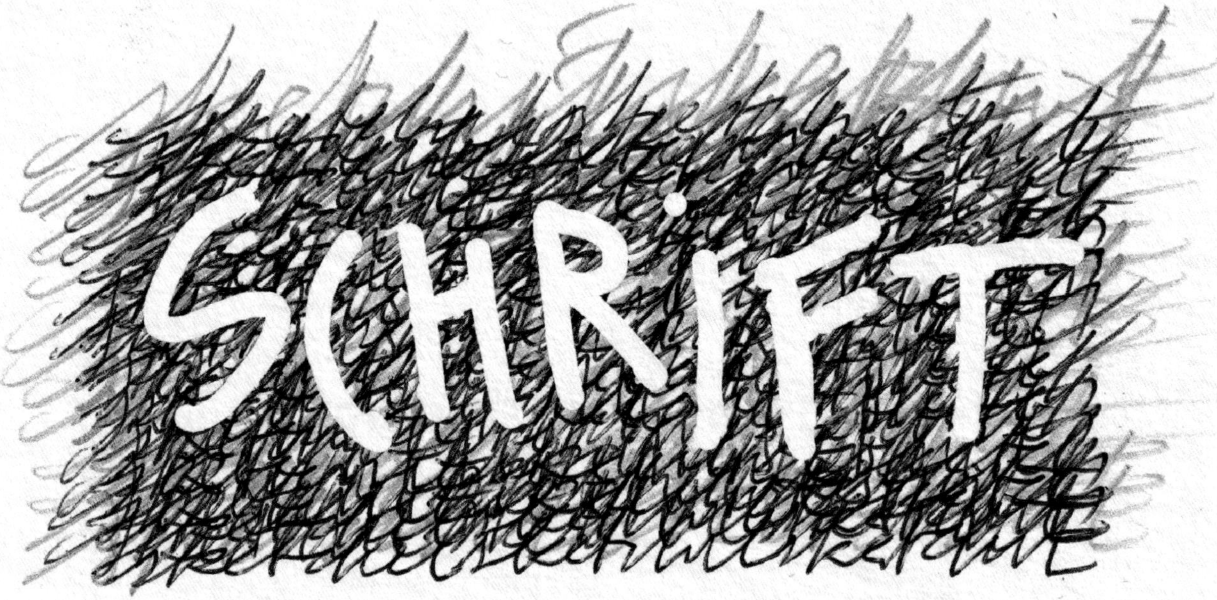

Was hat denn „Schrift“ hier zu suchen? Ich dachte, es geht ums Sketchen?!

Jeder, der sketcht, sollte mindestens das Datum und den Ort, an dem er zeichnet, dazuschreiben. Aber deswegen ein ganzes Kapitel zum Thema Schrift? Da muss noch mehr sein. Stimmt, und zwar betrifft das einmal die inhaltliche Seite und zum anderen die Form der Schrift.

Was das Inhaltliche angeht: Wie gesagt, immer ein Datum und eine Ortsangabe vermerken, wer mag, noch eine Signatur. Ich empfehle euch aber, noch etwas mehr dazuzuschreiben.

Warum? Text ist eine zusätzliche Möglichkeit, beim Betrachtenden einen weiteren „Schalter anzuknipsen“. Ihr sendet also neben dem gezeichneten noch einen weiteren Reiz.

Nutzt diese Chance. Ich schreibe sehr oft noch einen Satz zum Sketch dazu: etwas besonders Dämliches oder Schlaues, was ich vom Nebentisch aufgeschnappt habe, einen Gedanken, einen Ohrwurm.

Formell gibt es für mich 2 Schriften, die kleine und die große.

Hier mehr dazu:

BEI DER KLEINEN SCHRIFT UNTERSCHEIDE ICH IN 2 EXTREME DIE

Sonntagsschrift

UND DIE

MONtaGSSCHRIFt

IRGENDWO DAZWISCHEN BEFINDET SICH DEINE HANDSCHRIFT. TRAINIERE DAS SCHREIBEN IN BEIDE RICHTUNGEN!

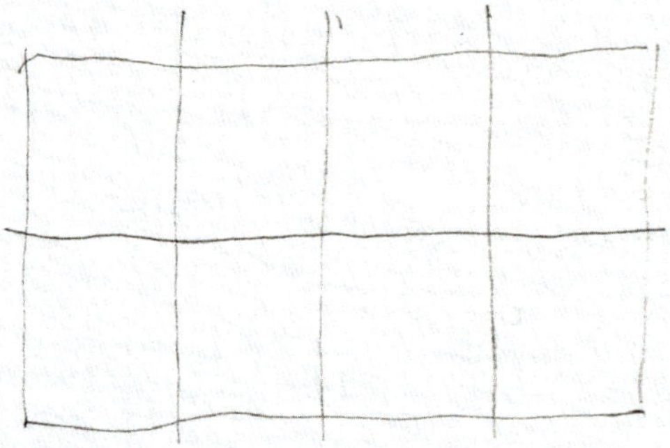

DIE SOG. GROSSEN SCHRIFTEN NUTZE ICH ALS AUFWENDIGERE SCHRIFTZÜGE ÜBERSCHRIFTEN ODER ORTSNAMEN etc.
HIER EIN TIPP:

- LEGE DIR ZUERST EIN RECHTECK AN, IN DEM DIE SCHRIFT STATTFINDEN SOLL
- TEILE ES NACH ANZAHL DER BUCHSTABEN EIN
- EINE MITTELLINIE ZUR ORIENTIERUNG
- SETZE NUN MÖGLICHST GENAU DIE BUCHSTABEN.

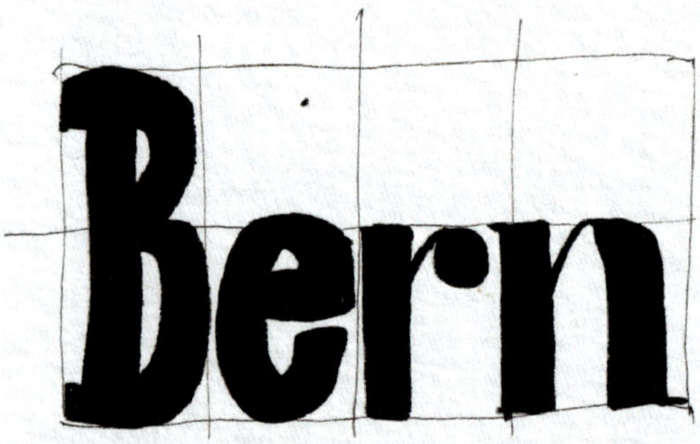

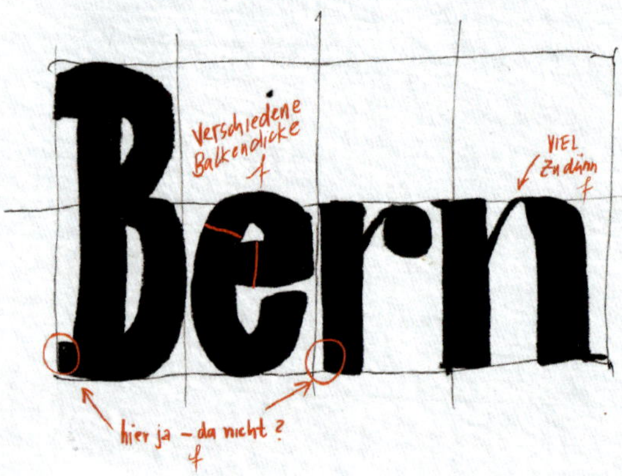

SELBST WENN DU ES SCHAFFEN SOLLTEST EINE SCHRIFTART PERFEKT ZU SCHREIBEN (mit Lineal und kleinem Mini-Zirkel ?)… DAS ERGEBNIS WIRD LAHM.

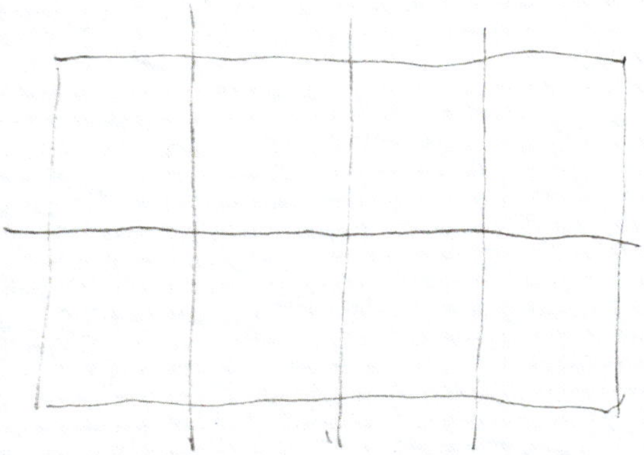

ALSO ANDERS:

DAS RASTER BLEIBT
BLEIBT

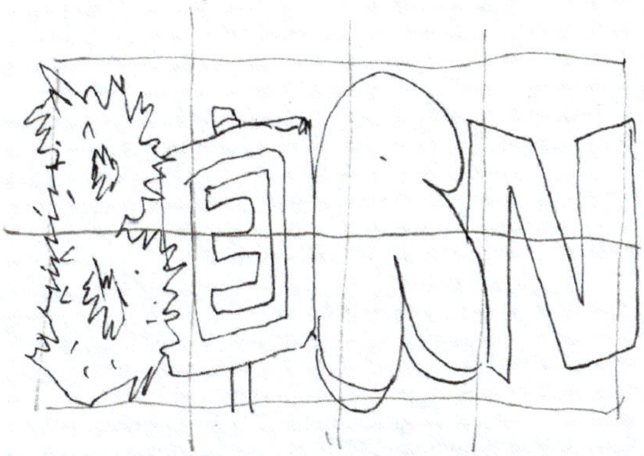

JETZT ABER! NICHT NUR EINE SCHRIFT, SONDER AUS ALLEN! EIN ZACKIGES „B", EIN „E"-SCHILD*, EIN BALLON „R" UND RECHT NORMALES „N"

*ach, gespiegelt!

DAS GANZE MIT NUR EINER FARBE KOLORIERT... UND ZACK! HABT IHR EINEN LEBENDIGEN, SPANNENDEN SCHRIFTZUG.

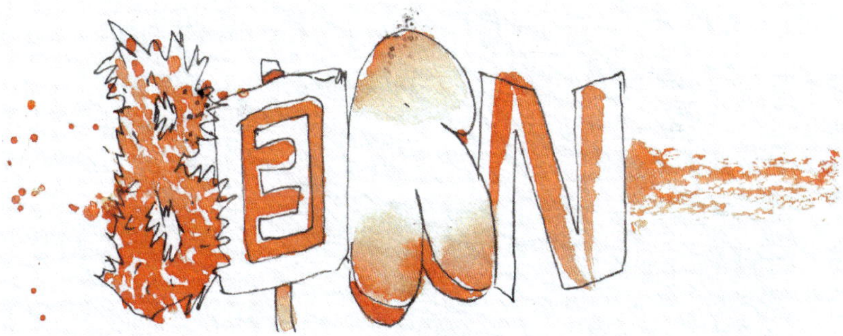

HIER GEHT ALLES! HAUCHT JEDEM BUCHSTABEN LEBEN EIN, SPIELT MIT DER SCHRIFT!

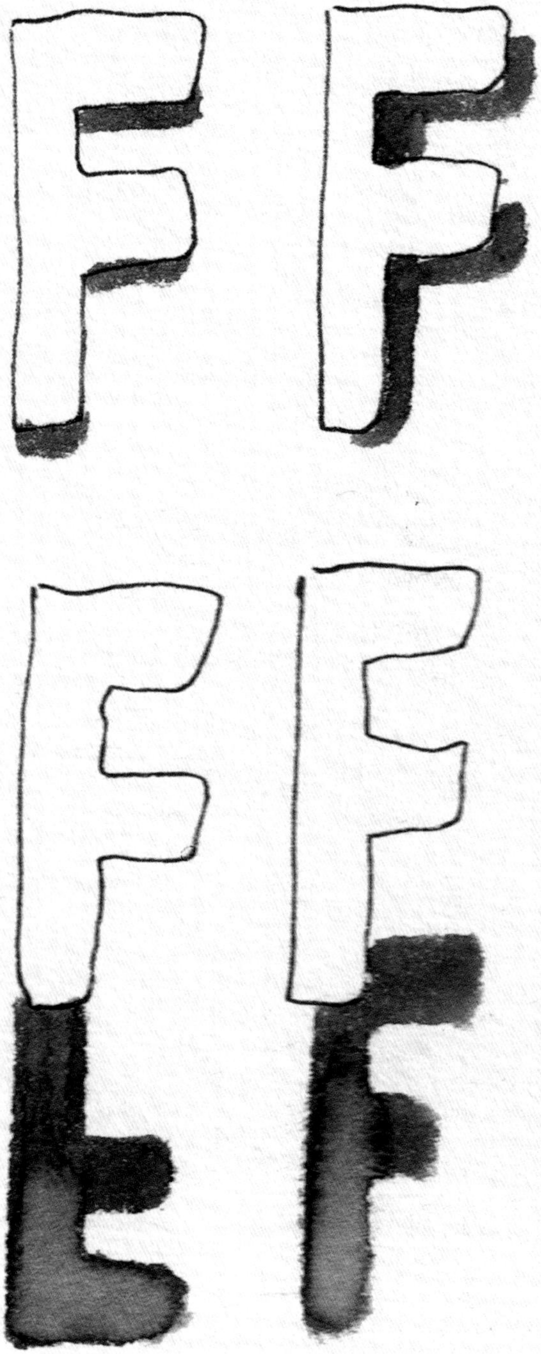

GEBT DEN BUCHSTABEN EINEN KÖRPER

Buchstaben sind im Alltag eigentlich immer flach und zweidimensional, aber ihr könnt das ändern. Haucht euren Buchstaben Leben ein!

Eine große Hilfe sind Objekt- und Schlagschatten, wie ihr sie hier am Beispiel des „F“seht. Aber auch experimentelle Formen und Strukturen können den Buchstaben etwas Organisches verleihen.

Genau das machen übrigens Graffiti-Künstler*innen seit Jahrzehnten auf teilweise atemberaubende Art und Weise.

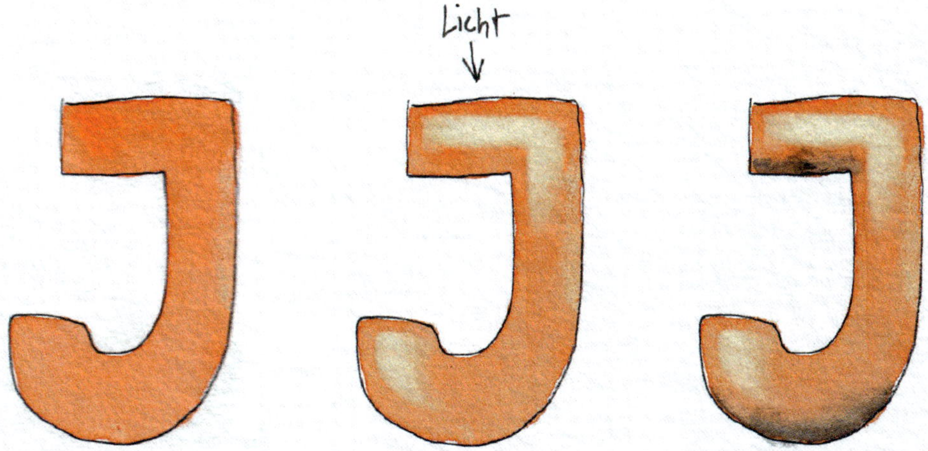

ZUERST ORANGE AUSFÜLLEN

PIGMENT AUSLÖSCHEN OBEN MEHR ALS UNTEN

OBJEKTSCHATTEN VOM J MITSCHATTEN-FARBE, KANTEN AUFWEICHEN.

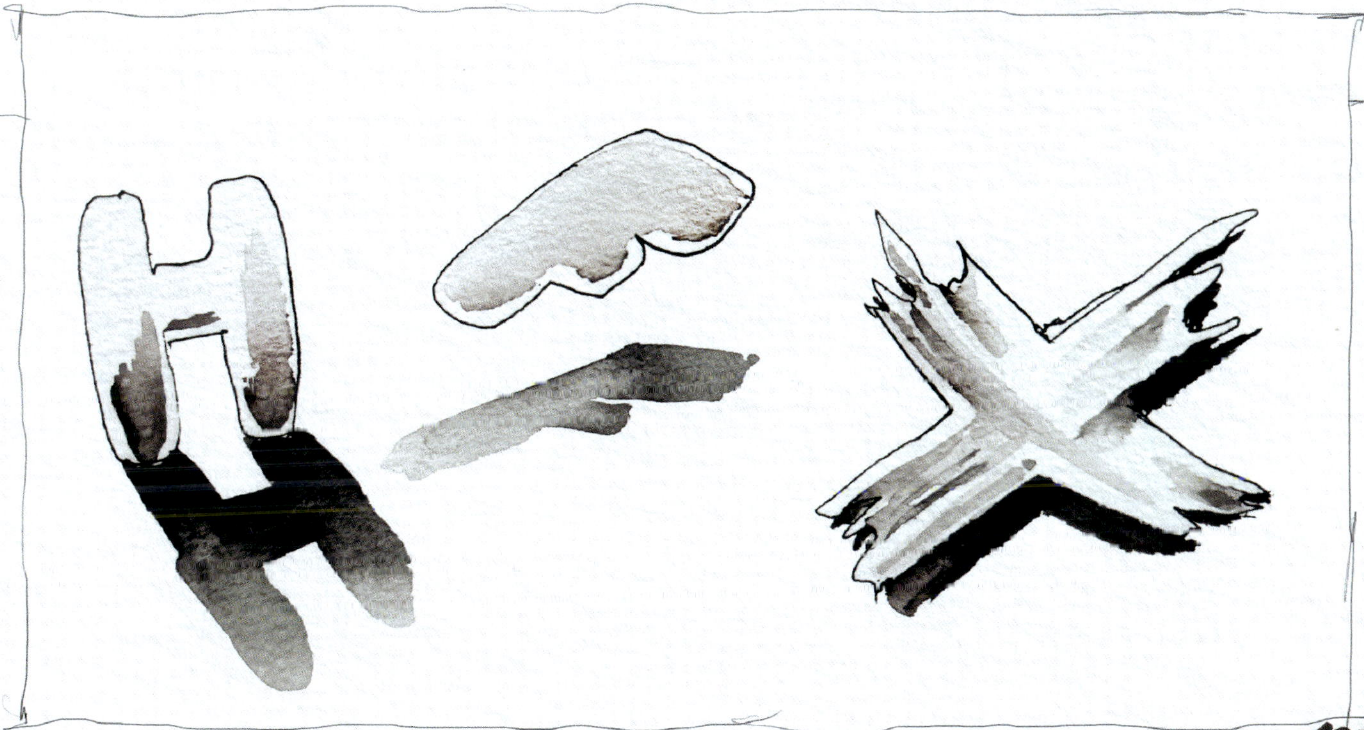

DEIN WEG

Sketchen soll Spaß machen und dir ein gutes Gefühl geben.

Egal, ob du es einfach nur gern machst oder weil es dir hilft, runterzukommen oder sogar Dinge zu verarbeiten.

Das Ergebnis ist erst mal nicht entscheidend, es geht um den Prozess.

Es geht nicht ums Haben, sondern ums Machen.

Wenn du allerdings beim Sketchen BESSER werden willst, ist das etwas anderes.

Dann warten drei wichtige, große Schritte auf dich:

1. Wissen erlangen
2. Mut
3. Übung/Training

1 Gibt es Wissen zu den Dingen, mit denen du Schwierigkeit hast – zum Beispiel zum Zeichnen eines menschlichen Kopfs?
Ja, gibt es. En masse. In Büchern, Kursen, Videos … Halte Ausschau nach diesem Wissen. Es muss in deinen Kopf.

2 Mut – hier meine ich den Mut, Dinge mal anders zu machen, als du es sonst immer getan hast. Den Mut, Fehler zu machen, alte Gewohnheiten abzulegen und sich auf Neues einzulassen.

3 Tatsächlich das A und O … Bleibe im Training, sketche oder zeichne jeden Tag ein paar Minuten. Einerseits, um nicht „einzurosten", andererseits, weil du mit fast jedem Sketch etwas lernst und somit besser wirst.

Diese drei Schritte gelten eigentlich für alles, was gelernt und verbessert werden soll.

Ohne das Wissen über die spanische Sprache und deren Aussprache könntest du zum Beispiel diese Sprache nicht erlernen.

Wärst du auf der Sprachreise in Spanien nicht mutig genug gewesen, deine ersten spanischen Sätze – etwas holprig – zu formulieren, hättest du später nie so frei sprechen können.

Bist du dann wieder zu Hause und hast lange kein Spanisch mehr gesprochen, rostet dein Sprachschatz ein und du bekommst sogar das „hola" nicht so leicht über die Lippen wie damals in Barcelona.

Vielleicht kommen jetzt bei dir so Fragen auf wie: Soll ich dann einfach blind den Regeln und Impulsen folgen, die ich in Videos, Büchern … finde? Ist das nicht Kopieren, wenn ich einer bestimmten Künstlerin folge und quasi versuche, so zu malen wie sie? Kopiere ich dann nicht ihren „Stil"?

Erst einmal, kopieren ist völlig okay. Wer ein Instrument lernt, lernt es durch das Kopieren von Musik, die es bereits gibt, die jemand anderes komponiert oder produziert hat.

Es ist zu Anfang nicht nur okay, sondern sogar notwendig, Vorlagen zu kopieren. Und dann musst du „einfach nur" 10.000 Stunden üben – das ist die genaue Zahl an Stunden, die man braucht, um etwas meisterhaft zu können :)

Das Allerwichtigste ist: Sketchen ist kein Wettkampf, du sollst ein gutes Gefühl dabei haben.

Fröne diesem wundervollen Zeitvertreib, sketche deine Umwelt, dein Leben!

TOPP'S BUCHEMPFEHLUNGEN FÜR DICH

Noch mehr Kreativ-Bücher gesucht?

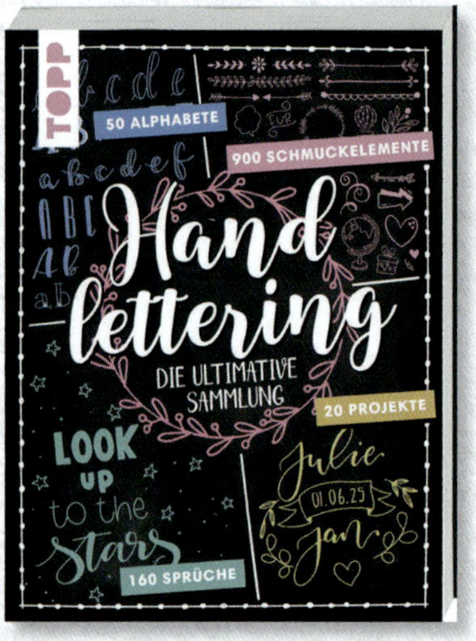

ISBN 978-3-7358-8160-1

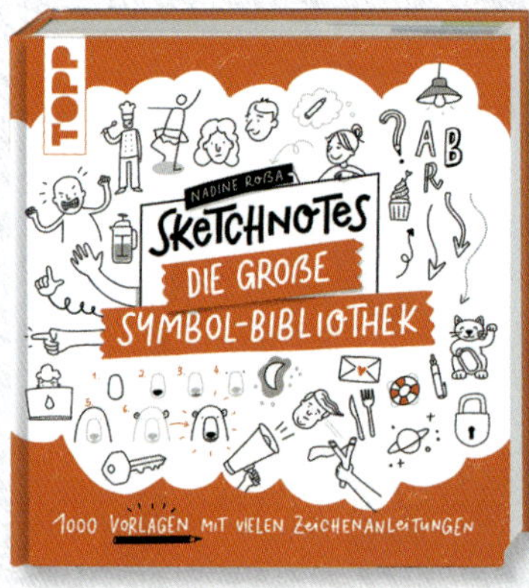

ISBN 978-3-7724-8389-9

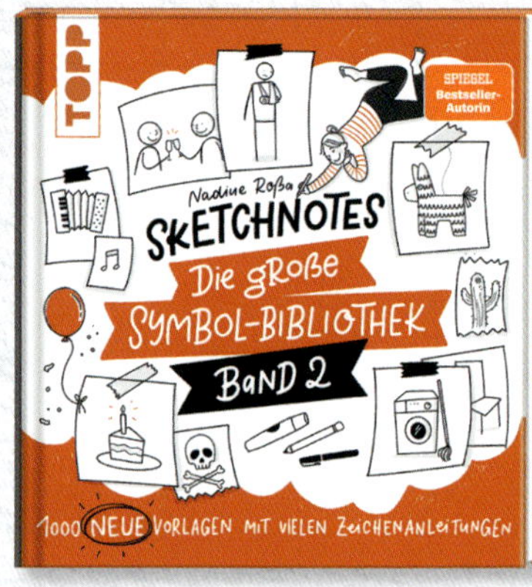

ISBN 978-3-7358-8000-0

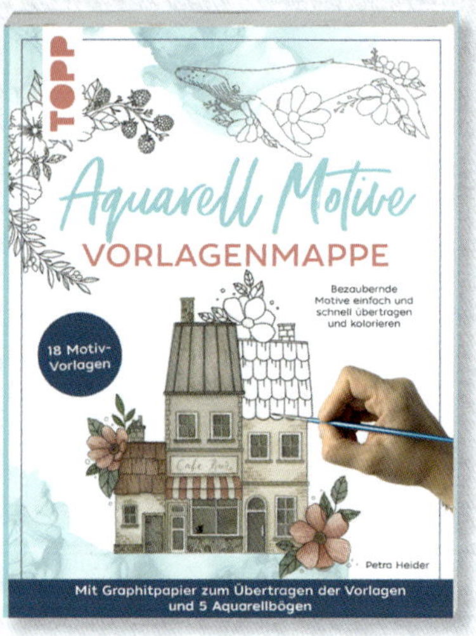

ISBN 978-3-7358-8062-8

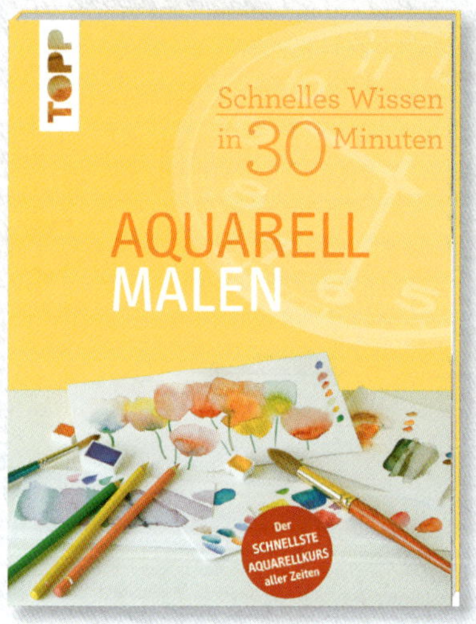

ISBN 978-3-7724-6985-5

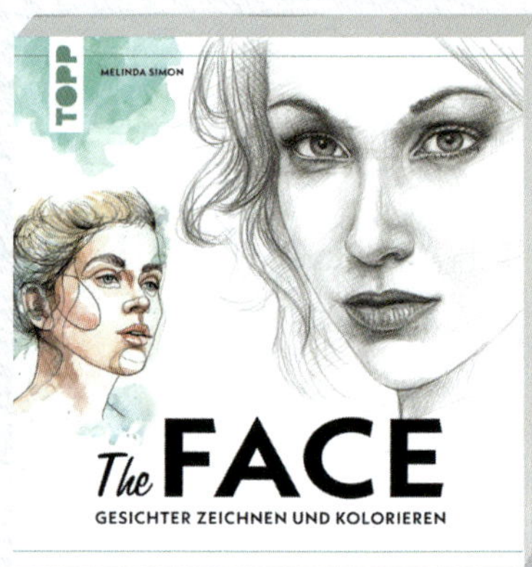

ISBN 978-3-7358-8200-4

Viele weitere Kreativ-Bücher findest du auf www.TOPP-kreativ.de

#TOPPPROJEKT

Die eigene Kreativität zeigen: TOPPprojekt mit anderen Kreativen teilen und Teil der Gemeinschaft werden.

DIY-begeistert und auf Instagram? Dann unbedingt mitmachen! Hier gibt's Tipps und Feedback zu den eigenen Projekten. Außerdem verlosen wir jeden Monat ein Überraschungspaket. Um am Gewinnspiel teilzunehmen, einfach ein Bild vom Kreativ-Projekt aus unseren Büchern mit #TOPPprojekt posten und unserem Account @frechverlag folgen. Mehr Infos auf TOPP-kreativ.de/TOPPprojekt

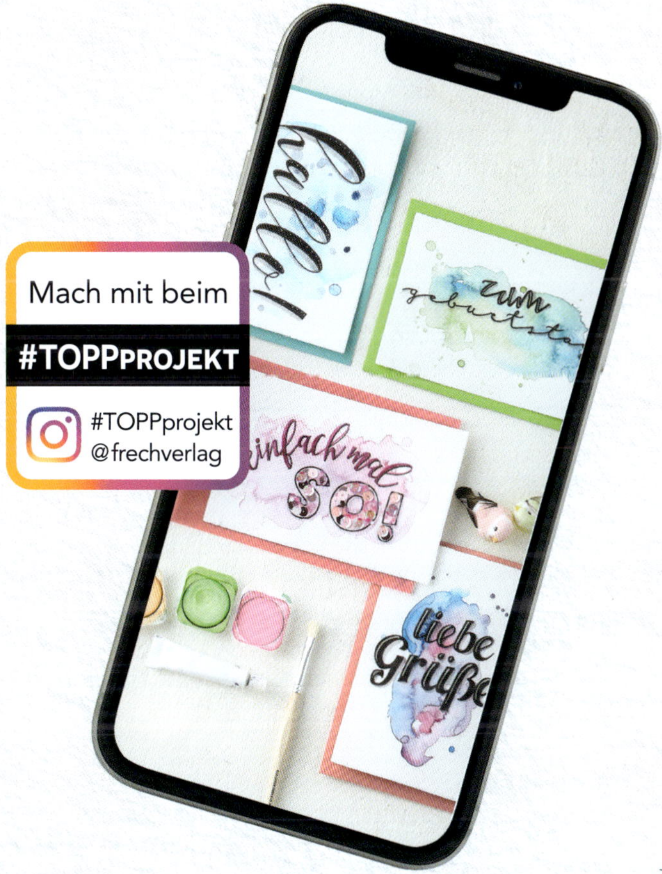

Website
Auf TOPP-kreativ.de kannst du ein riesiges Angebot von über 1.000 Kreativbüchern, Sets & mehr entdecken.

Newsletter
Gleich anmelden unter: TOPP-kreativ.de/newsletter und immer als Erstes von unseren Neuheiten und Sonderaktionen erfahren.

Instagram
@frechverlag

Pinterest
pinterest.com/frechverlag

Facebook
facebook.com/frechverlag

DigiBib
Hier findest du zusätzlich zu vielen unserer Bücher digitale Extras, wie Video-Tutorials, Plotter-Dateien, Vorlagen, Übungsblätter & vieles mehr. Einfach im Impressum deines TOPP-Buchs den Freischalte-Code nachschlagen und exklusive Inhalte freischalten. TOPP-kreativ.de/digibib

Youtube
youtube.com/frechverlag

IMPRESSUM

KONZEPT UND PRODUKTMANAGEMENT: Hannelore Irmer-Romeo

LEKTORAT: Betz Lektorat + Redaktion, Tübingen

UMSCHLAGGESTALTUNG: Eva Grimme

HERSTELLUNG: Katrin Röhlig

LAYOUT UND SATZ: Bernadett Linseisen (schere.style.papier), München

ZEICHNUNGEN UND MOTIVE: Gris

DRUCK UND BINDUNG: DZS Grafik, Slowenien

6. Auflage 2025

produktsicherheit@frechverlag.de

ISBN: 978-3-7724-4730-3 Best.-Nr. 4730

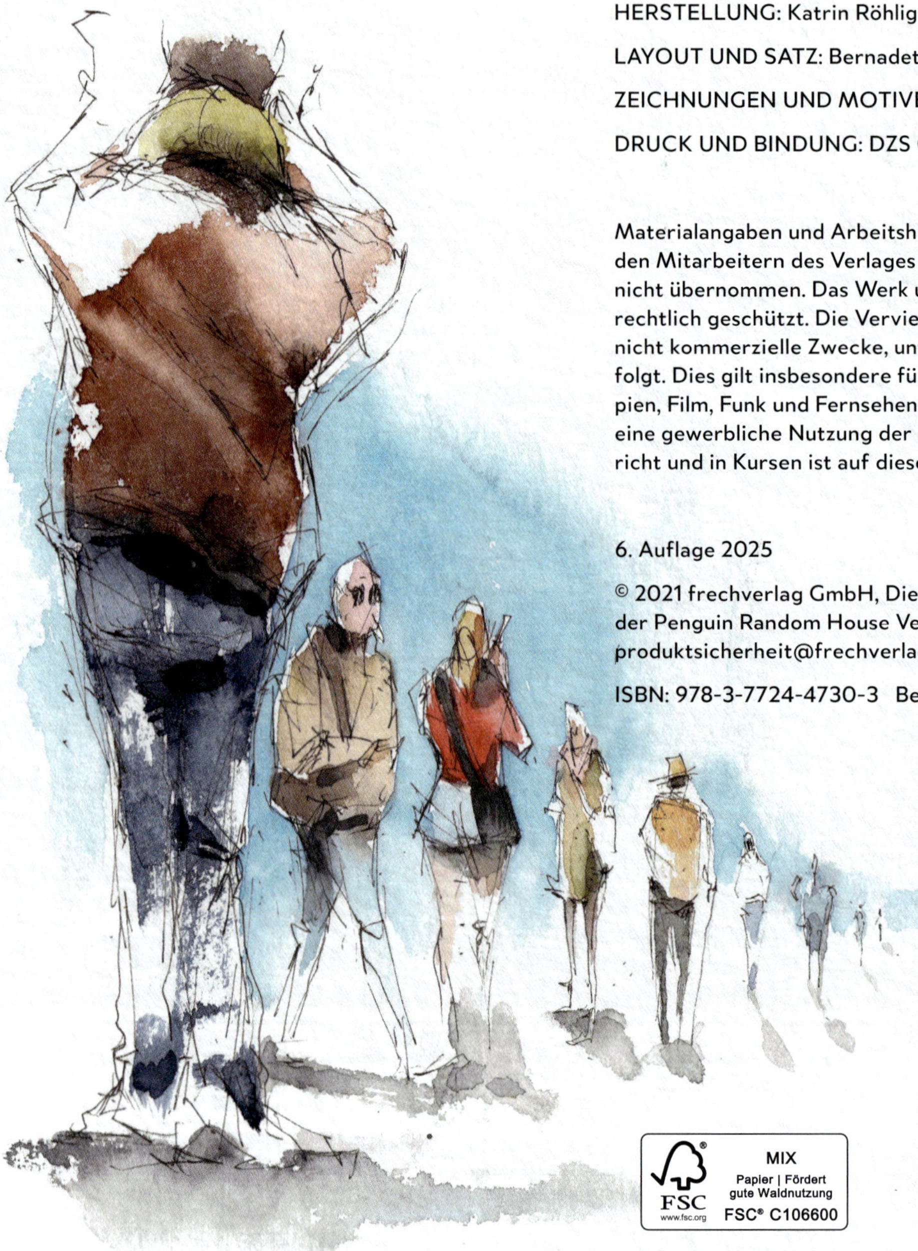

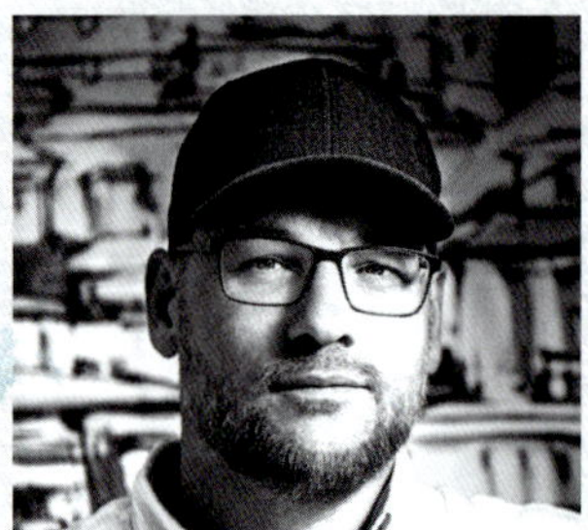

© Foto: Jens Müller

Ich hoffe, dieses Buch hat dir geholfen mit dem Sketchen loszulegen. Du betreibst jetzt eine der schönsten Freizeitbeschäftigungen der Welt und ich hoffe, du bleibst am Stift!

Vielen Dank für deine Aufmerksamkeit,
VIELLEICHT bis bald!

www.instagram.com/gris030.de

FSC www.fsc.org MIX Papier | Fördert gute Waldnutzung FSC® C106600

Penguin Random House Verlagsgruppe
FSC® N001967